영유아보육기관의 급·간식 운영

서울대어린이집

무엇을 먹나

영유아보육기관의 급·간식 운영

서울대어린이집 무엇을 먹나

서울대학교 생활과학대학 어린이집

(주)교 문 사

머리말

서울대학교 생활과학대학 어린이집(이하 서울대어린이집)은 1998년 개원 이후 영유아의 건강한 성장과 발달을 위하여 양질의 보육 프로그램 개발과 함께 영양학적으로 균형 잡힌 식단을 제공하고자 노력해 왔다.

최근 여성의 경제활동 참여확대로 많은 영유아들이 보육 · 교육 기관에서 하루 8~12시간 이상을 보내게 되면서 보육시설이나 유치원에서 제공하는 급 · 간식의 중요성에 대한 사회적 관심이 높아지고 있다. 영유아기의 급 · 간식 경험은 영유아의 균형잡힌 영양공급뿐만 아니라 식사의 종류나 음식에 대한 기호도와 식습관 형성에도 많은 영향을 준다. 나아가 음식 기호나 식습관은 한국인으로서의 자아 정체 한 부분을 형성하기 때문에 유아의 연령발달에 적합한 식단에 따라 바람직한 식사 지도를 제공하는 것은 매우 중요한 일이다.

오늘날 사회문제로 대두되고 있는 아토피, 천식, 주의력결핍과잉행동장애 등의 정서적 문제 또한 영유아기에 무엇을 어떻게 먹느냐에 따라 결정될 수 있으므로 건강한 먹거리를 섭취하고 아울러 올바른 식습관을 경험하는 것은 영유아기의 건강한 성장과 발달에 중요한 과업이라고 할 수 있다. 특히 어린 시기에 먹은 음식은 평생 입맛을 결정짓고 그때 훈련된 식사예법은 성인이 되어서도 지속된다는 점에서 식품기호나 식습관은 단순한 생활의 한 부분이 아니라 한국인으로서 자아 정체와 정서를 형성해 주는 토대가 된다는 점에서 매우 중요한 발달과업이다.

그러나 아직은 영유아 보육 · 교육 기관에서 지켜야 하는 급식관리에 대한 기준이나 현장에서 활용할 수 있는 구체적인 매뉴얼이 부족하여 각 기관에 따라 영유아에게 제공되는 급 · 간식의 내용에 상당한 차이를 나타내고 있으며 급식관계자들은 어찌해야 좋을지 몰라서 걱정을 하고 있는 실정이다. 보육시설 운영의 대부분은 지침서가 있으며 구체적 운영방법이 제시된 데 비해서 급 · 간식은 상대적으로 알려진 바가 드물다. 부엌에서 일어나는 일에 대해서 원장이나 교사들이 무관심하거나 실제로 모르기 때문에 이러한 현상이 나아지지 않고 있다.

서울대어린이집은 개원 이래 지난 10년 동안 아동 중심 보육철학에 입각하여 발달에 적합하고 한국 문화와 정서에 토대를 두고 영유아의 균형 잡힌 영양 공급 및 위생적 식생활관리를 위한 노력을 지속해 왔다.

다섯 가지 기초식품을 고루 식단에 구성하고 밥, 국, 김치 이외에 식품군이 다른 세 가지 반찬을 제공하여 균형 있는 식사가 되도록 하는 것은 물론, 가공 식품이나 패스트푸드가 아닌 자연에서 얻은 식자재를 사용하여 점심 식사와 오후 간식 모두를 직접 조리하는 것을 원칙으로 한 결과, 어린이들은 식품의 신선한 맛을 알고 한식의 고유한 맛을 즐길 줄 알게 되었다. 어린이집을 다니는 원아의 학부모로부터 영양 및 급식관리에 대한 평가 결과에 따르면 만족도가 높다. 특히 동일한 재료라 할지라도 영유아의 식품기호에 맞게 다양한 방법으로 조리하여 제공함으로써 가정에서도 어린이집에서 제공된 식단을 활용하고자 하는 요구가 점차 증가하고 있다.

이에 서울대어린이집 개원 10주년을 맞아 영유아의 급 · 간식 지도와 관련하여 그동안 서울대어린이집에서 제공해 온 노력들을 정리해 보고자 하였다. 이 책은 크게 두 부분으로 나누어 1부에서는 영유아 보육 · 교육 기관의 영양교육 및 급식 관리에 대한 이론 내용을 다루고, 2부에서는 실제 급식 운영에 사용된 계절별 식단과 구체적 조리방법을 제시하였다. 여기서 다루는 내용들이 영유아 보육 · 교육 기관 각각의 상황에 따라 다소 적용하기 어려울 수도 있겠지만, 이 책이 영유아의 건강한 발달에 도움이 되는 균형 잡힌 식단을 고민하는 보육 · 교육 기관 종사자들에게 참고하고 응용할 수 있는 자료로 활용되어, 앞으로 영유아 급식의 영양, 위생 및 품질을 확보하는 데 조금이라도 도움이 되었으면 하는 바람이다.

서울대어린이집의 주방을 10년간 관리해 오신 손경희 선생님과 서울대어린이집에서 교사로 일한 임여정 대학원생이 자료 정리를 하느라고 수고했다. 모쪼록 균형 잡힌 식단과 함께 보다 많은 영유아들이 행복하고 건강하게 성장하고 생활하기를 바란다.

2008년 11월 관악에서

서울대학교 생활과학대학 어린이집 원장 이순형

차례

Part 1 영유아기 영양과 급식관리

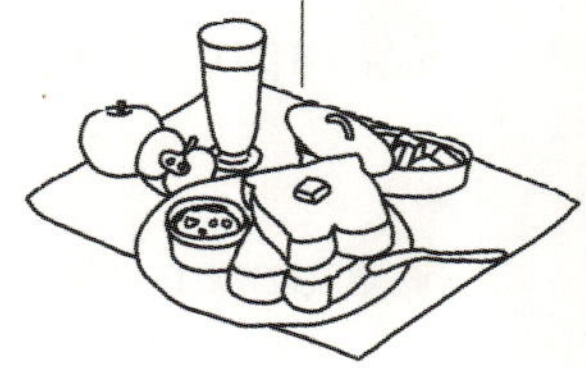

Part 2 서울대어린이집의 급식운영의 실제

PART 01

영유아기 영양과 급식관리

CHAPTER

01

영유아 영양과 식생활

영유아는 성인과 달리 성장 및 발달이 매우 빠르고 뚜렷하여 발달과정의 특징에 따라 시기를 구분할 수 있다. 임신 3개월부터 출생까지를 태아기, 생후 1개월까지를 신생아기, 1년까지를 영아기, 2년까지를 유아기(乳兒期), 6세까지를 유아기(幼兒期), 6세부터 12세까지를 학동기라고 하며, 이후 사춘기를 거쳐 성인으로 성장한다. 이 분류는 모체 내의 태반과 제대를 통한 영양법으로부터 성인식으로 이행하는 어린이 영양법의 발달과정에 따른 분류라고도 할 수 있다.

생후 1개월 이후 만 6세까지를 통칭하는 영유아기는 일생의 12분의 1에 불과한 짧은 기간임에도 불구하고 꾸준한 신체적 성장과 함께 활동량이 급격히 증가하고, 신체 조절 능력이 향상되는 중요한 시기이다. 또한 신체의 각 조직과 기관들이 발달하고, 두뇌 발달이 거의 완성되는 시기이므로 특히 이 시기의 적절한 영양 공급이 중요하다. 뿐만 아니라 이 시기에 형성된 식습관 및 영양 상태가 평생의 영양과 건강을 좌우하기 때문에 영유아기 식생활에 대한 관심과 올바른 지도가 요구된다. 다음에서는 영유아의 성장과 발달, 영양대사, 식생활 특성에 대해 간략하게 살펴보겠다.

01 영유아의 성장과 발달

영유아기는 신장이나 체중 등의 외형적인 성장뿐 아니라 두뇌발달이나 정서발달도 빠르게 이루어지는 시기이다. 또한 영유아의 발육은 개인차가 크기 때문에 체중이나 키 등의 신체 수치뿐만 아니라 운동 기능의 발달, 질병의 유무 등 다양한 요소가 종합적으로 평가되어야 한다. 그러나 일반적으로 신체 계측치가 평균치로부터 현저하게 떨어져 있으면 영양 상태의 이상 유무 검토가 요구된다고 보아야 한다.

신 장

신생아의 평균 신장은 남아 50.1cm, 여아 49.3cm이다. 신장의 증가율은 출생부터 3개월까지 가장 빠르고 약 10cm 가량 성장한다. 그리고 1세가 되면 출생 시 신장의 약 1.5배(약 25cm) 정도가 되고, 3세까지는 매년 7~10cm 가량 자란다. 남아는 4세, 여아는 3.5세에 출생 시 신장의 약 2배가 된다.

카우프지수

■ 카우프지수(Kaup-Davenport Index)는 체형을 보는 지표의 하나로 영유아의 발육 평가에 널리 사용되며, 체질량 지수라고도 한다.

Kaup Index = 체중(g) / (신장(cm) × 신장(cm)) × 10(단위, g / cm^2)

■ 카우프지수 평가 기준

너무 수척	수척 경향	보 통	뚱뚱 경향	너무 뚱뚱
~13	13~15	15~17	17~20	20~

체 중

출생 시 평균 체중은 남아 3.4kg, 여아 3.3kg이다. 출생 후 체중 증가는 어릴수록 왕성하여 3개월이 되면 출생 시의 2배가 되고, 1세에 3배, 2.5~3세에 4배, 4~5세에 5배, 10세가 되면 약 10배가량 된다. 체중은 성장과 영양 상태의 유익한 참고 지표가 된다.

영유아기에는 전체적인 근육의 양이 증가할 뿐만 아니라, 체중에 대한 근육의 비율도 높아진다. 반면 지방 조직의 축적이 감소하고 뼈의 길이가 길어지면서 통통하던 모습에서 차츰 마른 모습으로 변한다. 영유아의 뼈는 길어지는 동시에 단단해지는 화골(化骨) 현상이 계속 일어나 신체가 충실해진다. 뼈의 성숙은 영양 상태 및 호르몬의 작용과 관계가 깊다.

두뇌 발달

출생 시 신생아의 두뇌 무게는 체중의 13% 정도를 차지하고, 생후 1년 동안에는 뇌세포가 수적 · 양적으로 증가하여 뇌의 무게가 2배로 증가한다. 이처럼 두뇌의 성장이 빠르게 진행되어 2세에는 성인의 50%, 4세에는 75%, 6세에는 90% 이상, 10세가 되면 거의 두뇌 발달이 완성되어 지적 발달의 기초가 마련된다.

신경세포의 축색돌기 부분이 수초로 둘러싸여지면서 지능이 완성되는데, 이 과정은 만 2세 전후로 급격히 진행되어 10세가 되면 거의 완성된다. 그러므로 신체의 기능 조절에 관여하는 중추신경계의 발달은 2세까지의 영양 상태에 크게 영향을 받는다. 수초는 주로 지방과 단백질로 구성되어 있으므로, 이 시기 영양의 불균형은 정상적인 수초 생성을 어렵게 하여 중추신경계에 큰 손상을 초래한다.

치아의 발달

젖니는 모두 20개로, 생후 6~7개월이 되면 아래 앞니부터 나오기 시작하여 2.5세까지는 대개 다 나온다. 젖니만으로 음식을 씹는 것은 5세 정도까지이며 6세 전후가 되면 젖니열의 끝에 영구치가 생긴다. 영구치도 생후 몇 달 이내에 형성되어 있고 생치가 된 후

표 1-1 | **한국 소아발육 표준치**

남아				연령	여아			
체중 (kg)	신장 (cm)	체질량지수 (kg/cm)	머리둘레 (cm)		체중 (kg)	신장 (cm)	체질량지수 (kg/cm)	머리둘레 (cm)
3.41	50.12		34.70	출생 시	3.29	49.35		34.05
5.68	57.70		38.30	1~2개월	5.37	56.65		37.52
6.45	60.90		39.85	2~3개월	6.08	59.76		39.02
7.04	63.47		41.05	3~4개월	6.64	62.28		40.18
7.54	65.65		42.02	4~5개월	7.10	64.42		41.12
7.97	67.56		42.83	5~6개월	7.51	66.31		41.90
8.36	69.27		43.51	6~7개월	7.88	68.01		42.57
8.71	70.83		44.11	7~8개월	8.21	69.56		43.15
9.04	72.26		44.63	8~9개월	8.52	70.99		43.66
9.34	73.60		45.09	9~10개월	8.81	72.33		44.12
9.63	74.85		45.51	10~11개월	9.09	73.58		44.53
9.90	76.03		45.88	11~12개월	9.35	74.76		44.89
10.41	78.22		46.53	12~15개월	9.84	76.96		45.54
11.10	81.15		47.32	15~18개월	10.51	79.91		46.32
11.74	83.77		47.94	18~21개월	11.13	82.55		46.95
12.33	86.15		48.45	21~24개월	11.70	84.97		47.46
13.14	89.38	16.71	49.06	2~2.5세	12.50	88.21	16.34	48.08
14.04	93.13	16.29	49.66	2.5~3세	13.42	91.93	16.01	48.71
14.92	96.70	15.97	50.10	3~3.5세	14.32	95.56	15.76	49.18
15.91	100.30	15.75	50.43	3.5~4세	15.28	99.20	15.59	49.54
16.97	103.80	15.63	50.68	4~4.5세	16.30	102.73	15.48	49.82
18.07	107.20	15.59	50.86	4.5~5세	17.35	106.14	15.43	50.04
19.22	110.47	15.63	51.00	5~5.5세	18.44	109.40	15.44	50.21
20.39	113.62	15.72	51.10	5.5~6세	19.57	112.51	15.50	50.34
21.60	116.64	15.87	51.17	6~6.5세	20.73	115.47	15.61	50.44
22.85	119.54	16.06	51.21	6.5~7세	21.95	118.31	15.75	50.51
24.84	123.71	16.41		7~8세	23.92	122.39	16.04	
27.81	129.05	16.97		8~9세	26.93	127.76	16.51	
31.32	134.21	17.58		9~10세	30.52	133.49	17.06	
35.50	139.43	18.22		10~11세	34.69	139.90	17.65	
40.30	145.26	18.86		11~12세	39.24	146.71	18.27	
45.48	151.81	19.45		12~13세	43.79	152.67	18.88	
50.66	159.03	20.00		13~14세	47.84	156.60	19.45	

출처 : 대한소아과학회(2007년)

에는 평생 교체되지 않으므로, 영유아기에 치아 형성에 필요한 영양소를 충분히 섭취하는 것이 중요하다.

02 영유아의 영양대사 및 권장량

생물체는 생명을 유지하고 정상적으로 성장, 발육하는 등 건강한 상태를 유지해 나가기 위해 식사로부터 영양소를 얻는다. 생물체가 몸 밖으로부터 섭취한 영양 물질을 몸 안에서 분해하여 생체 성분이나 생명 활동에 쓰는 물질이나 에너지를 생성하고, 필요하지 않은 물질을 몸 밖으로 내보내는 작용을 대사라고 한다. 일부 영양소는 우리 몸에서 합성이 되기도 한다.

인간이 생활하며 건강을 유지하는 데 필요한 영양소는 탄수화물, 지방, 단백질, 무기질, 비타민 그리고 물의 여섯 가지로 분류된다. 이 중 탄수화물, 지방, 단백질은 체내에서 연소된 후 에너지를 공급하는 역할을 하고, 단백질, 무기질은 체조직 구성에 중요한 역할을 하며, 무기질, 비타민은 신체 기능을 조절하는 데 관여한다.

영유아는 성장이 빠르고 활동량이 많으므로 성인에 비해 단위 체중당 영양소 필요량이 많다. 그러나 소화기의 형태와 운동 기능이 완전히 발달하지 않았기 때문에 적절한 영양 상태를 유지하는 것에 주의를 기울여야 한다. 다음에서는 에너지 필요축적량 및 각 영양소별 특성과 섭취 기준에 대해 살펴보겠다.

에너지 필요량

영유아의 에너지 필요량은 나이, 성별, 신체 크기, 신체 발달 상태, 기초대사량, 활동량 등에 의해 결정된다. 특히 이때의 에너지 필요량은 신체 발달의 정도와 활동량 등에 따라 개인차가 크다.

표 1-2 | 영유아의 단위체중당 에너지 섭취기준

연 령	체중(kg)	신장(cm)	에너지 권장량	
			kcal/kg	kcal/일
1~2세	12.2	85.9	82	1,000
3~5세	16.3	102	86	1,400
6~8세	23.8	122	67	1,600

출처 : 한국영양학회(2005), 한국인 영양섭취기준

에너지 필요량은 생명 현상 유지에 필요한 기초대사, 활동에 필요한 활동대사, 음식을 섭취에 따라 증가하는 특이동적 작용의 세 요소의 합에 의해 산출된다.

〈표 1-2〉는 영유아의 단위 체중당 에너지 권장량과 1일 에너지 권장량을 나타낸 것이다. 만 1~2세는 단위체중당 1,000kcal/일, 3~5세는 1,400kcal/일 가 필요하다.

영양소별 권장량

탄수화물

탄수화물은 생명 유지 및 활동에 필요한 열량의 급원으로 지방이나 단백질에 비해 분자 내에 산소를 많이 가지고 있어 분해가 잘 되므로 에너지를 쉽게 발생시킨다. 또한 탄수화물은 소화율이 높아 정상적인 상태에서는 98%가 체내에서 흡수, 이용되며 지방이나 단백질 식품보다 저렴하게 구입할 수 있으므로 경제성도 높은 영양소이다.

탄수화물의 주된 기능은 에너지 공급으로 1g당 4kcal의 열량을 생성한다. 특히 적혈구, 뇌세포 및 신경세포는 포도당을 주에너지원으로 사용한다. 탄수화물은 단맛을 제공하며 일부는 지방산과 결합하여 뇌신경 조직을 구성한다.

탄수화물의 적절한 섭취량에 대해서는 분명히 규정되어 있지 않으나 우리나라 사람들의 식습관을 고려했을 때 총 열량의 55~70% 정도를 탄수화물로 섭취하기를 권장하고 있으며, 영아기에는 총 열량의 30~60%를 탄수화물에서 공급받는 것이 좋다.

지 방

지방은 탄수화물과 같이 열량의 주요 급원이며, 지용성 비타민의 소화 및 흡수를 돕는 역할을 한다. 피하지방은 열의 불량도체로서 바깥 온도 변화에 대해 체온을 유지하고 외부 충격으로부터 신체를 보호하는 역할을 한다. 지방은 음식의 맛을 내는 데도 중요한 역할을 한다.

건강한 식생활을 위하여 지방의 섭취는 1~2세의 경우 총 열량의 20~35%, 3~19세의 경우 총 열량의 15~30%로 권장하고 있는데, 이는 질적인 면을 고려하여야 한다. 포화지방산과 콜레스테롤이 많이 함유된 동물성 지방보다는 불포화지방산을 많이 함유한 식물성 지방을 섭취하는 것이 바람직하다. 특히 성장에 필수적이며 체내 합성이 되지 않는 아라키돈산, 리놀레산, 리놀렌산 등의 불포화지방산은 충분한 양을 섭취하도록 해야 한다. 1세 이하 영아들은 총 열량 섭취량의 30~50%를 지방으로 섭취하는 것이 좋으며, 지방의 충분섭취량은 25g으로 설정되어 있다.

단백질

단백질은 탄수화물이나 지방과 같이 열량을 내는 역할을 하지만, 화학 조성과 생리작용이 다르므로 다른 영양소로 대체할 수 없다. 따라서 매일 일정량의 단백질이 필요하다.

특히 영유아는 성장을 위해 새로운 조직을 활발히 만들어 내기 때문에 이 시기의 단백질 섭취가 매우 중요하다.

단백질의 필요량은 단백질의 질이 어떠한가에 따라 결정되기 때문에 영유아가 양질의 단백질을 충분히 섭취하도록 해야 한다. 육류와 같은 동물성 식품은 양질의 단백질 공급원이다. 그러나 지나치게 섭취하면 포화지방산을 과잉 섭취하게 되어 성인병의 위험이 있으므로 DHA나 EPA와 같은 다가불포화지방산을 많이 함유한 생선 위주로 섭취하도록 하는 것이 바람직하다. 또한 단백질의 이용률을 높이기 위하여 체단백질 합성에 필요한 무기질과 비타민을 적절하게 섭취하는 것도 필요하다.

영유아의 경우 식단 구성에서 단백질의 비율은 총 열량의 7~20% 수준으로 제공하는 것이 좋으며 매 식사에서 섭취할 수 있도록 해야 한다. 영유아기의 단백질 섭취는 1~2세에는 15g, 3~5세에는 20g이 적절한 양으로 권장된다.

표 1-3 | 영유아의 단위 체중당 단백질 권장량

연 령	체중(kg)	평균필요량(g/kg/일)	권장섭취량(g/일)
0~5개월	6.5	1.52	9.5
6~11개월	9.1	1.5	13.5
1~2세	12.2	0.96	15.0
3~5세	16.3	0.88	20.0
6~8세(남아)	23.8	0.80	25.0
6~8세(여아)	22.9	0.80	25.0

출처 : 한국영양학회(2005), 한국인 영양섭취기준

DHA와 EPA

필수지방산의 일종으로 고도불포화지방산이다. 보통 성인의 뇌세포 지방에 10% 정도의 비율로 함유되어 있는 것으로 알려지고 있으며, 유아의 뇌 발달에 필수적인 영양소로 꼽히고 있다. DHA와 EPA에 대한 임상적 연구가 계속되고 있는데, 지금까지 밝혀진 효능은 혈중 콜레스테롤의 농도를 낮추어 동맥경화 등의 심장혈관계 질환을 예방하는 효과 등이다. 또한 이들은 혈액이 굳어지지 않게 하는 역할을 하며, 염증을 억제하는 역할, 성인병 예방 효과를 지닌 것으로 밝혀지고 있다. 불포화지방산인 DHA와 EPA는 고등어, 참치, 꽁치, 정어리 등의 등푸른생선에 많이 함유되어 있다.

비타민

비타민은 체내 영양대사를 원활히 하여 생명을 유지하는 데 필수적인 성분이다. 그러나 대부분이 체내에서 합성되지 않으므로 반드시 체외로부터 공급받아야 한다. 비타민류는 지용성과 수용성으로 구분하는데, 비타민 A, D, E, K는 지용성이고, 비타민 B군과 비타민 C는 수용성이다. 지용성 비타민은 식품 내의 지질과 같이 포함되어 있으므로 충분한 지질을 섭취하면 지용성 비타민의 섭취와 흡수율을 높일 수 있다. 반면 수용성 비타민은 과잉 섭취할 경우 소변으로 배출되므로 매일 일정량을 섭취해야 한다. 주요 비타민의 종류와 기능은 다음과 같다.

비타민 A는 뼈와 치아의 성장에 중요한 역할을 하고 피부와 조직 점막을 정상으로 유지시키는 역할을 한다. 특히 영유아의 경우 비타민 A의 섭취가 부족하면 저항력이 약화되어 감기 및 결핵 등에 잘 걸리고, 야맹증과 안구건조증이 나타날 수 있다. 간, 우유, 버터, 난황 등 동물성 식품에 주로 함유되어 있으며, 당근, 시금치, 고구마 등에 함유된 베타카로틴은 섭취 후 간에서 비타민 A로 전환된다.

비타민 D는 칼슘과 인의 흡수를 촉진시켜 뼈와 치아를 튼튼하게 하므로 성장기 영유아에게 비타민 D가 부족하면 골격이 연하되고 변형될 수도 있다. 비타민 D는 어간유나 난황에 함유되어 있는데, 하루 20분 정도 햇빛을 쬐면 1일 요구량이 체내에서 합성된다.

비타민 E는 체내 항산화제로서 지방의 산화를 방지한다. 식물성 기름과 식물의 열매와 현미, 통밀, 잡곡 등의 배아에 존재한다.

비타민 K는 혈장 프로트롬빈의 형성을 촉진하고 양을 유지하게 하여 출혈 후 혈액 응고 시간을 단축시키며 장내 세균에 의해 합성된다.

비타민 B_1(티아민)은 탄수화물의 체내 대사에 관여하며 결핍 증상으로는 식욕 부진, 체중 감소, 근육 무력증과 신경계 증상 등이 나타날 수 있다. 두류, 곡류의 배아, 돼지고기 등에 많이 함유되어 있다.

비타민 B_2(리보플라빈)는 탄수화물대사에 관여하고 체세포의 호흡 작용을 도우며, 우유 및 유제품, 달걀, 수조육류에 함유되어 있다.

비타민 B 복합체의 한 종류인 니아신은 탄수화물과 단백질대사에 관여하며 피부의 염증, 설사, 신경계 장애를 수반하는 펠라그라의 예방에 중요하다. 간이나 육류 식품에 들어 있으며, 아미노산인 트립토판에서 전환된다.

비타민 C는 체내 결합 조직인 콜라겐의 합성에 관여하고 수용성 항산화제 역할을 한다. 또한 철의 흡수를 돕고 면역 기능을 활성화하므로 성장에 매우 중요하다. 신선한 채소나 과일 등에 많이 있다.

무기질

무기질은 골격, 치아, 체액, 효소, 호르몬 및 기타 물질의 구성 성분으로 중요한 기능을 한다. 무기질 중 칼슘, 철분, 인 등은 특히 유아기 성장에 중요하다.

영유아기에는 뼈가 길어지면서 키가 커지는데, 뼈의 성장과 치아 발육을 위해 칼슘

(Ca)이 충분히 공급되어야 한다. 그러나 칼슘의 흡수율은 30~60%로 체내 필요량, 나이 등의 영향을 받는다. 유아기의 칼슘 권장량은 흡수율 40%를 적용했을 때 1~3세는 500mg, 4~6세는 600mg이다. 우리나라 유아의 칼슘 섭취량은 3세 이후에 부족한 경향을 보이는데, 우유와 유제품을 통해 적절한 양을 섭취할 수 있도록 해야 한다. 우유에는 칼슘 흡수를 돕는 유당과 카제인이 함유되어 있고 칼슘과 인의 비율이 적당하여 다른 식품보다 칼슘 이용률이 높다. 칼슘과 인의 섭취비율을 1:1로 유지하는 것이 바람직하다.

인은 치아와 뼈, 체세포와 체액의 구성 성분이며 골수와 뇌 조직의 필수 구성 성분이다. 그러나 가공 식품과 탄산음료에 많이 함유되어 있어 다른 무기질에 비해 과잉 섭취가 우려되는데, 과량 섭취는 칼슘, 철, 구리, 아연과 같은 무기질의 흡수를 방해하므로, 적절한 양을 섭취할 수 있도록 해야 한다.

이 시기에는 혈액의 양 또한 많아지므로 혈액의 구성 성분인 철분(Fe) 또한 중요한 영양소이다. 그러나 철분의 흡수율도 10% 정도 밖에 되지 않아 결핍되기 쉽다. 철분의 흡수율은 동물성 식품에 많이 들어 있는 헴철이 더 높다. 그러나 비타민 C가 철분의 흡수를 돕는 기능이 있으므로 과일과 채소를 함께 섭취하여 철분의 흡수율을 높이도록 해야 한다. 반면 콩류와 곡류 등에 들어 있는 피틴산은 철 흡수를 방해한다.

물

물은 삼투압의 평형과 세포의 형태를 유지하며 영양소를 필요한 조직으로 운반하고 노

표 1-4 | 영유아의 1일 수분 영양섭취기준

연 령	충분섭취량(mL/일)
0~5개월	700
6~11개월	800
1~2세	1,100
3~5세	1,400
6~8세(남아)	1,700
6~8세(여아)	1,600

출처 : 한국영양학회(2005), 한국인 영양섭취기준

폐물을 배설하도록 하며 체온을 조절한다. 물은 성인보다 영유아의 경우 더욱 중요한데, 영유아는 체내의 수분 함량도 높고, 체표면적비가 크며 대사가 활발하고, 호흡수가 많아 단위체중당 필요량이 많으므로 수분 손실로 인한 부작용이 성인에 비해 훨씬 크기 때문이다. 연령이 낮을수록 체중에 대한 수분 함유율이 높은데, 1세까지는 체중의 75%, 영유아의 경우 70%, 성인의 경우는 60~65%를 차지한다.

03 영유아 식생활의 특성

이유기를 지나면서 영유아는 사물을 받아들이거나 거부하는 능력이 형성되어 음식에 대한 수용과 거부 의사가 분명해지고 좋아하는 음식과 싫어하는 음식에 대한 기호를 나타내기 시작한다. 더불어 식욕부진이나 편식 등 음식 섭취에 있어서 일관성이 결여된 모습을 보이므로 이때 특히 세심한 관심과 지도가 요구된다. 다음에서는 식생활 지도 사례와 함께 영유아 식생활의 특성에 대해 살펴보겠다.

식사능력의 발달

영유아기는 혼자 식사를 할 수 있는 능력이 발달하는 시기이다. 연령이 높아짐에 따라 여러 과정을 거치면서 영유아는 식생활에 필요한 신체 기능 및 소화 기능을 발달시키고, 식품의 종류나 조리법에 있어서 성인식에 가까워지게 된다. 대략 6세경이 되면 식습관이 완성된다고 볼 수 있으므로 이 시기에 영유아의 심리와 신체 발달을 바르게 이해하고 올바른 식습관을 형성하도록 하기 위한 노력이 요구된다. 이 시기에 영유아는 음식에 대한 좋은 이미지를 형성할 수 있고 편식과 식욕 부진에서 벗어날 수도 있게 되며, 이는 향후 영유아의 성장과 발달에 큰 영향을 미치게 된다.

연령발달에 따른 영유아의 식사능력의 발달과정은 〈표 1-5〉와 같다.

표 1-5 | **영유아의 식사능력 발달과정**

연 령	발달과정의 표준
1년 3개월	• 젖병에서 멀어져 컵에 입을 대고 마실 수 있다. • 숟가락질은 어려워서 못하며 손가락으로 음식을 집어서 입에 넣는다. • 밥그릇을 양손으로 잡는다. • 혼자서 먹는 의욕이 생기며 남에게도 먹을 것을 주고 기뻐한다. 그러나 음식을 흘리거나 떨어뜨리는 등 실패가 많다. • 금방 하던 일에 싫증이 나기 쉽다.
1년반	• 혼자서 식사하는 능력이 발달된다. • 숟가락을 한쪽 손에 쥐게 되고 음식을 입으로 넣기 위해 애를 쓴다. • 양손으로 그릇을 들어서 물을 마시게 된다. 그러나 그릇을 떨어뜨리거나 음식 흘리기를 잘 한다. • 식사중 위에 변화가 생기면 중단하고 자리에서 일어난다. • 음식의 맛에 대한 기억이 남는다.
2년 전후	• 컵을 손에 쥐고 음료를 잘 마신다. • 음식물을 적극적으로 원한다. • 음식이 오는 것을 앉아서 기다리는 등 욕구 통제의 능력이 나타난다. • 음식의 기호가 뚜렷해진다. • 식욕이 저하된다.
2년후	• 식사 중에 흘리지 않고 깨끗하게 먹는 아이도 있으나 아직도 많이 흘린다. • 자립과 의존심의 두 가지가 섞여 있다. • 컵이나 그릇을 한쪽 손으로 잡고 잘 마실 수 있게 된다. • 숟가락을 손에 쥐는 방법이 좋아진다. • 식탁을 차릴 때 도와주려고 한다.
2년반~3년반	• 편식이 고착되거나 편식 없이 좋은 식습관이 형성되는 시기이다. • 식사하는 데 손을 사용하는 능력이 향상된다. • 젓가락질을 하게 된다. • 음식을 잘 씹어 먹게 된다. • 3세가 넘으면 운동량이 늘어서 식욕이 상당히 왕성해진다.
4년	• 식사 예절을 배우게 된다. • 식사를 빨리 하게 된다.
5년	• 식사를 하면서 다른 가족들의 대화를 듣고 함께 이야기를 하게 된다.

식생활 지도 사례 1 : 잘 씹지 못하는 아이

앞 치아가 다른 아이들과 달리 조금 특이하게 생겨서 그런지 나물이나 조갯살, 고기 등 여러 번 씹어야 하는 음식을 잘 씹지 못하고, 성격도 급해 인내하며 씹기보다는 미리 "나는 이거 못 먹어요"하며 이야기하거나(이야기를 할 때는 울면서 화를 낼 때가 많았다), 음식을 먹는 도중에 뱉어 버리는 아이가 있었다. 오랜 시간 교사로서 관찰하면서 치아의 특성보다는 성격상 오래 씹는 것을 못 견뎌하는 이유가 더 큰 것을 알고 최대한 적은 양을 주되 교사가 옆에서 "자 20번만 더 씹어 보자"하며 같이 입모양으로 씹어 주며 잘 씹었을 때 많은 칭찬을 해주었다. 아이가 교사와 함께 씹는 동작을 하고 그 과정에 화를 내기보다는 칭찬을 해주고 재미있는 표정으로 씹는 모양을 보여주었더니 오랜 시간 동안 씹는 것을 덜 힘들어하게 되었다. 또한 잘 먹었을 때 해주는 칭찬으로 이제는 씹기 힘든 반찬이 나올 때도 지레 안 먹는다고 버티는 것이 아니라 "조금만 주세요"라고 말하며 다 먹고 "나 벌써 다 씹어서 먹었어요"라고 자신 있게 이야기를 하는 모습을 보이게 되었다.

식생활 지도 사례 2 : 수저질을 잘 하지 못해 식사를 힘들어하는 아이

만 3~4세가 되어 어린이집에 처음 다니게 되는 유아들 중 한 해에 한 명 이상은 수저질을 잘 하지 못해 식사시간을 힘들어한다. 부모님의 이야기를 들어보면 아이가 하나뿐이라 집에서 엄마나 할머니 등의 주양육자가 식사를 대부분 도와주며 떠서 먹여주다 보니 습관이 되어서 혼자 수저질을 할 나이가 되었음에도 하지 못하는 경우가 대부분이다. 이런 경우 교사가 떠 먹여 주면 십여 분 만에 식사가 끝나지만, 다른 유아처럼 스스로 먹게 하면 한 시간 이상 걸리게 된다. 밥을 먹지 않으니 주위의 친구들과 이야기를 하게 되고, 시간이 지나면 음식은 식어 맛이 없고, 수저질이 힘드니 음식을 먹을 의욕이 없어서 자세도 나쁘게 되고, 배는 고픈데 먹지 않아 불쾌하게 되는 등 식사시간이 유아에게 여러모로 힘들어지고 스트레스를 받는 시간이 되는 것이다. 이 상황을 개선하기 위해서는 우선 부모님과 협의하여 일정기간 동안 밥의 양을 줄여 혼자 수저질을 몇 번만 하면 식사가 끝나도록 하여 스스로 다 먹을 수 있다는 성취감을 느끼게 하고, 식사시간마다 교사의 옆에 앉혀서 처음에는 교사가 숟가락에 밥을 떠 놓아 주고 유아는 들어서 입에 넣기만 하여 먹도록 한다. 시간이 갈수록 유아가 숟가락으로 밥을 떠서 넣을 수 있는 빈도를 늘려가며 서서히 숟가락질을 훈련시킨다. 유아가 혼자 잘 먹을 때마다 교사가 긍정적인 반응을 해주면 칭찬받는 즐거움에 더 잘해 보려는 의욕을 보이는 것이 유아들의 특성인 것 같다. 이렇게 숟가락질을 잘 하기까지는 개인적 특성에 따라 3개월, 6개월 등 다소 큰 차이를 보일 수 있다. 모든 습관이 형성되는 데는 시간이 걸리듯이, 교사는 인내력을 가지고 유아가 보여 주는 변화를 관찰하고 격려해 줘야 하며, 가정과 연계하여 일관성 있게 지도하는 경우 빠른 변화를 기대할 수 있다.

식품기호와 편식

영유아기에는 음식에 대한 선호의 표현이 강하게 나타나기 시작하여, 하나의 식품에 대해 좋아하고 싫어하는 기호성이 매주 또는 매일을 주기로 수시로 변화한다. 식품에 대한 기호는 자아의식이 발달되면서 심리적 변화가 많은 3세 전후에서 7세 전후의 유아에게서 많이 나타나며 남아보다는 여아에게서 보다 자주 나타난다. 이러한 식품의 기호는 일반적으로 일어날 수 있는 일이므로 지나치게 걱정을 하거나 강제로 먹이려 한다면 역효과를 낼 수 있다. 특히 이런 상황에서 잘못 대처하였을 때 특정 음식에 대한 부정적인 태도를 고착시켜 편식하는 유아로 만들 수 있다.

영유아들은 대부분 과자, 크래커, 빵, 국수 등의 탄수화물 식품, 닭고기, 소시지 등의 육제품, 유제품, 단 음식, 부드러운 음식, 입 안에 넣기 쉽고 씹기 쉬운 음식을 좋아한다. 반면 씹기 힘들거나 질감이 딱딱한 음식, 미나리, 쑥갓, 당근, 양파, 파, 양배추, 간

식생활 지도 사례 3 : 콩을 잘 먹지 않고 바닥에 버리는 아이

음식의 맛에 대해 예민하게 반응하여 자신이 선호하는 음식과 그렇지 않은 음식에 대해 뚜렷한 기호를 보이는 OO이는 특히 콩을 싫어했다.

만 3세 일 년 동안 새로운 음식을 경험하는 것에 대해 어느 정도 익숙해져 있었으나 때때로 싫어하는 음식이 나오면 식사를 힘들어하는 경우가 있었다. 특히 콩이 들어 있는 밥이 나오는 날에는 식사시간 전부터 "오늘은 무슨 밥이에요?"라고 몇 번이나 질문을 하며 콩에 대한 거부감을 드러내곤 했다. 많이 싫어하는 음식을 먹지 않아도 된다고 허용할 경우 다른 음식까지 거부하는 경우가 있어서 '조금씩이라도 모든 음식을 다 먹는 것'을 기본 원칙으로 식습관 지도를 하게 되었다.

OO가 쉽게 콩에 익숙해질 수 있도록 돕기 위한 방법을 생각하던 중 수에 대해 높은 관심을 보이는 아동인 것을 고려하여 콩이 나오는 날마다 아동과 "오늘은 몇 개의 콩을 먹어볼까?"에 대해 사전에 이야기를 나누고, 아동이 잘 먹게 되면 콩의 양을 한 개씩 차차 늘려 먹어보기로 했다. 콩이 들어 있는 밥이 나오면 약속한 숫자만큼의 콩을 주고 교사와 함께 먹어보고 다 먹으면 격려해 주는 과정을 계속 반복한 결과, 한 학기가 끝날 무렵에는 콩은 물론 별로 선호하지 않던 다른 음식까지 별 어려움 없이 먹을 수 있게 되었다.

색생활 지도 사례 4 : 하얀 음식만 먹는 아이

○○는 신입원아로 처음 입소 당시 흰쌀밥과 흰떡, 모닝빵 또는 식빵, 우유 이외의 거의 모든 음식을 강하게 거부하고 전혀 먹지 않는 모습을 보였다. 반찬은 물론이고 아주 작은 잡곡이 섞인 밥이나 크림이나 잼을 바른 모닝빵 등을 전혀 먹지 않았고 흰색의 절편이나 떡은 먹어도 쑥절편은 먹지 않았다. 거부하는 정도가 심하여 억지로 먹이기보다는 친구들이나 교사가 맛있게 먹는 모습을 보여 주며 관심을 갖도록 하고 하루에 극소량(첫 시작은 깨알만큼의 작은 양)의 반찬 한 가지씩을 먹어보기를 유도하고 맛볼 수 있도록 하였다. 그리고 아주 작은 양이라도 먹으려고 한 시도가 있었다면 충분한 칭찬으로 자신감을 갖도록 격려해 주었다.

식습관뿐 아니라 아이의 전체적인 면들을 관찰한 결과 급격한 환경 변화에 의해 심리적으로 불안한 상태였고 그에 따라 새로운 것들에 대한 거부가 심한 모습을 보였다. 그래서 학부모와의 잦은 상담을 통해 어린이집과 가정에서 하루 빨리 편안하게 안정을 찾을 수 있도록 돕고 교사와 학부모와 함께 일관성을 가지고 식습관을 조금씩 천천히 지도하였다. 그 결과 아이가 차츰 안정을 찾으면서 6개월 정도가 지난 후에는 김치를 비롯한 어린이집에서 나오는 대부분의 음식을 먹을 수 있게 되었다.

식생활 지도 사례 5 : 채소를 잘 먹지 않는 아이

○○는 만 1세였으며 먹으려 하지 않는 음식에 대한 거부감이 무척 심했다. 채소나 나물이 반찬으로 나오면 긴장해서 얼굴이 굳고, 숟가락을 쥔 손을 움직이려고 하지도 않았다. 교사가 숟가락을 잡고 먹이려고 하면 힘을 꽉 주고 입을 전혀 열지 않았고 무조건 버티려고 했다. ○○의 부모님 모두 편식이 심해서 가정에서 먹는 음식 종류 자체가 한정되어 있다는 것도 문제였다.

그래서 반찬의 크기를 더욱 잘게 잘라주었고, 양은 처음엔 맛을 보는 수준으로 조금만 먹게 했으며 성공했을 때 무척 칭찬해 주었다. 시간이 지난 후에도 여전히 채소나 나물 반찬을 좋아하지는 않았지만 조금 달라졌다. 좋아하지 않는 음식을 보면 긴장되지만 스스로 자기 이름을 부르며 "○○ 이거 잘 먹지요? 이거 잘 먹으면 튼튼해지지요?"라고 아이 먼저 이야기를 꺼내고, 마음을 진정시킨 후 스스로 먹기 시작했다. 현재 만 4세이며 음식을 크게 가리지 않고 잘 먹는 건강한 아이로 자라고 있다.

등과 같이 냄새가 강한 음식, 매운 음식 등을 싫어한다.

같은 음식이라도 조리방법, 크기, 맛, 색, 등의 요소에 따라 기호가 달라지므로 씹기 힘든 음식은 잘게 썰어 부드럽게 조리하고 맛이나 향이 강한 식품은 다른 식품에 조금씩 섞어 조리하며 특정 음식에 대한 기호가 고정되지 않도록 해주어야 한다.

유아기의 편식은 고정적이지 않고 유동적이어서 교정이 가능하나 한번 길들여진 나쁜 습관을 고치려 하면 많은 시간과 노력이 필요하므로 처음부터 편식이 생기지 않도록 주의를 하는 것이 바람직하다. 음식을 강제로 먹이지 않고, 식사 시 환경과 분위기를 즐겁게 하며, 식사량을 적당히 하고 영양소 배합을 알맞게 한다. 조리법을 다양하게 하여 유아에게 관심을 끌 수 있도록 하며, 무엇보다도 부모 및 가족의 편식을 먼저 교정함으로써 유아의 식습관을 바람직하게 유도할 수 있다.

잦은 식욕의 변화

영유아의 성장과정에서 일시적으로 식욕과 식기호가 불안정해지는 시기를 거치게 되는데, 정도, 기간, 식품의 범위 등에 관해서는 개인차가 심하다. 식욕 부진과 편식이 일어나기 쉬운 시기는 일반적으로 이유기와 4세 전후의 시기이다. 이유기는 이유식의 조리법, 식사방법에 문제가 있거나 영아가 새로운 음식에 순응하지 못할 때 식욕 부진이 일어나기 쉽고, 4세 전후에는 자아가 발달하면서 식기호가 생기고 싫은 음식을 거부하는 반응을 나타내게 된다.

또한 영유아의 식욕 부진은 부모의 잘못된 양육방법에 의한 경우가 많은데, 자녀에 대한 지나친 관심이나 부모의 불안은 영유아로 하여금 정서적 불안과 자율신경 실조를 초래하고 식욕 감퇴의 원인이 되게 한다. 이와 같은 식욕 부진은 일과적인 생리현상으로 영유아기에 일반적으로 나타날 수 있으며, 일시적인 경우 성장발달에 큰 영향을 미치지 않으므로 무리하게 먹이지 않는 것이 좋다. 그러나 지속적인 식욕 부진은 성장 지연 및 편식의 가장 큰 원인이 되므로 이유기부터 여러 가지 식품을 소개시켜 좋은 이미지를 갖도록 하는 것이 영유아를 식욕 부진과 편식으로부터 벗어날 수 있게 하는 방법이다.

서울대학교어린이집 원아의 식생활 지도방법

서울대학교어린이집 교사 16명을 대상으로 어린이집 원아의 일반적인 식생활 지도방법에 대해 설문조사를 한 결과(2008년 2월)를 정리하면 다음과 같다.

1. 어린이집 원아의 식사 기호에 대한 교사들의 일반적인 의견
   - 가정에서 지도한 식습관의 영향을 받아 자주 먹어 본 음식을 잘 먹는다.
   - 딱딱한 채소나 질긴 고기 등 여러 번 씹어야 하는 음식을 잘 먹지 않는다.
   - 채소보다는 고기를 좋아하는 편이다.

2. 아이들이 잘 안 먹는 음식을 먹도록 지도하는 방법
   - 채소나 고기 등 씹기 어려워하는 음식은 잘게 잘라 주고 조금씩 먹게 한다.
   - 음식과 관련된 동화나 재료의 유래에 대한 이야기를 통해 음식에 대한 호감이나 관심을 높여 준다(예 : 콩음식, 단팥죽, 도토리묵 등을 먹을 때 음식의 재료가 어떻게 만들어졌는지 또는 농부 아저씨의 감사함에 대해 이야기한다).
   - 사각사각, 우드득우드득 등 음식을 먹을 때 나는 소리나 새콤하고 달콤한 맛을 음미하도록 유도한다.
   - 잘 먹는 친구를 칭찬해 음식을 먹어보고자 하는 동기를 유발시킨다.
   - 다 먹은 후 재미난 활동을 제안하여 음식을 먹는 데 집중하도록 한다.

식사에 관심이 덜 생긴 아이를 밥을 들고 따라다니면서 먹인다든가 오랫동안 식사를 시키면 버릇이 나빠질 뿐만 아니라 음식에 대한 매력을 상실하게 한다. 그러므로 1회 식사시간은 20~30분 내에 끝내도록 하고 간식을 많이 주지 않으며 집 밖에서 열심히 운동하고 놀도록 한다. 또한 유아들은 분위기에 민감하고 경쟁심 또한 민감하게 발동하므로 또래들과 함께 식사를 할 수 있도록 배려하는 것도 중요하다.

급 · 간식을 통한 식습관 지도 시 유의점

1. 질식할 만한 음식 제외하기 : 작은 뼈, 단단한 사탕, 땅콩, 핫도그 등
2. 과량의 음식은 유아를 부담스럽게 하므로 소량을 제공하고 원하면 더 먹게 하기
3. 새로운 음식이나 별로 좋아하지 않는 음식을 제공할 경우
   - 소량을 제공하되 좋아하는 음식을 많이 주면서 함께 제공하기
   - 새로운 음식은 한 번에 한 가지씩만 제공하기
   - 새로운 음식은 유아가 배고플 때 제공하기
   - 교사 자신이 직접 먹기
   - 유아가 음식 준비를 하기
   - 자주 접하는 음식은 유아가 더 잘 먹어 보려하므로 계속 그 음식을 제공하기
   - 급식을 제공하기 전에 간식으로 제공해 보기
4. 휴일/명절이나 생일을 위해 특별한 메뉴 계획하기
5. 연이틀 같은 음식을 제공하지 않기
6. 영유아의 민족 · 문화적 배경 고려하기, 친숙한 음식을 급식에 계획하기
7. 음식 준비 및 제공과 관련된 유아의 선호를 이용하기 : 유아는 대개 다양한 음식(크기, 모양, 색, 질감, 온도 등)을 좋아하며 다른 방식으로 준비된 음식을 좋아한다는 점
8. 물리적 · 정서적 분위기를 잘 조성하기
   - 교사가 좋은 모델이 되어 주기
   - 유아에게 맞는 기구나 그릇 등을 갖춘 매력적인 방
   - 음식을 기다리는 동안 간단한 게임이나 노래 활동하기
   - 식사시간을 즐겁게 하기
   - 유아가 선택할 수 있게 해주고 유아가 때로는 식탐을 보일 수 있음을 인정하기
   - 유아는 어른과 같은 시간감각이 없어 서두르지 않는다는 점을 이해하기

출처 : Decker & Decker(2004), pp. 283~286.

CHAPTER

02 유아보육교육기관의 급식관리

유아보육교육기관에 다니고 있는 영유아의 경우 하루에 적게는 3시간에서 많게는 12시간 정도 기관에서 생활하게 된다. 즉, 수면 시간을 제외한 대부분의 시간을 보내는 것이다. 맞벌이 가정의 확대와 육아의 사회적 부담이 강조되면서 앞으로 보다 많은 영유아들이 점심과 1~2회 정도의 간식을 급식으로 대신할 것이라 예상되므로 유아보육교육기관의 급식관리에 대한 관심과 노력이 요구된다.

01 급식의 의의 및 목적

앞서 살펴본 바와 같이 영유아기는 인생에 있어서 신체와 정신의 발달이 왕성한 시기이다. 따라서 영유아는 바람직한 체위와 체격, 건강한 체질과 올바른 식생활습관의 형성을 위해 양적 · 질적으로 부족함이 없는 식사를 제공받아야 한다. 그러나 영유아를 위한 급식제도나 사회적 인식 및 시설, 제반 여건이 갖추어지지 않아 급식이 제대로 이루어지지 못하고 있을 뿐만 아니라 급식의 효과나 제공 수준에 대한 평가지침도 없어 바람직한 급식에 대한 모델이 없는 실정이다.

영유아 급식의 경우 영양 공급 및 관리라는 의미뿐만 아니라, 영유아의 정서 발달이나 식습관 형성을 통한 전반적인 식생활개선의 면에서도 중요성을 가진다. 즉, 영유아 보육교육기관에서 시행하는 급식의 목적은 적절한 영양을 공급하고 올바른 식습관과 식사 기호를 형성시키며 바람직한 식사 태도를 몸에 배도록 하는 데 있다.

유아보육교육기관에서 식단을 작성할 때 영유아의 영양을 고려한다면 영유아들은 가정에서보다 더 영양 균형이 이루어진 식사를 할 수 있고, 나아가 가정의 식사를 보완할 수 있다. 또한 같은 또래의 여러 유아들이 같은 식단의 식사 또는 간식을 같은 시간에 먹기 때문에 식욕을 높이고 편식을 예방할 수 있으며, 식사 지도를 통해 올바른 식습관을 형성할 수 있다. 여럿이 함께 먹는 식사를 통해 올바른 식사 예절을 익히고, 단순히 배고픔을 면하거나 영양을 섭취하기 위한 행동이 아닌, 인간 사회 문화의 일면으로서 식사의 가치를 인식시킬 수도 있다.

02 유아보육교육기관 급식의 기본 계획

유아보육교육기관에서의 급식은 일반 단체급식과 비교하여 많은 대상에게 일정한 영양을 공급한다는 점은 동일하나 단순한 영양 공급에만 그치지 않고 식사를 매체로 한 올바른 식습관 형성 및 영양교육을 위한 목적이 있다는 면에서는 차이가 난다. 즉, 간식 및 점심급식을 통해 교사는 영유아에게 식사에 대한 올바른 이해와 습관을 기르게 하며, 편식을 교정하여 신체의 균형적 발육을 도모하는 한편, 영유아와 그 부모들의 식생활 개선에 이바지할 수 있다. 따라서 유아보육교육기관에서 성장에 필요한 영양소를 충분히 섭취하면서도 즐거운 식사가 되도록 영유아의 식사를 계획하기 위해 다음 사항을 고려해야 한다.

●●● 식품의 배합을 다양하게 하여 개개인의 영양필요량을 만족시키도록 한다

급식식단 작성 시 우선적으로 고려해야 할 사항은 영유아의 1일 영양필요량이다. 1~2세 영유아의 1일 영양권장량은 1,000kcal, 단백질은 38g, 3~5세 영유아의 경우는 1,400kcal, 53g 정도인데, 이 중 1/3은 점심을 통해 공급되어야 한다. 이러한 영양필요량을 고려하여 식단을 계획하되 한 끼를 구성하는 식품을 한두 가지 식품이 아니라 다양한 식품으로 구성한다면 영양소 필요량에 대한 충족도를 높일 수 있다. 〈표 2-1〉의 식품 구성안은 영유아의 식사를 준비함에 있어 도움이 되도록 영양권장량과 식품들의 영양소 함량을 고려하고 열량에 대한 탄수화물, 단백질, 지방의 비율을 고려하여 만든 것이다. 각 식품군에 속하는 식품과 그 양을 한 단위로 하여 권장단위 수만큼 섭취할

표 2-1 | 식품 구성안

식품군		해당 식품과 한 단위 양	영양소	권장단위 수	
				1~3세	4~6세
곡 류		밥 1/3 공기, 떡 송편 3개, 식빵 1쪽, 옥수수 1/2개, 삶은 국수 1/2공기	탄수화물	6	8
고기, 생선, 달걀, 콩류	저지방	소, 돼지, 닭고기 탁구공 크기, 생선 1토막, 새우 3마리, 조갯살 1/3컵	단백질, 지방(저)	1	1
	중지방	달걀 1개, 두부 1/6모, 순두부 1컵, 햄 1쪽	단백질, 지방(중)	2	2.5
	고지방	고지방갈비 30g, 치즈 1.5장, 생선 통조림 1/3컵	단백질, 지방(고)		
채소류, 과일류	채소류	당근, 시금치, 배추, 오이, 가지, 무, 깻잎 70g, 물미역 70g	무기질, 비타민, 섬유소	2	2.5
	과일류	사과 1/3개, 귤 1개, 감 1/2개, 딸기 10개(중), 과일주스 1/2컵	비타민, 무기질, 탄수화물	1	1
우유류		우유 200mL, 두유 200mL, 분유 5큰술, 요구르트 180mL, 치즈 1.5장	칼슘, 지방, 단백질	2	2
유지류		식용유, 들기름, 참기름 1큰술, 땅콩 1큰술	지 방	1	3

표 2-2 | 연령별 1일 영양권장량

연 령	열량(kcal)	탄수화물(65%)	단백질(15%)	지방(20%)
1~2세	1,000	163g	38g	22g
3~5세	1,400	228g	53g	31g

수 있도록 한다. 이러한 식품 구성안을 참고하여 식품 구성안에 나타나지 않은 식품도 같은 식품군 내에서 대체할 수 있다.

••• 성장 발달에 필요한 양질의 단백질과 칼슘을 충분히 공급할 수 있는 식단을 구성한다

일반적으로 식단 구성 시에 단백질과 열량 중심으로 식단을 구성하게 되나 성장기에 있는 영유아의 경우 칼슘 공급에도 각별한 주의를 기울여야 한다.

단백질 식품은 비교적 값이 비싸 자칫하면 부족하기 쉬우므로, 적어도 1일 필요량의 1/2은 성장에 적합한 양질의 단백질로 섭취해야 한다. 단백질 급원으로는 육류인 소, 돼지, 닭, 동물의 간 및 생선류 중 어느 것을 써도 좋으나 가격 면에서 값이 싸고 소화가 잘 되는 생선류를 많이 이용할 수 있다. 또한 식물성 식품 중에는 아미노산 조성이 가장 뛰어난 콩을 사용할 수 있는데, 두부, 된장, 콩가루 등의 형태로 이용할 수 있다.

칼슘의 급원으로는 우유, 치즈, 요구르트, 아이스크림 등을 들 수 있는데, 우유는 영양가가 높고 단백질과 칼슘이 풍부하며 소화흡수율도 높은 이상적인 식품이므로 매일 섭취할 수 있도록 한다.

••• 주기식단으로 식단을 구성하도록 한다

영유아는 같은 음식이 반복되면 쉽게 싫증을 내므로 이를 고려하여 매일 다른 식단을 구성하는 것이 바람직하나 급식관리의 측면에서 어려운 일이므로 10~15일 단위로 같은 음식이 반복되는 주기식단(cycle menu)이 가장 바람직하다.

서울대학교어린이집 식단 구성 원칙 – 영양 면

영양 면에서 성장기 아동들에게 적절한 식단이 되도록 다섯 가지 기초식품이 고루 들어 있고, 특히 육류, 생선류, 난류, 콩단백 식품 등 양질의 단백질 식품을 그 날의 주요리로 한다. 식품 섭취의 균형을 고려하여 다음과 같이 식단을 구성하고 있다.

- 생선류는 월 4회 이상(생선커틀렛, 생선 버터구이, 생선조림, 해물잡탕, 오징어불고기 등)
- 가금류는 월 4회 이상(닭찜, 치킨너겟, 닭죽 등)
- 콩단백 식품은 두부, 콩나물, 장류로 자주 이용된다(마파두부, 두부구이, 두부전골, 고기두부완자전, 순두부국, 각종 된장국).
- 난류는 달걀장조림, 시금치달걀말이, 전유어, 달걀부침, 달걀찜 등에 자주 이용한다.
- 칼슘 공급을 위해 뼈째 먹는 생선과 유제품 등이 공급된다. 우유는 1일 1~2회 1컵 이상씩 공급하고 멸치, 뱅어포, 새우 등은 반찬류로 조리하며, 국, 국물용으로 멸치, 보리건새우, 조갯살 등을 이용한다.
- 곡류는 잡곡(보리, 콩, 차조, 팥, 현미찹쌀, 흑향미 등)을 고루 섞어가며 이용한다.
- 무기질, 비타민의 공급을 위해 신선한 과일과 채소를 셀러드, 샌드위치에 이용하고, 나물류 요리를 자주 이용한다. 또 제철에 나는 신선한 과일을 공급하고 여름철에는 화채 등을 이용한다.

영유아가 소화하기 쉬운 조리방법을 선택하며 자극성이 강한 조미료는 삼간다

영유아는 성인에 비해 소화 흡수기능이 미숙하여 소화장애를 일으키기 쉬우므로 적합한 조리법의 음식을 선정할 필요가 있다. 기름을 많이 사용한 튀김이나 볶음류 혹은 섬유질이 지나치게 많은 채소나 큰 덩어리로 조리된 음식은 영유아가 씹기에 부적당하고 소화도 어렵다. 그러므로 단순하고 자연맛이 그대로 있는 식단을 구성한다.

특히 식품 기호에 대한 연구 결과(곽동경, 1996)에 따르면 영유아는 냄새가 강한 채소(파, 미나리, 양파, 부추, 셀러리 등)나 맛이 진하게 조리된 음식, 신맛이 강한 혹은 양념이 강하게 된 음식을 대체로 싫어하며, 부드럽고 순한 맛을 좋아하는 것으로 조사되었다. 따라서 강한 향신료나 파나 마늘의 사용은 되도록 피하고 화학조미료의 사용도 제한하는 것이 바람직하다.

서울대학교어린이집 식단 구성 원칙 – 조리 면

- 반찬 가짓수를 밥, 국, 김치 이외에 세 가지로 구성한다.
- 조리 시 식품 선택을 다양하게 하여 한 음식에 잘 어울리는 여러 재료를 고루 섞어 이용한다. 예를 들면 양파, 버섯, 당근, 청피망, 홍피망(붉은 고추 대신) 등을 조리 시 조금씩 섞어 색도 좋고 영양 면에서도 우수한 조화를 이루도록 구성한다.
- 다양한 조리법을 사용한다.
  - 잘게 다지거나 갈아서 소화가 쉽고 먹기 좋게 한다(예 : 녹두빈대떡)
  - 곱게 채치는 방법도 많이 이용한다(예 : 고운 양배추채, 당근채 등).
  - 나물류는 약간 매운맛을 낼 때 고춧가루를 섞는 것과 아닌 것 두 가지로 조리한다.
  - 볶음류에 고추장을 섞는 대신 토마토케첩으로 맛과 색을 낸다(예 : 떡볶이 등).
- 화학조미료 등은 쓰지 않고 자연 식품으로 맛을 낸다(예 : 멸치, 버섯, 다시마, 무, 양파 등).
- 한국 전통음식인 빈대떡, 호박죽, 약식, 식혜, 화채 등을 자주 이용하고, 나박김치, 동치미, 깍두기, 오이지 등 다양한 김치류를 제공한다.
- 제철 식품을 많이 이용한다(예 : 옥수수, 감자, 고구마, 토란 등).

식단을 구성하는 음식은 색감, 질감, 형태, 맛에 있어서 조화를 이루도록 한다

식품의 재료를 다양하게 선택함과 동시에 선택되는 재료의 색상을 다채롭게 구성하는 것은 음식에 대한 영유아의 관심과 선호를 증가시킬 수 있다. 음식이 제공되었을 때 구성되는 식단의 음식이 질감이나 형태, 맛에 있어서 각기 특색이 없다면 아무리 여러 가지 음식으로 구성된 식단이더라도 단조롭게 느껴지고 식욕을 잃게 되는 경우가 많다. 따라서 색상이나 조리방법 면에서 다양한 질감을 느낄 수 있도록 배려한다.

음식을 여러 번으로 나누어 필요한 영양소량을 공급할 수 있도록 식사 시간을 조절하고 식사의 간격을 되도록 규칙적으로 한다

영유아의 경우 필요한 영양소량이 많은 데 비해 소화력은 한정되어 있으므로 음식을 소량씩 나누어 공급하도록 식단을 구성한다. 한 끼에 많은 양의 음식을 먹도록 유도하는 것보다는 세 끼의 식사를 충실히 하면서 정규 식사 외에 수회의 간식을 제공하도록 한다. 이때 간식 시간과 정규 식사 시간의 간격을 합리적으로 조절하여 되도록 정규 식사의 섭취에 지장을 주지 않도록 한다. 전반적인 식욕 부진의 원인이 간식의 섭취나 식사 시간의 불규칙 등의 문제에 의한 경우가 많으므로 이에 유념하여 급식 시간과 급식량을 계획하는 것이 바람직하다.

책정된 급식비용을 고려한다

식단 작성에 있어 가장 중요한 재료비의 예산은 급식기관의 영양방침에 적합하도록 미리 결정해 두어야 한다. 즉, 급식의 규모나 형태, 시설, 피급식자의 경제적 수준, 식사의 성질 등 각각의 상황에 의해서 정해진 예산에 따라서 급식비용이 정해진다. 급식비용은 일반적으로 1일 기준 저가식단은 약 1,000원, 고가식단은 3,000원 정도 수준이다. 점심식단은 1일 중 간식비를 제외한 비용으로 구성해야 하며, 구성비율은 일반적으로 주식 대 부식을 3 대 7, 혹은 2 대 8로 하는 것이 적당하다.

책정된 급식비용에 따라 계절식품을 이용한다든지, 가공식품이나 반조리 식품 대신에 직접 조리를 한다든지 대체식품을 이용하는 등의 방법을 통해 식사 구성을 조절할 수 있다.

식사환경과 식기류에도 세심한 배려를 한다

유아는 편안하고 심리적으로 안정되면 식용이 증가하고 즐거운 마음으로 식사를 할 수 있다. 식사 시간에 만화 프로그램이 진행된다든가 놀이 친구가 밖에서 기다리고 있다면 유아의 관심이 그쪽으로 쏠려 식사에 대한 흥미를 떨어뜨릴 수 있다.

서울대학교어린이집 식단 구성 원칙 - 경제 면

- 양질의 식품을 저렴한 가격으로 구입하고 가능하면 인스턴트 식품을 자제하며, 식자재를 구입해서 직접 조리함으로써 원가를 절감한다.
- 정확한 계량으로 낭비가 없도록 노력한다. 매일 식자재의 사용량을 일지에 기록한다.
- 교사들은 원아들이 먹을 수 있는 만큼의 적정량을 배분하며, 잔반을 많이 남기지 않도록 지도한다.
- 값싸고 신선하며 품질 좋은 식품을 공급하도록 식품 구입을 다원화한다.

뿐만 아니라 식탁의 위치나 배열, 식기나 숟가락의 선택 또한 세심한 배려가 필요하다. 유아의 키에 맞지 않는 식탁은 유아가 숟가락질을 하는 데 어려움을 줄 수 있으며, 식기나 숟가락이 유아의 능력에 맞지 않으면 유아는 식사하는 행동 자체를 부담스럽게 여기게 되므로 유아의 발달 수준에 적절한 식사환경과 식기류를 제공하는 것이 바람직하다.

03 유아의 식단작성 순서

일반적으로 유아보육교육기관에서 식단을 작성할 때에는 영양가와 가격을 중심으로 하여 급식설비, 노동력, 조리능력 등을 참작하여 작성하게 된다. 특히 유아는 낮 동안에 활동량이 많고 소화능력이 왕성하기 때문에 영양소가 고른 식단을 구성하도록 해야 한다.

먼저 오전, 오후 간식과 점심식사를 통해 공급해야 하는 영양소량을 결정한 후 이들 영양소를 공급할 수 있는 식품을 정하고 이에 맞추어 음식의 종류와 분량을 결정하도록 한다.

표 2-3 | 급식 구성 기준 및 고려사항

영양소 / 분 류	열량(kcal)	단백질(g)	식품구성 시 유의점
오전 간식	120~150	4	아침 결식 시 오전 간식의 열량비중을 다소 높이고, 식사시간을 조정하도록 한다.
점 심	400~550	12~15	고른 식품 섭취와 다양한 맛을 즐길 수 있도록 구성하며, 특히 단백질 섭취가 부족하지 않도록 주의한다.
오후 간식	120~150	4	낮잠 이후에 활동량이 증가되는 시기임을 고려하여 수분 및 필요영양소 보충을 위한 간식을 구성한다.
합 계	640~800	20~23	

1일 영양소량을 결정한다

유아기 어린이의 1일 열량 및 단백질 권장량에 근거하여 이의 1/3 정도는 점심 식단에서 공급할 수 있도록 식단을 구성한다. 한편 1일 필요영양소량의 1/10에서 2/10 정도는 1회 간식을 통하여 공급할 수 있도록 식단을 구성한다. 즉, 점심식사에서는 400~550kcal의 열량과 12~15g의 단백질이 공급될 수 있도록 구성한다. 〈표 2-3〉에 급식식단 구성 시 참고가 되는 급식 구성 기준과 고려사항이 제시되어 있다.

필요한 영양소 공급원의 식품 구성을 결정한다

다음은 평균 영양필요량을 충족시키기 위하여 식품의 종류와 양을 결정하고, 음식을 끼니별로 조합하여 식단을 구성한다. 유아가 1일 섭취해야 할 식품의 종류와 양을 염두에 두고 먼저 주식을 밥과 빵, 국수, 일품음식 중에서 단위주기(1주일 혹은 10일 정도로 반복되는 주기)당 어떤 요일에 무엇을 몇 번 급식할 것인가를 정한다. 주식의 종류가 정해지면, 그에 따라 국이나 찌개 중 1가지, 구이나 볶음 혹은 조림, 튀김 중 1~2가지, 나물 1가지, 김치 1가지 등으로 식단을 구성하면 다양한 식단을 비교적 쉽게 구성해 볼 수 있다. 이때 유아의 기호를 고려하여 식품을 선택하도록 한다.

서울대어린이집 원아의 식품 기호도

서울대어린이집 원아의 식품 기호도를 살펴보기 위해 교사 16명을 대상으로 설문을 실시한 결과, 아이들이 좋아하는 음식과 잘 안 먹는 음식은 다음과 같았다.

종류 (기호도)		좋아하는 음식	보 통	잘 안 먹는 음식
주식류	밥, 죽, 면, 떡국, 수프	해물자장덮밥, 치킨도리아, 양송이크림수프, 닭죽, 단호박죽, 미트스파게티	차조밥, 현미찰밥, 비빔밥, 하이라이스, 새우볶음밥, 쇠고기버섯덮밥	서리태콩밥, 강낭콩밥, 채소수프, 단팥죽
부식류	국, 탕	미역국, 쇠고기무국, 사골곰탕, 쇠고기당면국	삼계탕, 갈비탕, 달걀국	토란국, 육개장, 시금치조개된장국
	볶음, 튀김	채소소시지볶음, 아몬드멸치볶음, 오징어채볶음, 폭찹, 닭강정, 닭안심튀김, 깐풍기, 탕수육	닭봉튀김, 치즈돈가스, 옥수수감자버터볶음, 새우케첩볶음	머위대들깨볶음, 마늘종새우볶음
	전, 적	해물채소전, 생선전, 모듬달걀말이	고기완자전, 김치고기전	
	나물, 무침	과일샐러드, 잡채, 진미채오이무침	치킨샐러드, 떡잡채	가지나물, 무갑장과, 오이미역초무침
	찜, 조림	돼지고기달걀장조림	두부조림, 콩조림, 닭찜, 떡찜	오이뱃두리
	구 이	뱅어포구이	삼치구이, 스패니시오믈렛, 햄버그스테이크	가지치즈구이
	김 치			
간식류	간 식	프렌치토스트, 떡볶이, 어묵꼬치, 감자소시지크로켓, 잼샌드위치, 햄치즈샌드위치, 꽈배기도넛, 바게트피자, 자장볶음국수	바나나토스트, 초코케이크도넛, 치즈머핀, 떡꼬치, 알감자버터구이	고구마샌드위치, 단호박대추술빵, 약식

표 2-4 | 식단 평가 점검표의 예

항 목		응답란	
		예	아니오
영 양	• 모든 식단이 영양요구량을 만족시키는가? • 비타민 C가 풍부한 식품이 자주 포함되었는가? • 비타민 A가 풍부한 식품이 1주일에 두 번 이상 포함되었는가? • 철분이 풍부한 식품이 자주 포함되었는가?		
관 리	• 현재의 재고 품목이 식단 계획에 반영되었는가? • 식단의 조리를 위해 기기사용이 적절히 분배되었는가? • 종업원의 작업량이 적절히 분배되었는가? • 계획된 식단의 조리방법이 종업원의 기술 수준과 일치하는가?		
내 용	• 색상의 조화가 이루어졌는가? • 풍미의 조화(담백한 맛, 신맛, 단맛)가 이루어졌는가? • 형태, 크기의 다양성이 있는가? • 질감(바삭바삭함, 단단함, 부드러운)의 대조가 이루어졌는가? • 온도(뜨거운 음식과 찬 음식)의 조화가 이루어졌는가? • 유아의 기호성에 적합한 것인가?		
기 타	• 계절 식품의 적절한 사용이 이루어졌는가? • 주기에 따른 식품비의 적절한 분배가 이루어졌는가? • 예산 범위 내의 식단 계획인가?		

식단의 대강표와 식단 목록표를 이용하여 1일 섭취해야 할 식품을 중심으로 음식의 종류와 가짓수를 결정한다

반복이 되는 식단의 주기를 기본으로 하여 주식과 부식 등을 어떤 것으로 할 것인지, 부식의 주재료 및 조리방법은 몇 회씩 구성할지를 고려한다. 이때 소화가 용이하며, 가격면에서 책정된 급식비를 고려하여 현실성 있도록 구성한다. 또한 동일한 식품이라 할지라도 조리방법을 다르게 하여 식단에 변화를 주도록 한다.

●●● 식품섭취량 및 필요량을 산출한다

식단이 결정되면 어떤 재료를 얼마만큼 준비해야 하는가를 검토한다. 이때 식단을 작성하면서 식품의 실제 재료 중 먹을 수 있는 식품의 비율인 가식비율과 조리에 의한 수량 및 부피의 변화도 고려해야 한다.

●●● 작성된 식단표를 검토한다

반복주기를 중심으로 식단을 확정하여, 주식과 부식이 중복되지 않게 한다. 기관의 활동계획에 따라 운동량이 많은 날은 열량 공급이 충분하도록 준비하며, 생일파티 등 간식 양이 많은 날은 조금 적게 준비하는 것이 좋다. 식단 작성 후에는 평가작업이 반드시 필요하며 식단 작성 시 여러 가지 참고자료를 이용하면 다양한 식단을 작성할 수 있다.

다음은 이러한 식단 구성의 순서에 따라 작성된 서울대학교어린이집 식단의 예이다.

표 2-5 | 식단작성의 예

		월	화	수	목	금
첫째주	간 식				귤 두유	롤케이크 우유
	점 심				차조밥 황태두부국 돼지불고기 시금치나물 상추쌈 김구이 김치	해물자장덮밥 달걀국 단무지 김치
	간 식				무화과설기 우유	알감자버터구이 우유
열 량 단백질					725kcal/28g	620kcal/31g
둘째주	간 식	백설기 우유	커스터드크림빵 우유	사과 두유	아몬드플레이크 우유	소프트롤과 잼 우유
	점 심	보리밥 쇠고기당면국 양배추베이컨 볶음 도토리묵무침 오징어채볶음 김치	쌀밥 단호박수프 케이준닭튀김 옥수수드레싱 채소샐러드 단무지/김치 김치	서리태콩밥 시금치콩나물국 생선구이 오이김무침 깍두기 감자피망볶음	김치필라프 콩나물국 단무지 김치	차수수밥 건새우아욱국 조랭이떡잡채 연근조림 김구이 깍두기
	간 식	꽈배기도넛 우유	찐호박고구마 우유	떡꼬치 오렌지주스	프렌치토스트 우유	팥시루떡 우유
열 량 단백질		768kcal/20g	647kcal/21g	746kcal/30g	644kcal/21g	702kcal/19g

주	구분	월	화	수	목	금
셋째주	간 식	통큰팥빵 우유	단감 두유	마들렌 우유	절편 우유	요델리
	점 심	팥밥 쇠고기미역국 두부구이 무갑장과 아몬드멸치볶음 김치	차조밥 버섯된장국 닭강정 취나물된장무침 김구이 깍두기	쇠고기버섯덮밥 무오이생채 단무지 김치	흑미밥 감자어묵국 코다리찜 오이뱃두리 콩자반 깍두기	발아현미밥 들깨우거지국 난자완스/깻잎찜 오징어채볶음 김치
	간 식	떡볶이 우유	고구마샌드위치 우유	감자소시지크로켓 주스	당근파인애플케이크 우유	약식 우유
열 량 단백질		686kcal/19g	678kcal/24g	738kcal/25g	823kcal/26g	693kcal/20g
넷째주	간 식	토스트와 잼 우유	땅콩빵 우유	인절미 우유	귤 두유	커스터드크림빵 우유
	점 심	차수수밥 명란두부탕 스패니시오믈렛 김치떡잡채 다시마튀각 김치	현미찰밥 조갯살콩나물김칫국 마파두부 쇠고기우엉볶음 뱅어포구이 깍두기	영양비빔밥 버섯된장국 단무지 김치	서리태콩밥 쇠고기무국 해물잡탕 청포묵무침 김구이 깍두기	쌀밥 양송이수프 당근감자볶음 돈가스 과일샐러드 단무지, 김치
	간 식	고구마튀김 주스	가래떡 우유	바게트피자 주스	물만두	무지개떡 우유
열 량 단백질		766kcal/23g	603kcal/23g	664kcal/22.5g	628kcal/23g	799kcal/20g
다섯째주	간 식	마시는 요구르트	소프트롤과 잼 두유	귤 두유	오곡플레이크 우유	보리증편 우유
	점 심	떡국 시금치나물 단무지 김치	팥밥 홍합미역국 채소소시지볶음 진미채오이무침 숙주나물 깍두기	보리밥 사골곰탕 생선전 새송이고기채소볶음 김구이 김치	미트소스스파게티 감자샐러드 오이피클 김치	발아현미밥 사골우거지국 돼지갈비찜 취나물된장무침 미역튀각 깍두기
	간 식	핫도그빵 우유	해물채소전 주스	꿀송편 우유	생일잔치	햄에그샌드위치 우유
열 량 단백질		690kcal/23g	641kcal/24g	616kcal/22g	494kcal/23g	774kcal/33g

CHAPTER

03 유아보육교육기관의 영양교육

유아보육교육기관에 다니는 영유아의 올바른 식생활을 돕기 위해서는 좋은 식재료를 사용하여 다양한 영양소가 고루 갖춰진 식단을 제공하는 것뿐만 아니라 영양에 대한 체계적인 교육도 함께 이루어져야 한다. 영유아기는 식사능력의 발달과 더불어 식품에 대한 기호가 생겨나며 자주 변화하는 시기이다. 이 시기에 습득한 영양에 대한 지식은 실제 행동으로 연결되어 바람직한 식생활 행동을 갖게 되고, 자신의 건강 유지는 물론 주위 가족의 식생활 개선을 유도할 수 있다.

유아보육교육기관에서는 영양이 풍부한 식사와 간식의 중요성을 인식하고, 위생적이고 안전한 조리시설에서 영양이 풍부하고 맛있는 식단을 제공하는 한편, 영양교육과정을 계획하고 실행하여 즐거운 식사 및 간식 분위기를 만들 수 있도록 노력해야 한다.

이 장에서는 영양교육의 목적과 내용 그리고 실제 사례에 대해 살펴보도록 하겠다.

01 영양교육의 목적과 내용

Spodek, Saracho와 Davis(1991)는 좋은 영양 및 식습관을 위한 영양교육은 영유아의 건강과 성장, 인성 및 사회적 발달에 필수 요소라고 제안했다. 영유아들이 먹는 음식은 성장과 발달, 학습능력 그리고 전반적인 행동에 영향을 미치므로 영유아가 현명하고 적절하게 음식을 섭취하도록 가르치는 것은 특히 중요한 일이다.

영양교육의 목적

영양교육이란 건강유지와 증진 및 질병예방을 목적으로 올바른 영양지식, 태도, 실천 기술을 보급하고, 잘못된 식습관을 개선하여 식생활을 보다 균형 있게 하기 위한 것이다. 즉, 개개인이 적절한 식생활을 실천하는 데 필요한 영양에 관한 모든 지식과 기술을 활용하여 식생활에 관한 의욕과 관심을 높여서 식생활에서 실천하게 하는 것이라고 정의할 수 있다.

영유아기는 신체적 성장과 식습관이 형성되는 시기이다. 이 시기는 새로운 사고의 변화를 민감하게 받아들이는 시기이기도 한다. 이 시기에 형성된 음식과 식사에 대한 태도, 식습관은 성인기까지 지속된다. Branen과 Fletcher(1999)의 연구에 따르면 영유아도 영양의 개념, 영양소의 기능, 영양이 건강에 미치는 영향에 대해 이해할 수 있으므로, 영유아기 동안의 영양교육은 일생 동안 긍정적인 영향을 미칠 것이다.

어린 시절의 영양은 정상적인 성장과 발달에 중요하며, 빈혈, 성장지연, 영양불량 등 영양 관련 문제를 예방하고, 비만, 충치 및 성인병을 예방하는 데도 지대한 영향을 미친다. 영유아기에는 여러 가지 기본적인 습관이 형성되는데, 특히 식사 행동이나 식습관뿐만 아니라 식품과 식생활에 대한 가치형성의 기초가 되는 시기로, 이 시기에 형성된 습관은 일생을 통하여 쉽게 바뀌지 않으며, 개인의 성격이나 정서적 · 지적 발달, 사회생활 대인관계, 가치관 형성에 영향을 미치게 된다.

따라서 영유아기 영양교육의 목적은 영양에 대한 기본적인 개념을 이해함으로써 음식과 우리 몸의 건강과의 관계를 알고, 음식을 골고루 먹으며, 음식을 소중히 여기는 태도를 형성하도록 돕는 것이다.

영양교육의 내용

영유아 영양교육의 내용은 영양에 대한 지식을 습득하고 이를 식생활에 올바르게 적용, 실천하여 건전한 식습관과 건강을 유지하는 데 필요한 것이어야 한다. 이를 위해서는 우선 음식과 영양, 성장에 대한 기초적인 지식과 바람직한 식사 예절과 식습관, 이외에도 식품과 문화, 환경에 대한 내용들이 함께 포함되어야 한다. 영유아의 영양교육활동에 포함되어야 할 내용을 구체적으로 살펴보면 다음과 같다.

••• 음식과 영양, 성장에 대한 기초지식

음식과 영양

- 식품에는 다양한 종류가 있다.
- 다양한 식품이 각기 다른 특성을 가지고 있고 조리과정에서 물리적 · 화학적 변화가 일어난다.
- 식품에는 여러 가지 영양소가 들어 있고 식품별로 그 구성이 다르다.
- 식품마다 다른 영양소를 제공해 주므로 우리 몸에는 여러 음식이 필요하다.
- 영양소는 음식을 통해 섭취되고 우리 몸을 건강하게 자라게 한다.
- 영양소는 우리 몸에서 여러 가지 일을 하며, 여러 영양소가 매일 필요하다.

영양과 성장

- 우리 몸이 자라고 건강을 유지하기 위해서는 식품이 필요하다.
- 음식은 신체적 성장과 건강의 기본 조건이며, 건강은 놀이와 학습, 심리적 안정을 위해 중요하다.
- 신체적 성장과 건강을 위해 식품에 포함된 영양소를 필요한 만큼 균형 있게 섭취해야 한다.

- 식품에서 얻은 영양소는 우리 몸에서 각기 다양한 역할을 한다.
- 식품을 잘 섭취하지 못했을 때 여러 가지 영양 문제(비만, 충치, 음식물 알레르기, 빈혈, 영양 불량 등)가 일어난다.

음식과 안전

- 음식에 따라 먹기에 적절한 상태가 있다.
- 잘 관리되지 않은 식품은 질병이나 장애를 유발할 수 있다.

바람직한 식사 예절과 식습관

- 식사 전에 손을 깨끗이 씻으며 식후 양치질을 한다.
- 너무 급히 먹지 않으며 너무 오래 음식을 물고 있지 않는다.
- 자세를 바르게 하고 식사도구를 적절하게 사용한다.
- 음식을 흘리지 않으며 흘린 음식은 주워 먹지 않는다.
- 스스로 천천히 잘 씹어 먹는다.
- 여러 사람과 함께 식사할 때는 음식을 독점하지 않는다.
- 음식의 소중함을 알고 낭비하지 않는다.
- 감사하는 태도를 갖고 즐겁게 먹는다.
- 바람직하지 못한 식습관을 수정한다.

식품과 문화, 식품과 환경

- 우리의 전통음식, 시절음식이 있다.
- 오래 전부터 시절음식이 발달해 왔고, 그 속에는 환경에 적응하는 조상들의 지혜가 담겨 있다.
- 명절이나 절기 등 특별한 날에는 특별한 음식을 먹는다.
- 나라마다 그 나라 사람들이 먹는 고유한 음식이 있고, 음식은 각각의 생활환경과 관계가 있다.

어린이를 위한 식생활지침

출처: 한국보건산업진흥원(2004)

어린이 식품 영양 가이드

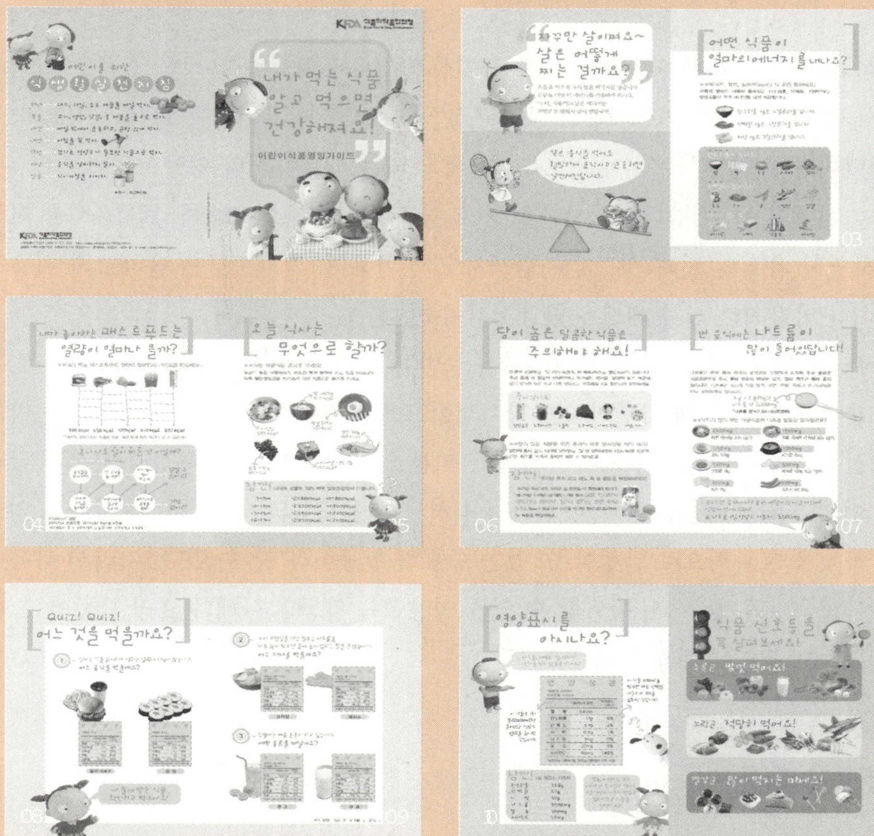

출처: 대한영양사협회(http://www.dietitianor.kr)

- 여러 나라 사람들은 서로 식사 태도와 방법이 다르며 고유의 문화를 가지고 있다.
- 식품은 환경 파괴 및 환경 오염과 관계가 있다.

02 영양교육의 실제

영유아 영양교육은 대부분 영유아들이 일상생활에서 다양한 음식을 접하고 섭취하는 과정에서 자연스럽게 이루어진다. 특히 급간식 시간에 이루어지는 교사의 직접적인 언어 전달이나 모델링은 유아보육교육기관에 다니는 영유아들의 영양교육에 가장 큰 영향을 미친다고 볼 수 있다. 이 시간을 통해 영유아는 자연스럽게 다양한 음식을 접하고 관찰하면서 음식의 맛과 향, 색을 탐색하고 경험하며, 식사도구를 올바르게 사용하는 방법이나 바람직한 식사 예절을 발달시킬 수 있다.

또한 특정 음식에 대한 거부감이나 식욕 변화로 인한 영양 불량 등의 영양 문제도 상당 부분 급간식 시간에 이루어지는 장기적이고 반복적인 교육을 통해 바람직한 방향으로 개선시켜 나갈 수 있다. 하지만 앞서 살펴본 영양교육의 내용 중 상당 부분은 급간식 시간 이외의 활동시간을 통해 이루어져야 하는 내용도 있다. 특히 요리 활동은 영양교육의 목적을 효과적으로 달성할 수 있는 중요한 활동이라 할 수 있다. 따라서 다음에서는 유아교육보육기관에서 활용할 수 있는 영양교육 활동의 사례와 요리 활동의 효과 및 계획 그리고 운영에 대해 살펴보겠다.

영양교육 활동

교사의 의도가 반영된 구조화된 놀이 및 학습 활동으로 영양교육이 전개될 수 있다. 교사는 자유선택활동을 위한 흥미 영역에 영양과 관련된 놀이 활동을 다양하게 마련하고 대 · 소집단 활동 시간에 영양과 관련된 주제를 다룰 수 있다. 더불어 다른 주제와 관련된 흥미 영역 활동 중에도 영양과 관련된 내용이 통합되어 다루어 질 수 있다(이순형 외, 2008).

●●● 자유선택 활동

홍미 영역에 마련할 수 있는 놀이 및 활동 주제의 예와 활동 사례를 제시하면 다음과 같다.

언어 영역

- 음식과 영양 관련 동화 듣기, 읽기
- 동시 듣기, 낭송하기, 짓기
- 음식 사진이나 그림과 음식이름 카드 대응
- 여러 가지 책 만들기(내가 하루 동안 먹은 음식 책, 우리 반 친구들이 좋아하는 음식 책, 명절에 먹는 음식 책 등)
- 식품과 영양에 관한 수수께끼
- 요리순서표 만들기(또는 그림카드로 만들기)
- 조리도구 이름 알기(칼, 도마, 국자, 뒤집게 등)
- 요리용어 배우기(자르기, 다듬기, 씻기, 갈기, 껍질 벗기기 등)

과학 영역

- 여러 식품재료의 특성 관찰 비교(색깔, 촉감, 맛, 냄새, 무게, 무르기, 물에 넣었을 때 볼 수 있는 특징, 단면의 모습, 씨의 모양과 위치, 개수 등)
- 식재료가 되는 식물 기르기
- 여러 가지 과일즙을 짜내고 색 관찰하기, 섞은 후의 색을 관찰하고 비교하기
- 식재료의 물리화학적 변화 실험, 관찰(시드는 모습, 가열했을 때의 변화, 재료의 혼합에 따른 변화 등)

수 영역

- 식재료를 여러 기준에 따라 분류하기
- 나는 곳에 따라 분류하기
- 무게를 측정하고 무게순으로 서열화하기
- 크기, 수와 양을 측정하고 표시하기

• 친구들이 아침에 먹은 음식 종류, 좋아하는 음식이나 과일 등을 조사하고 정리하기
• 나누기

역할 영역

• 소꿉놀이(식재료 다루기, 음식 만들기, 다과 시간, 조리도구, 식기)
• 식탁 차리기 놀이
• 요리사 분장, 흉내 내기
• 생일파티 놀이

조작 영역

• 여러 가지 과일, 채소 부분 사진 조각 맞추기
• 부직포 과일 모양에 실 꿰기
• 절기음식 퍼즐 맞추기
• 같은 종류끼리 집게로 집기

미술 · 조형 영역

• 채소, 과일 만들기(종이찰흙, 지점토 등)
• 과일, 채소 그리고 칠하기
• 채소 도장 찍기(감자, 당근, 무, 파프리카, 브로콜리 등)
• 짜낸 과일즙으로 물들이기(여러 과일즙, 천 등)
• 여러 가지 음식재료로 꾸미기
• 상상의 음식 빚기
• 식재료로 꾸미기
• 역할놀이 소품 만들기(채소가게 동극, 역할놀이 등)

요리 영역

• 오늘의 간식 만들기, 조리법 카드(그림글자로 제작하기)

●●● 주제별 활동

주제별 활동 시간에 다룰 수 있는 활동주제의 예 및 활동 사례를 제시하면 다음과 같다.

이야기 나누기

- 음식의 소중함
- 몸에 좋은 음식과 몸에 좋지 않은 음식
- 식품 안전성과 좋은 식품 선택
- 음식과 환경보호 간의 관계
- 전통음식과 시절음식
- 좋은 식사 태도
- 즐거운 식사를 위한 방법 제안

게임 활동

- 음식을 영양소에 따라 분류하기
- 원재료와 가공재료, 식품 연결하기
- 생산지에 따라 재료 분류하기, 연결하기
- 여러 가지 영양소를 섭취할 수 있는 상차림 만들기

음률 활동

- 밥솥 안의 쌀알
- 장 보러 가요
- 굴러가는 과일들

조형 활동

- 과일, 채소 빚어 만들기
- 과수원 꾸미기
- 채소밭 꾸미기

실외놀이 및 현장학습

- 채소 기르기
- 싹 튀우기(콩, 감자, 고구마 등)
- 빵, 밥, 우유의 변화 관찰하기
- 과수원 견학
- 시장이나 종합 농수산물 마트 견학
- 전문 초청 강연회
- 인형극 관람

요리 활동

요리 활동을 통해 영유아는 또래들과 협력하여 식품을 다루고 관찰하고 먹는 경험을 직접 할 수 있다. 또한 요리 활동은 새로운 음식에 대한 친숙성을 증대시킬 수 있는 이상적 방법이 된다. 그리고 영유아에게 음식들이 여러 방식으로 준비될 수 있음을 보여 주는 효율적인 수단이기도 하다.

영유아는 요리 활동을 통해 새로운 음식, 새로운 질감, 새로운 맛을 수용하도록 격려받으며, 또한 스스로 요리 활동에 참여함으로써 다양한 음식을 접할 수 있게 되고 그로 인해 식품 자체의 특징을 이해하고 식품에 대해 갖고 있던 선입관과 기피 현상을 바로잡게 되는 기회를 갖게 된다. 스스로 요리한 음식을 먹을 때 영유아는 올바른 식사법을 배우게 되고, 편식도 고칠 수 있게 되며, 건강해지기 위해 음식을 골고루 먹어야 한다는 것도 쉽게 이해하게 된다. 또한 영유아는 음식이나 식사시간에 대한 긍정적인 태도가 형성된 뒤에 좋은 식습관을 갖추게 되므로 요리 활동을 통한 통합적이고 총체적인 지도가 이루어질 때, 보다 효과적으로 식생활 습관을 지도할 수 있다(전경원 · 전경분, 2001).

따라서 식사행동 및 편식습관을 고치고 올바른 식습관을 형성할 수 있도록 하기 위하여 적절한 요리 활동 계획을 유아교육과정 속에 포함하여 지도해야 할 것이다.

••• 교육적 효과

요리 활동은 유아에게 있어서 놀이인 동시에 학습이 되며, 유아의 자율적인 요리 활동은 생활 경험뿐만 아니라 개념을 익히게 한다(정은실, 1999). 요리 활동을 하고 그 음식을 먹을 때 영유아는 올바른 식사법을 배우게 되고, 다양한 음식의 경험으로 편식을 예방하고 교정함으로써 건강한 생활을 할 수 있다. 또한 청결은 물론 건강해지기 위해 음식을 골고루 먹어야 한다는 것도 이해하게 된다.

요리 활동의 여러 가지 다양한 교육적 효과들은 다음과 같이 정리해 볼 수 있다.

요리 활동의 교육적 효과

- 음식의 이름을 인지하는 것을 배운다.
- 음식에 5가지 기초 식품군이 있다는 것을 알 수 있다.
- 새로운 음식을 접하게 된다.
- 맛보고, 냄새 맡고, 느끼고, 보는 것을 통해서 음식에 대한 감각을 발달시킬 수 있다.
- 껍질을 벗기고 조리하는 것 등을 통해서 음식의 변화를 관찰할 수 있다.
- 측정하고 몫을 구분하고, 공유하는 경험을 통해서 수학적인 이해를 할 수 있다.
- 균형 있는 식사의 구성을 찾을 수 있다.
- 좋은 식사 습관과 식탁예절을 배울 수 있다.

출처 : Betty Rowen, Joan Byrne & Lois Winter(1980)

이처럼 요리 활동은 영유아의 모든 발달에 영향을 주는 중요한 활동으로 영유아들이 흥미를 가지고 직접 참여할 수 있고, 자연스런 환경에서 바람직한 식습관을 가질 수 있도록 교육하는 데 매우 효과적인 학습활동이 된다.

••• 계획 및 운영

요리 활동을 통해 영유아의 올바른 식생활 습관 형성을 효과적으로 유도하기 위해서는 무엇보다도 교사의 역할이 중요하다. 요리 활동은 영유아들이 매우 좋아하는 활동이므로 자칫하면 소란스러워질 우려가 있다. 교사는 요리 활동에서 강조하고자 하는 목표를 뚜렷이 가지고 치밀한 계획을 세워야 한다.

요리 활동에서는 영유아에게 적절한 요리 종류의 선택이 무엇보다도 중요하다. 요리 종류의 선택은 영유아의 발달 수준에 적절해야 한다. 재료나 사용되는 기술, 불의 사용 여부, 요리법의 복잡성 등이 영유아의 흥미와 발달 수준에 적합한지 고려해야 한다. 요리 활동에 사용되는 음식은 가능한 영양이 풍부한 것으로, 설탕이나 지방 등의 함유량이 높은 음식은 되도록 피하는 것이 바람직한 식습관을 형성하는 데 도움이 된다.

요리 활동을 하는 방법은 먼저 조리를 필요로 하지 않는 간단한 활동으로부터 시작하여 한두 가지 기능을 요하는 활동으로 늘려가고 점차 복합적인 기능을 요구하는 것으로 발전시켜 나가야 한다. 또한 물리적 변화를 많이 관찰할 수 있는 요리 활동으로 선정하며 편식 습관을 고칠 수 있는 기회로 삼기 위해서 새로운 요리 종류를 개발하는 것도 필요하다. 교사는 요리 활동에 대한 사전 검토와 계획을 통해 만져 보고, 냄새를 맡고, 맛보고, 관찰하고, 비교하는 등 충분히 경험할 수 있는 기회를 갖도록 해야 한다.

요리 활동을 위한 계획을 세울 때 고려해야 할 점에는 환경 구성, 시기 선정, 요리 종류의 선정, 집단 구성, 요리도구 준비, 건강 및 안전, 진행 및 평가 등이 있다.

이상을 구체적으로 살펴보면 다음과 같다.

환경 구성

- 유아가 쉽게 볼 수 있는 곳에 요리 순서표 붙이기
- 요리를 한 후 음식을 먹을 수 있도록 인접한 곳에 책상 마련
- 교사의 위치는 교실상황을 한 눈에 파악할 수 있는 곳으로 배정

시기 선정

- 연중 지속적으로 실시하며, 계절이나 생활주제와 관련해서 선정
- 유아들이 직접 기르거나 수확한 식품을 요리에 사용할 때 더욱 효과적

요리 종류의 선정

- 영양과 유아의 건강을 고려하여 5가지 기초식품군이 고루 배합
- 간식이나 주식으로 먹기에 맛과 영양이 좋은 것
- 유아의 발달 수준에 맞는 조리 형태의 난이도와 복합성

집단 구성

- 소그룹으로 진행하는 하는 것이 바람직하며, 5~6명 정도가 적당

요리도구 준비

- 요리 활동에 적절하고 조리과정을 관찰하기 좋은 크기와 모양을 선택
- 유아가 사용하기에 안전하고 위생적인지 고려

건강 및 안전

- 조리 전후 손씻기와 머릿수건 등 위생관념을 습관화
- 무딘 칼이나 톱니 모양의 플라스틱 칼 사용
- 전기 프라이팬 등 열기구 사용주의, 전깃줄 넘어지지 않게 주의, 가열된 도구는 불이 꺼져도 뜨겁다는 것을 주의시킴
- 낮은 작업대와 의자 사용

진행 및 평가

요리 활동 중 유아의 선택, 작업, 느낌, 성취 등에 대한 평가

요리 활동 프로그램의 실례

다음은 서울대어린이집에서 진행된 요리 활동 사례들을 연령별로 정리해 본 것이다.

과일샐러드

<table>
<tr><td>대상연령</td><td>만 1세</td><td>소요시간</td><td>50분</td></tr>
<tr><td>활동목표</td><td colspan="3">1. 여러 가지 과일들의 모양과 특성을 알 수 있다.
2. 평소에 먹지 않는 과일을 맛볼 수 있다.</td></tr>
<tr><td>재료 및 분량</td><td colspan="3">마요네즈, 플레인 요구르트, 사과, 배, 감, 귤, 바나나, 방울토마토</td></tr>
<tr><td>요리도구</td><td colspan="3">과일샐러드 요리 순서도, 도마, 칼, 숟가락, 볼, 나무주걱, 포크, 접시</td></tr>
<tr><td>활동과정</td><td colspan="3">활동 내용</td></tr>
<tr><td>도 입</td><td colspan="3">1. 재료를 탐색한다.
• 이것은 이름이 무엇이니?
• 모양은 어떠니?
• 무슨 색깔이니?
• 만져보면 어떠니?
• 어떤 냄새가 나니?
• 이 과일의 속은 어떻게 생겼을까?
• 속에는 무엇이 있을까? 속의 색깔은 어떨까?
2. 오늘 만들 요리의 이름과 순서에 대해 알려 주고 활동 시 주의할 점에 대해 생각하고 이야기 나눈다.
• 활동 전 손씻기
• 떨어진 재료 다시 사용하지 않기
• 요리 활동 할 때 이야기를 많이 하지 않기</td></tr>
<tr><td>전 개</td><td colspan="3">1. 과일을 자른다.
• 교사가 껍질을 까서 적당한 크기로 잘라 유아들에게 나누어 준다.
2. 자른 과일과 마요네즈를 그릇에 넣는다.
3. 유아들이 차례로 돌아가면서 섞도록 한다.
4. 간식접시에 담아 간식으로 먹는다.</td></tr>
<tr><td>마무리</td><td colspan="3">접시에 잘 담고 각 반을 다니며 어린이집 선생님들께 만든 음식을 드린다.</td></tr>
</table>

피자토스트

<table>
<tr><td>대상연령</td><td>만 1세</td><td>소요시간</td><td>30분</td></tr>
<tr><td>활동목표</td><td colspan="3">1. 여러 가지 채소의 생김새를 안다.
2. 여러 가지 채소를 편식하지 않고 먹는다.</td></tr>
<tr><td>재료 및 분량</td><td colspan="3">식빵, 피자치즈, 소시지, 올리브, 토마토페이스트, 옥수수(통조림), 여러 가지 채소(양파, 피망, 양송이)</td></tr>
<tr><td>요리도구</td><td colspan="3">빵칼, 숟가락, 접시, 오븐</td></tr>
<tr><td>활동과정</td><td colspan="3">활동 내용</td></tr>
<tr><td>도 입</td><td colspan="3">1. 피자를 먹어 보았던 경험에 대해 이야기 나눈다.
2. 피자를 먹어 보았을 때 피자 속에 들어 있던 채소에 대해 이야기 나눈다.
3. 피자에 들어갈 재료를 소개한다.
4. 피자를 만드는 순서에 대해 알려 주고 활동 시 주의할 점에 대해 이야기 나눈다.
• 활동 전 손씻기
• 떨어진 재료 다시 사용하지 않기
• 요리 활동 할 때 이야기를 많이 하지 않기
• 다양한 채소를 사용하여 만들기</td></tr>
<tr><td>전 개</td><td colspan="3">1. 양파와 피망, 양송이를 빵칼을 이용해 적당한 크기로 자른다.
2. 식빵에 숟가락을 사용하여 토마토 페이스트를 바른다.
3. 적당한 크기로 준비해 놓은 채소를 순서대로 올려놓는다.
4. 채소를 모두 올려놓은 후 잘게 썬 피자치즈를 올려놓는다.
5. 아이들이 만든 피자를 오븐에서 굽는다.</td></tr>
<tr><td>마무리</td><td colspan="3">1. 구워진 피자를 보며 뜨거운 열이 가해지면 치즈가 녹는 것에 대해 이야기 나눈다.
2. 각자 만든 피자를 조금 잘라서 맛을 보고, 포장하여 집에 가져간다.</td></tr>
<tr><td>유의할 점</td><td colspan="3">녹색 채소 등의 채소를 싫어하던 아이들도 직접 만든 피자에 들어간 채소는 대부분 잘 먹는 경향이 있으므로, 평소 잘 먹지 않았던 채소들을 다양하게 넣어서 먹어 보도록 유도할 수 있다.</td></tr>
</table>

스크램블드에그

<table>
<tr><td>대상연령</td><td>만 1세</td><td>소요시간</td><td>40분</td></tr>
<tr><td>활동목표</td><td colspan="3">1. 달걀의 모양과 특성을 알고 껍질 속 달걀을 관찰할 수 있다.
2. 달걀에 열을 가했을 경우 변화를 관찰할 수 있다.</td></tr>
<tr><td>재료 및 분량</td><td colspan="3">달걀, 우유, 소금, 후추</td></tr>
<tr><td>요리도구</td><td colspan="3">요리 순서도, 숟가락, 볼, 나무주걱, 포크, 접시, 거품기, 전열기, 프라이팬</td></tr>
<tr><td>활동과정</td><td colspan="3">활동 내용</td></tr>
<tr><td>도 입</td><td colspan="3">1. 재료를 탐색한다.
• 이것은 이름이 무엇이니?
• 모양은 어떠니?
• 무슨 색깔이니?
• 만져보면 어떠니?
• 깨뜨리면 어떻게 될까?
• 껍질 속은 어떻게 생겼을까?
• 속에는 무엇이 있을까? 속의 색깔은 어떨까?
2. 오늘 만들 요리의 이름과 순서에 대해 알려 주고 활동 시 주의할 점에 대해 생각하고 이야기 나눈다.
• 활동 전 손씻기
• 떨어진 재료 다시 사용하지 않기
• 요리 활동 할 때 이야기를 많이 하지 않기
• 요리 활동에 사용하는 뜨거운 기구 만지지 않기</td></tr>
<tr><td>전 개</td><td colspan="3">1. 플라스틱 볼에 달걀과 우유를 넣고 거품기로 잘 젓는다.
2. 거품기로 저은 달걀, 우유물에 소금, 후추로 간을 한다.
3. 소금, 후추로 간한 달걀, 우유물을 달궈진 프라이팬 위에 올려놓는다.
4. 달걀이 익기 전에 주걱이나 숟가락으로 저으면서 몽글몽글하게 만든다.
5. 몽글몽글한 상태로 익으면 불을 끄고 접시에 담는다.
6. 간식접시에 담아 간식으로 먹는다.</td></tr>
<tr><td>마무리</td><td colspan="3">접시에 잘 담고 각 반을 다니며 어린이집 선생님들께 만든 음식을 드린다.</td></tr>
</table>

진달래화전

대상연령	만 2세	소요시간	40분
활동목표	1. 진달래 꽃의 모양과 색을 즐긴다. 2. 찹쌀반죽을 만져보면서 새로운 촉감을 경험한다.		
재료 및 분량	찹쌀, 설탕 · 소금 약간, 진달래 꽃, 꿀		
요리도구	프라이팬, 전열기, 뒤집개		
활동과정	활동 내용		
도 입	1. 주변에서 볼 수 있는 아름다운 꽃에 대해 경험을 나눈다. 2. 진달래 꽃의 모양과 촉감, 향을 즐기며 관찰한다. 3. 꽃으로 할 수 있는 것을 알아본다. 4. 진행될 요리 활동에 대해 간략하게 설명하고 활동 시 주의할 점에 대해 이야기 나눈다. • 활동 전 손씻기 • 떨어진 재료 다시 사용하지 않기 • 요리 활동 할 때 이야기를 많이 하지 않기 • 손 힘을 잘 조절해 동글납작하게 만들기		
전 개	1. 진달래 꽃은 사전에 술을 떼어 내고 흐르는 물에 깨끗하게 씻은 후 물기를 빼놓는다. 2. 찹쌀가루에 설탕, 소금을 조금씩 넣고 뜨거운 물을 부으며 반죽한다. 적당히 반죽된 것은 아이들이 직접 더 반죽해 보도록 한다. 3. 교사가 시범을 보이며 반죽을 동글납작하게 한다. 4. 팬에 기름을 두르고 한 면을 굽는다. 5. 뒤집어 구어진 면에 교사의 도움을 받으며 아이들이 직접 진달래 꽃을 예쁘게 놓고 가볍게 누른다.		
마무리	접시에 잘 담고 각 반을 다니며 어린이집 선생님들께 만든 음식을 드린다.		

과일 아이스크림

<table>
<tr><td>대상연령</td><td>만 2세</td><td>소요시간</td><td>30분</td></tr>
<tr><td>활동목표</td><td colspan="3">1. 여러 종류의 과일의 겉모습과 속 모습을 안다.
2. 과일을 얼렸을 때 어떻게 변화하는지를 안다.</td></tr>
<tr><td>재료 및 분량</td><td colspan="3">영아가 썰 수 있는 과일(키위, 복숭아 등), 우유, 플레인 요구르트 약간, 꿀 약간</td></tr>
<tr><td>요리도구</td><td colspan="3">빵칼, 접시, 아이스크림 통</td></tr>
<tr><td>활동과정</td><td colspan="3">활동 내용</td></tr>
<tr><td>도 입</td><td colspan="3">1. 과일의 겉모양과 감촉을 만져 보며 이야기 나눈다.
2. 여러 종류의 과일을 먹어 본 경험을 이야기 나눈다.
3. 오늘 만들 요리의 이름과 순서에 대해 알려 주고 활동 시 주의할 점에 대해 생각하고 이야기 나눈다.
• 활동 전 손 씻기
• 떨어진 재료 다시 사용하지 않기
• 빵칼 조심스럽게 사용하기</td></tr>
<tr><td>전 개</td><td colspan="3">1. 과일을 만져 본 후 교사가 미리 깎아 둔 과일을 썬다.
2. 썬 과일을 아이스크림 통에 담는다.
3. 우유, 요구르트, 꿀을 섞은 것을 아이스크림 통에 붓는다.
4. 냉장고에 통을 넣어서 얼린다.</td></tr>
<tr><td>마무리</td><td colspan="3">1. 아이스크림 통에 담긴 과일들이 냉장고에 넣으면 어떻게 될지 이야기 나눈다.
2. 재료가 얼면 그릇에 담아서 오후 간식으로 먹는다.</td></tr>
<tr><td>관련 사진</td><td colspan="3">  </td></tr>
</table>

딸기셰이크

대상연령	만 2세	소요시간	30분
활동목표	1. 딸기의 생김새와 특성에 대해 안다. 2. 재료의 비율을 통해 수 개념을 기른다.		
재료 및 분량	딸기, 우유, 바닐라아이스크림		
요리도구	믹서, 계량컵		
활동과정	활동 내용		
도 입	1. 봄에 나는 과일에 대해 알아본다. 2. 가장 좋아하는 과일 그래프를 그려본다. 3. 좋아하는 과일 중에 한 가지를 정해 요리 활동을 하기로 한다(아이들이 가장 좋아하고, 3~4월에 가장 많이 접하는 과일인 딸기로 음료수를 만들기로 한다).		
전 개	1. 요리 순서도를 보며 '딸기셰이크'를 어떻게 만들지 설명한다. 2. 딸기의 겉 모양, 속 모양, 냄새 등을 탐색한다. 3. 깨끗이 씻은 딸기를 개수를 세어가며 믹서에 넣는다. 4. 계량컵을 이용해 우유의 양을 정한 뒤 믹서 안에 우유를 붓는다. 5. 바닐라아이스크림을 넣는다. 6. 믹서 안에서 딸기와 우유, 바닐라아이스크림이 섞이는 모습을 함께 본다.		
마무리	1. 친구들과 함께 딸기셰이크를 마시고 맛에 대해 이야기한다. 2. 다른 반 선생님들께도 대접해 드린다.		
유의할 점	믹서를 사용하기 전에 믹서의 원리와 사용 시 주의사항을 강조하여 믹서 이용 중 손을 넣거나 성인이 없을 때 사용하지 않도록 한다.		
관련 사진	  		

카나페

<table>
<tr><td>대상연령</td><td>만 2세</td><td>소요시간</td><td>20분</td></tr>
<tr><td>활동목표</td><td colspan="3">1. 카나페의 생김새와 특성에 대해 안다.
2. 아이들이 직접 만들어 봄으로써 성취감을 느낀다.</td></tr>
<tr><td>재료 및 분량</td><td colspan="3">IVY 과자 2상자, 사과잼, 프루트칵테일, 슬라이스 치즈, 햄 각 10장씩, 딸기 1상자</td></tr>
<tr><td>요리도구</td><td colspan="3">개인 접시, 큰 접시, 그릇(재료를 담아 놓을 그릇), 가위, 숟가락</td></tr>
<tr><td>활동과정</td><td colspan="3">활동 내용</td></tr>
<tr><td>도 입</td><td colspan="3">1. 카나페 사진을 보여 주며, 먹어 본 경험을 이야기 나눈다.
2. 교사가 미리 만들어 놓은 완성된 카나페를 보여준다.
3. 카나페에 들어갈 재료를 보여 주고, 함께 이름을 알아본다.
4. 오늘 만들 요리의 순서에 대해 알려 주고 활동 시 주의할 점에 대해 생각하고 이야기 나눈다.
• 활동 전 손씻기
• 떨어진 재료 다시 사용하지 않기
• 재료를 가지고 장난치지 않기
• 요리를 완성하기 전 재료를 미리 먹지 않기</td></tr>
<tr><td>전 개</td><td colspan="3">1. 개인 접시 위에 과자를 놓는다.
2. 교사가 미리 4등분한 슬라이스 치즈와 햄을 과자 위에 올린다.
3. 사과잼을 숟가락으로 떠서 위에 올린다.
4. 아이들이 원하는 만큼의 프루트칵테일과 딸기를 올려 장식한다.</td></tr>
<tr><td>마무리</td><td colspan="3">1. 자신이 만든 것을 직접 먹어 본다.
2. 접시에 잘 담아 각 반을 다니며 어린이집 선생님들께 만든 음식을 드린다.</td></tr>
<tr><td>관련 사진</td><td colspan="3">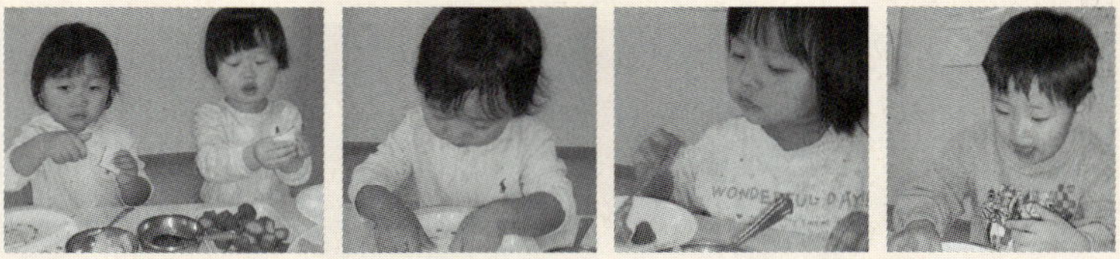</td></tr>
</table>

멸치주먹밥

<table>
<tr><td>대상연령</td><td>만 2세</td><td>소요시간</td><td>30분</td></tr>
<tr><td>활동목표</td><td colspan="3">1. 여러 모양에 관심을 가진다.
2. 멸치 재료에 대한 친근한 경험을 한다.</td></tr>
<tr><td>재료 및 분량</td><td colspan="3">멸치조림, 김가루, 깨, 호두 약간, 간을 한 밥</td></tr>
<tr><td>요리도구</td><td colspan="3">스테인리스 볼, 나무주걱, 모양 주먹밥 틀</td></tr>
<tr><td>활동과정</td><td colspan="3">활동 내용</td></tr>
<tr><td>도 입</td><td colspan="3">1. '모양 놀이' 노래를 부르면서 주의를 집중한다.
♬동그란 것 동그란 것 동그란 것 뭐가 있을까 거울 속의 내 얼굴 동글 동그랗지♪
2. 요리 재료가 어떤 것이 있는지 알아본다.
3. 주먹밥을 먹어 본 적이 있는지 이야기 나눈다.
4. 오늘 만들 요리의 이름과 순서에 대해 알려 주고 활동 시 주의할 점에 대해 생각하고 이야기 나눈다.
• 활동 전 손 씻기
• 떨어진 재료 다시 사용하지 않기</td></tr>
<tr><td>전 개</td><td colspan="3">1. 주먹밥의 재료를 탐색한 후 밥에 함께 넣고 비빈다.
2. 밥 적당량을 손으로 뭉친다.
3. 주먹밥 틀에 밥을 담는다.
4. 뚜껑을 닫고 힘을 주어 누른다.
5. 모양틀을 벗겨서 접시에 담는다.</td></tr>
<tr><td>마무리</td><td colspan="3">접시에 잘 담아 각 반을 다니며 어린이집 선생님들께 만든 음식을 드린다.</td></tr>
<tr><td>관련 사진</td><td colspan="3">  </td></tr>
</table>

팥빙수

대상연령	만 2세	소요시간	20분
활동목표	1. 얼음의 변화과정을 확인할 수 있다. 2. 더운 날씨에 먹을 수 있는 시원한 음식을 경험할 수 있다.		
재료 및 분량	얼음, 팥, 프루트 칵테일, 떡, 연유		
요리도구	얼음 가는 기계, 개인 그릇, 재료 담을 그릇, 숟가락		
활동과정	활동 내용		
도 입 도 입	1. 얼음의 겉모양과 감촉을 만져 보며 이야기 나눈다. 2. 여러 가지 재료를 보여 주며 어떤 요리를 만들지 생각해 본다. 3. 팥빙수의 사진을 보여 주고, 팥빙수를 먹어 본 경험을 이야기 나눈다. 4. 오늘 만들 요리의 순서에 대해 알려 주고 활동 시 주의할 점에 대해 생각하고 이야기 나눈다. • 활동 전 손씻기 • 떨어진 재료 다시 사용하지 않기 • 재료를 가지고 장난치지 않기 • 요리를 완성하기 전 재료를 미리 먹지 않기 • 녹을 수 있기 때문에 손으로 만지지 않기		
전 개	1. 교사가 개인 그릇에 얼음을 갈아 준다. • 얼음 가는 기계가 자동인 경우, 직접 갈아 볼 수 있는 기회를 준다. 2. 그릇에 담겨 있는 재료를 숟가락을 사용해 팥, 프루트 칵테일, 떡을 넣는다. • 자신이 원하는 재료만 넣을 수 있도록 한다. 3. 마지막으로 교사가 연유를 뿌려 준다.		
마무리	1. 자신이 만든 것을 직접 먹어 본다. 2. 그릇에 잘 담고 각 반을 다니며 어린이집 선생님들께 만든 음식을 드린다.		

호떡

대상연령	만 2세	소요시간	60분
활동목표	1. 찹쌀 반죽을 만져 보고, 동그랗게 만들어 본다. 2. 기름과 열에 반죽과 소가 변하는 과정을 안다.		
재료 및 분량	찹쌀가루, 이스트, 소금, 흑설탕, 참깨, 식용유		
요리도구	스테인리스 볼, 주걱, 누름쇠, 프라이팬, 전열기		

활동과정	활동 내용
도 입	1. 겨울철에 볼 수 있는 먹거리에 관해 이야기를 나눈다. 2. 호떡 사진을 보여 준다. 3. 호떡을 먹어 본 경험을 이야기 나눈다. 4. 요리 활동의 주재료인 찹쌀가루를 만져보고 탐색한다. 5. 오늘 만들 요리의 이름과 순서에 대해 알려 주고 활동 시 주의할 점에 대해 생각하고 이야기 나눈다. • 활동 전 손씻기 • 떨어진 재료 다시 사용하지 않기 • 요리 활동 할 때 이야기를 많이 하지 않기 • 찹쌀 반죽을 만져 동그랗게 빚어보고, 소가 나오지 않도록 반죽을 붙이기
전 개	1. 볼에 찹쌀가루, 소금, 이스트를 넣고 물을 맞춰가며 반죽한다. 2. 반죽을 30분간 발효한다. 3. 반죽을 떼어 동그랗게 빚는다. 4. 호떡 소를 넣고, 반죽을 붙여 소가 흘러나오지 않도록 한다. 5. 프라이팬에 식용유를 두르고 반죽을 누름쇠로 눌러가며 익힌다.
마무리	호떡이 적당히 식으면 친구들과 함께 맛있게 먹는다.
유의할 점	발효시간이 길어 전체적인 활동 시간이 길어지기 때문에 교사 한 명이 아이들이 다치지 않도록 통제하고, 불을 사용하는 활동이므로 활동 시작 전에 아이들에게 충분히 안전에 관해 이야기해 주는 것이 중요하다.
관련 자료	손유희 ♬♪ 호떡아줌마 호떡 주세요 / 작은 거 말고 큰 걸로 주세요 / 열 개만 빨리 싸 주세요 / 참깨도 뿌려 주세요 /

단호박경단

<table>
<tr><td>대상연령</td><td>만 2세</td><td>소요시간</td><td>30분</td></tr>
<tr><td>활동목표</td><td colspan="3">1. 단호박의 생김새와 특성에 대해 안다.
2. 손의 힘을 조절해 경단을 만들 수 있다.</td></tr>
<tr><td>재료 및 분량</td><td colspan="3">단호박 찐 것 5개, 카스텔라 5개, 호두, 잣, 건포도 약간씩</td></tr>
<tr><td>요리도구</td><td colspan="3">스테인리스 볼, 나무주걱, 체</td></tr>
<tr><td>활동과정</td><td colspan="3">활동 내용</td></tr>
<tr><td>도 입</td><td colspan="3">1. 단호박의 겉모양을 만져 보며 감촉에 대해 이야기 나눈다.
2. 단호박을 먹어 본 경험을 이야기 나눈다.
3. 여러 가지 경단의 사진을 보여 준다.
4. 오늘 만들 요리의 이름과 순서에 대해 알려 주고 활동 시 주의할 점에 대해 생각하고 야기 나눈다.
• 활동 전 손씻기
• 떨어진 재료 다시 사용하지 않기
• 요리 활동 할 때 이야기를 많이 하지 않기
• 손 힘을 잘 조절해 찌그러뜨리지 않고 경단 잘 굴리기</td></tr>
<tr><td>전 개</td><td colspan="3">1. 단호박을 쪼개 단면을 살펴보고 스테인리스 볼에 단호박을 넣고 나무주걱으로 으깬다.
2. 카스텔라를 체에 내려 가루를 낸다.
3. 으깬 단호박과 카스텔라 가루를 섞어 반죽을 만든다.
4. 적당량을 손바닥에 올려놓고 동글동글 굴려 경단을 만든다.
5. 호두, 잣, 건포도 등을 올려 장식한다.</td></tr>
<tr><td>마무리</td><td colspan="3">접시에 잘 담고 각 반을 다니며 어린이집 선생님들께 만든 음식을 드린다.</td></tr>
<tr><td>관련 사진</td><td colspan="3">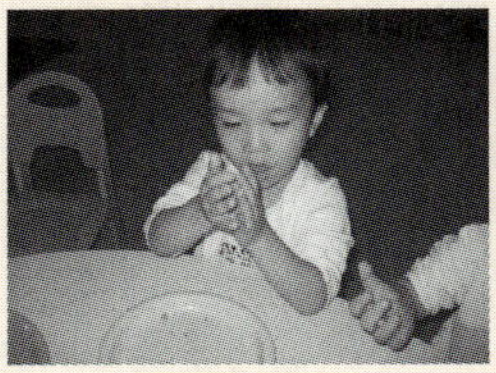 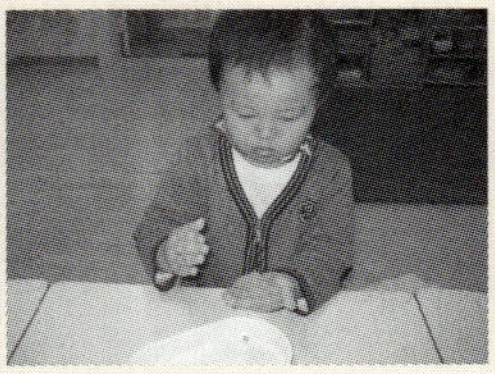 </td></tr>
</table>

떡꼬치

<table>
<tr><td>대상연령</td><td>만 2세</td><td>소요시간</td><td>40분</td></tr>
<tr><td>활동목표</td><td colspan="3">1. 나무꼬치에 떡을 꽂으며 손과 눈의 협응력을 기른다.
2. 떡을 꽂으며 수 개념을 익힌다.</td></tr>
<tr><td>재료 및 분량</td><td colspan="3">떡볶이 떡, 고추장, 설탕, 참깨, 식용유</td></tr>
<tr><td>요리도구</td><td colspan="3">나무꼬치, 프라이팬, 솔, 전열기</td></tr>
<tr><td>활동과정</td><td colspan="3">활동 내용</td></tr>
<tr><td>도 입</td><td colspan="3">1. 떡꼬치 사진을 보여 준다.
2. 떡꼬치를 먹어 본 경험을 이야기 나눈다.
3. 요리 활동의 재료를 탐색해 본다.
4. 오늘 만들 요리의 이름과 순서에 대해 알려 주고 활동 시 주의할 점에 대해 생각하고 이야기 나눈다.
• 활동 전 손씻기
• 떨어진 재료 다시 사용하지 않기
• 요리 활동 할 때 이야기를 많이 하지 않기
• 나무꼬치에 떡을 꽂아보고, 튀겨진 떡꼬치에 솔로 양념을 바른다.</td></tr>
<tr><td>전 개</td><td colspan="3">1. 나무꼬치에 떡볶이 떡을 4~5개를 꽂는다.
2. 프라이팬에 식용유를 두르고 떡을 튀긴다.
3. 떡꼬치를 적당히 식힌 후 솔로 양념장을 바른다.</td></tr>
<tr><td>마무리</td><td colspan="3">1. 떡꼬치를 친구들과 함께 맛있게 먹는다.
2. 완성된 떡꼬치를 다른 선생님들께도 나누어 드린다.</td></tr>
<tr><td>유의할 점</td><td colspan="3">꼬치 끝이 날카로우므로 끝은 뭉뚝하게 잘라내고, 떡이 너무 말랑말랑하면 꼬치에 달라붙어 영아들이 끼우기 힘들기 때문에 떡을 약간 굳혀 준비하는 것이 용이하다. 떡 이외에 메추리알 등 다른 재료를 준비하여 다양한 꼬치를 만들어 볼 수도 있다.</td></tr>
<tr><td>관련 사진</td><td colspan="3">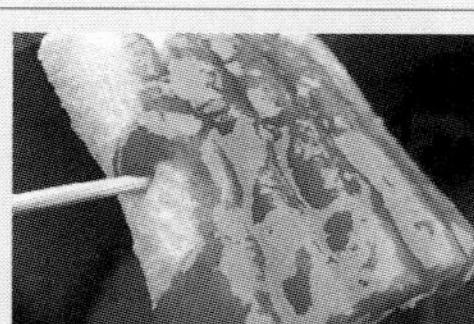</td></tr>
</table>

녹두전

대상연령	만 2세	소요시간	40분
활동목표	녹두를 탐색해 보고 다양한 모양의 전을 만들어 본다.		
재료 및 분량	녹두, 돼지고기, 쌀, 김치, 참기름 · 소금 약간		
요리도구	프라이팬, 전열기		
활동과정	활동 내용		
도 입	1. 요리 활동의 재료를 탐색한다. 2. 껍질이 있는 녹두, 벗긴 녹두를 만져 보며 이야기를 나눈다. 2. 진행될 요리 활동에 대해 간략하게 설명하고 활동 시 주의할 점에 대해 이야기 나눈다. • 활동 전 손씻기 • 떨어진 재료 다시 사용하지 않기 • 요리 활동 할 때 이야기를 많이 하지 않기		
전 개	1. 전날 녹두는 미리 물에 불려 놓으며, 쌀은 한 시간 전에 불려 둔다. 2. 녹두를 믹서에 간다. 녹두와 쌀이 20 : 1 정도의 비율이 되게 섞는다. 돼지고기와 김치는 잘게 썰고 참기름과 소금을 넣어 밑간을 한다. 3. 팬에 기름을 두른 다음 교사의 도움을 받아 한 명씩 국자로 반죽을 떠 올린다. 4. 팬 위에 올린 반죽 위에 숟가락을 이용해 아이가 직접 밑간을 한 재료를 떠 올린다.		
마무리	접시에 잘 담고 각 반을 다니며 어린이집 선생님들께 만든 음식을 드린다.		
관련 자료	**녹두의 효능** 옛말에 녹두는 백 가지의 독을 풀어 주는 명약으로 알려지고 있으며 간을 보호하고 위를 튼튼히 하며 눈을 맑게 해주고 살을 찌지 않게 하며 피부의 탄력을 도모하고 마음을 안정시켜 주는 작용을 하며 특히 피로할 때나 입술이 마르고 입 안이나 혀가 헐었을 때 섭취하면 효과가 있다고 알려져 있다. 이 외에도 지질의 질이 우수하고 나물로 하면 비타민 성분이 증가하여 소화성이 좋고 해열, 고혈압, 숙취에 효과적이다.		

도토리묵만들기

대상연령	만 3세	소요시간	30분(+끓인 후 2시간 정도 식힘)
활동목표	1. 도토리를 갈면 도토리가루가 되는 것을 안다. 2. 도토리가루를 만져 보고, 냄새도 맡아 본다. 3. 도토리묵을 끓이는 초반에 교사와 함께 저어보고, 점성을 느껴본다.		
재료 및 분량	도토리묵가루 1컵, 물 6컵, 식용유 약간, 소금 약간		
요리도구	큰 그릇, 나무주걱, 냄비, 전열기, 묵을 굳힐 그릇		
활동과정	활동 내용		
도 입	1. 도토리가 나오는 노래를 같이 불러본다(예 : 떼굴떼굴 도토리). 2. 도토리가루를 보여 주고, 이것이 도토리가루이며 이것을 사용해서 도토리묵을 만든다는 것을 알려 준다. 3. 도토리묵 사진을 보여 주고 먹어 본 경험을 이야기 나눈다. 4. 도토리가루를 같이 만져보고 느낌을 이야기 나눈다. 5. 요리 순서에 대해 알려 주고 몇 가지 주의사항을 이야기하며, 특히 뜨겁기 때문에 주의할 것을 당부한다. • 활동 전 손 씻기 • 요리 활동 할 때 이야기를 많이 하지 않기 • 도토리묵을 저을 때 집중하고, 냄비에서 최대한 몸을 멀리하기		
전 개	1. 도토리묵가루를 큰 그릇에 담고 아이들이 물을 조금씩 붓도록 한다. 교사가 작은 컵 분량의 물을 한 아동에게 주고, 조심스럽게 부어보도록 한다. 교사는 가루가 뭉치지 않도록 물에 잘 섞으며, 가루가 날리지 않게 되면 아동이 저어보도록 기회를 주고 어떤 느낌인지 느껴보게 한다. 물에 넣기 전과 후에 색깔이 달라진 것을 같이 확인한다. 물에 넣으면 도토리묵 색깔이 난다. 2. 약간의 소금 간을 하고 핫플레이트에 올려 센 불에서 끓이기 시작한다. 3. 너무 뜨거워지기 전까지 아동이 나무주걱으로 묵을 저어보도록 한다. 끓을수록 점성이 생기는 것을 아동이 느껴볼 수 있는 정도면 좋을 것 같다. 4. 기포가 올라오면 약불에서 풀처럼 걸쭉해질 때까지 계속 젓는다. 5. 기름을 묻힌 키친타월로 한 번 닦아 도토리묵을 떼기 쉬운 그릇에 붓고 약 2시간 정도 식힌다.		
마무리	식힌 후의 도토리묵을 살짝 눌러보아 감촉과 탄력성을 느껴보고 쌉싸름한 맛을 본다.		
유의할 점	묵이 끓기 시작하면 묵을 젓는 과정에서 기포가 터지면서 튀는 경우가 있기 때문에 이때는 아동의 접근을 제한하고 교사가 유의해서 관리할 필요가 있다.		

오미자 수박화채

<table>
<tr><td>대상연령</td><td>만 3세</td><td>소요시간</td><td>30분</td></tr>
<tr><td>활동목표</td><td colspan="3">1. 여름에 먹는 과일에 대해 안다.
2. 여름을 시원하게 나기 위해 먹을 수 있는 전통음료에 대해 안다.</td></tr>
<tr><td>재료 및 분량</td><td colspan="3">슬라이스 된 배, 수박 한 통, 오미자, 물, 꿀</td></tr>
<tr><td>요리도구</td><td colspan="3">개인 접시 20개, 빵칼 20개, 꽃 모양 요리용 찍기틀, 오미자화채 담을 큰 볼, 국자</td></tr>
<tr><td>활동과정</td><td colspan="3">활동 내용</td></tr>
<tr><td>도 입</td><td colspan="3">1. 더운 여름에 시원하게 먹을 수 있는 음식에 대해 이야기를 나누며 우리가 직접 만들어 볼 수 있는 음식이 무엇이 있을까 알아본다.
2. 요리를 위해 필요한 재료에 대해 알아보고 재료를 접해 본 경험을 이야기 나눈다.
3. 오늘 만들 요리의 순서에 대해 알려 주고 활동 시 주의할 점에 대해 이야기 나눈다.
• 활동 전 손씻기
• 떨어진 재료 다시 사용하지 않기
• 요리 재료가 부서서지 않도록 조심스럽게 다루기</td></tr>
<tr><td>전 개</td><td colspan="3">1. 오미자를 미리 물에 담가 우려 내고 꿀을 섞어 준비해 놓는다.
2. 개인 접시 위에 슬라이스 된 배를 올려놓고 꽃 모양 찍기 틀로 찍어낸다.
3. 빵 칼을 이용해 수박을 한 입 크기로 잘라낸다.
4. 각자 먹기 좋게 잘라 낸 과일들을 큰 그릇에 모은다.
5. 미리 준비된 오미자 우려 낸 물에 적당량의 배와 수박을 넣는다.</td></tr>
<tr><td>마무리</td><td colspan="3">그릇에 담아 색과 맛을 음미하며 준비된 다과와 함께 먹는다.</td></tr>
<tr><td>관련 사진</td><td colspan="3">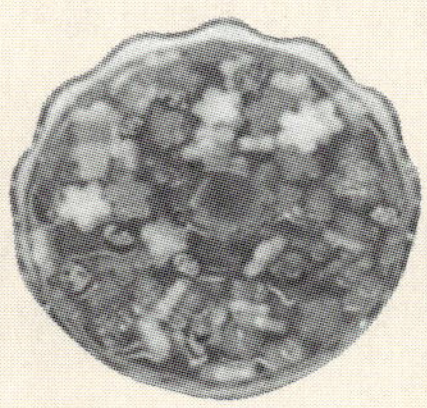</td></tr>
</table>

샌드위치

<table>
<tr><td>대상연령</td><td>만 3세</td><td>소요시간</td><td>20분</td></tr>
<tr><td>활동목표</td><td colspan="3">1. 요리재료를 직접 다룸으로써 요리 활동에 관심을 갖는다.</td></tr>
<tr><td>재료 및 분량</td><td colspan="3">일반 토마토 4개, 양상추, 식빵 2팩, 버터, 베이컨, 슬라이스 치즈와 햄 1통, 마요네즈</td></tr>
<tr><td>요리도구</td><td colspan="3">과도, 접시, 프라이팬, 전열기, 재료를 담을 큰 볼</td></tr>
<tr><td>활동과정</td><td colspan="3">활동 내용</td></tr>
<tr><td>도 입</td><td colspan="3">1. 토마토의 겉 또는 내부 생김새를 관찰해 본다.
2. 만들 요리의 이름과 순서에 대해 알려 주고 활동 시 주의할 점에 대해 생각하고 이야기 나눈다.
• 활동 전 손 씻기
• 버터를 발라 식빵과 베이컨을 미리 살짝 굽고, 각 재료를 미리 씻어 둔다.
• 샌드위치를 만드는 순서가 정해져 있지 않으므로 아이들과 함께 어떤 재료를먼저 얹을 것인지에 대해 이야기를 나눈다.
• 각 재료들을 원상태로 두고 아이들이 관찰할 수 있도록 하며 과도를 사용하는 것은 교사가 하고, 양상추는 아이들이 잘게 찢도록 한다.
• 아이들이 정한 순서에 따라 그림을 그려 주고 요리 레시피를 만든다.
• 모든 재료는 개인적으로 분배하고 마요네즈는 둘이 함께 사용하며, 양상추는 필요한 만큼 가져 가도록 하였다.
• 아이들이 정한 순서를 칠판에 게시하고 이에 따라 샌드위치를 만들어 본다.</td></tr>
<tr><td>전 개</td><td colspan="3">1. 프라이팬에 버터를 바르고, 식빵을 구워놓는다.
2. 베이컨도 미리 구워 아이들이 쉽게 사용할 수 있도록 준비해 둔다.
3. 그림의 순서에 따라 차례대로 얹는다.
4. 샌드위치가 완성되면 맛있게 먹는다.</td></tr>
<tr><td>마무리</td><td colspan="3">맛있게 먹은 후 요리방법을 다시 한번 정리해 본다.</td></tr>
<tr><td>유의할 점</td><td colspan="3">식빵의 맛을 더 고소하게 하고 맛있게 하려고 베이컨을 요리재료로 선정하였는데 열판의 위험 요소를 없애려면 특별히 베이컨은 사용하지 않아도 되며 식빵에 마요네즈를 바르기 때문에 굽지 않아도 맛있게 먹을 수 있다.</td></tr>
<tr><td>관련 자료</td><td colspan="3">  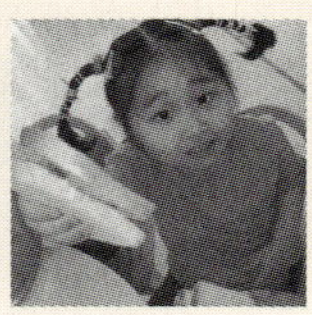</td></tr>
</table>

절편 만들기

대상연령	만 3세	소요시간	30분
활동목표	1. 절편에 대해서 안다. 2. 떡살을 찍어 절편을 직접 만들어 보고 먹어 본다.		
재료 및 분량	절편 만들 떡거리(색깔별로 두 주먹 정도)		
요리도구	떡살, 밀대, 도마 또는 넓은 쟁반, 떡칼		
활동과정	활동 내용		
도 입	1. 절편을 먹어 본 경험을 나눈다. 2. 떡살을 직접 살펴보고 떡살의 용도에 대해 이야기 나눈다. 3. 오늘 만들 요리의 이름과 순서에 대해 알려 주고 활동 시 주의할 점에 대해 생각하고 이야기 나눈다. • 활동 전 손씻기 • 떨어진 재료 다시 사용하지 않기 • 요리 활동 할 때 이야기를 많이 하지 않기		
전 개	1. 아이들이 실제적인 요리 활동에 참여하기 전에 교사는 떡 덩어리를 밀대로 밀어 절편으로 만들기 좋은 두께(1cm 정도)로 납작하고 넓게 편다. 2. 아이들을 한 명씩 불러 넓게 편 떡거리에 떡살을 찍어서 모양을 만든다. 3. 떡칼을 이용하여 떡살무늬 주변을 적당한 크기로 자른다. 4. 완성된 절편을 아이들과 함께 시식한다.		
마무리	접시에 잘 담고 각 반을 다니며 어린이집 선생님들께 만든 음식을 드린다.		
사후 활동 : 내가 그린 떡살 무늬	1. 떡살을 찍어 절편을 만들어 본 후 동그라미가 그려져 있는 활동지를 나누어 준 후 아이들이 자기만의 떡살무늬를 디자인해 보는 활동을 해보았다. • 떡살 찍어서 절편을 만들었던 경험 이야기 나누기 • 다양한 떡살무늬들을 보여주기 2. 떡살무늬는 굉장히 다양하다. 전문서적에서 무늬들을 복사하여 보여 준다. • 활동지를 나누어 주고 무늬를 그려보기		
유의할 점	떡거리가 식게 되면 떡살의 모양이 잘 찍히지 않기 때문에 따뜻할 때 활동하는 것이 중요하다. 떡의 온기를 지속시키기 위해 요리에 사용하기 전까지 이불 속에 묻어 두면 좋다.		

애플파이

대상연령	만 4세	소요시간	50분
활동목표	1. 사과의 겉과 속을 관찰한다. 2. 사과가 변해 가는 과정(열처리, 갈변현상)을 관찰할 수 있다.		
재료 및 분량	사과, 설탕, 시나몬가루, 만두피(대), 달걀, 버터		
요리도구	접시, 냄비, 숟가락, 포크, 나무주걱, 솔, 오븐		
활동과정	활동 내용		
도 입	1. 주변에서 볼 수 있는 아름다운 꽃에 대해 경험을 나눈다. 2. 진달래 꽃의 모양과 촉감, 향을 즐기며 관찰한다. 3. 꽃으로 할 수 있는 것을 알아본다. 4. 진행될 요리 활동에 대해 간략하게 설명하고 활동 시 주의할 점에 대해 이야기 나눈다. • 활동 전 손씻기 • 떨어진 재료 다시 사용하지 않기 • 요리 활동 할 때 이야기를 많이 하지 않기 • 손 힘을 잘 조절해 동글납작하게 만들기		
전 개	1. 사과, 설탕, 버터, 만두피, 달걀을 준비한다. 2. 사과의 겉과 속을 관찰한다. • 요리에 들어갈 여러 개의 사과는 교사가 미리 껍질을 깎아 놓는다. 3. 사과를 4등분하여 아이들에게 나누어 주고 적당한 크기(3cm×3cm 정도)로 자른다. 4. 아이들이 자른 사과를 모아 버터를 녹인 냄비에 넣고 은근한 불에서 익힌다. 5. 흑설탕을 넣고 계핏가루를 아주 약간 넣는다. 6. 사과가 흐물해질 때까지 익으면 조금 식힌다. 7. 각자의 접시에 만두피를 한 장 깔고 사과를 올린다. 8. 만두피 끝에 물을 바르고 그 위에 한 장을 덮는다. 9. 끝부분을 포크로 콕콕 눌러 준다. 10. 달걀물을 바르고 오븐에 굽는다.		
마무리	1. 만든 음식을 친구들과 즐겁게 나누어 먹는다. 2. 활동을 하며 보았던 갈변현상에 대해 실험하는 활동을 할 수 있다.		
유의할 점	만두피 가장자리를 포크로 꾹꾹 누르면 모양이 생겨 우주선 모양처럼 예뻐지고 누르는 재미도 있고 만두피끼리 잘 붙어 떨어지지 않아 좋다.		

김밥

대상연령	만 4세	소요시간	40분
활동목표	1. 아이들과 요리 활동을 하며 직접 만든 음식을 먹으며 즐거움과 성취감을 느끼고 친구와 바꾸어 먹으며 친구를 생각하는 마음과 '물물교환'에 대해 이해한다. 2. 아이들이 좋아하지 않는 재료로 직접 음식을 만들어 먹으며 편식을 지도할 수 있다.		
재료 및 분량	김, 밥, 시금치, 달걀지단, 당근, 단무지, 우엉, 햄, 어묵, 맛살		
요리도구	접시, 숟가락		
활동과정	활동 내용		
도 입	1. 김밥을 먹어 본 경험을 이야기 나눈다. 2. 김밥 속 좋아하는 재료와 싫어하는 재료를 이야기해 본다. 3. 김밥에 들어갈 재료를 먹어 본다. 4. 만드는 순서를 보며 어떻게 만들 것인지 상상해 본다. 5. 지켜야 할 약속에 대해 이야기해 본다. • 손 깨끗이 씻기 • 도구나 재료 가지고 장난하지 않기		
전 개	1. 김을 깔고 원하는 재료부터 한 줄로 올려놓는다. 2. 김의 끝 부분에 밥알을 붙이고 김을 돌돌 말아간다. 3. 위와 같이 하되 이번에는 싫어하는 재료부터 넣고 같은 방법으로 김밥을 만든다. 4. 여러 개를 만들어 주먹밥을 친구들과 바꾸어 먹어 본다.		
마무리	1. 만든 음식을 친구들과 즐겁게 나누어 먹는다. 2. 친구들과 음식을 나누어 바꾸어 먹으며 '물물교환'에 대해 이해한다. 3. 재료를 따로 따로 먹을 때와 김밥으로 만들어 먹었을 때의 느낌과 맛을 비교하며 좋아하지 않는 음식이라도 함께 먹거나 요리해서 먹으면 맛있게 먹을 수 있다는 것을 느낄 수 있다.		
유의할 점	원래 김밥 크기가 아닌 꼬마김밥의 형태로 아이들이 쉽게 만들 수 있도록 했다.		

쇠고기채소죽

대상연령	만 5세	소요시간	1시간 30분
활동목표	1. 쌀로 만든 음식에 대해서 알아본다. 2. 쌀의 호화과정에 대해 관찰한다.		
재료 및 분량	쌀 불린 것(20인용 정도), 감자, 당근, 갈아 놓은 쇠고기, 호박, 양파		
요리도구	칼, 도마, 큰 볼, 큰 냄비, 주걱, 소금, 참기름, 전열기		
활동과정	활동 내용		
도 입	1. 쌀로 만들 수 있는 음식에 대해서 이야기 나눈다. 2. 죽의 종류에 대해서 이야기 나누고, 관련 사진을 본다. 3. 죽을 먹어봤던 경험에 대해서 이야기 나눈다. 4. 죽을 만들 때의 주의사항에 대해서 이야기를 나눈다. • 활동 전 깨끗하게 손 씻는다. • 빵칼을 이용하여 감자, 당근, 호박, 양파를 최대한 잘게 다진다. • 준비된 부재료는 큰 볼에 잘 담아 둔다. • 냄비에 있는 죽을 저을 때는 냄비에 손이 닿지 않도록 조심한다.		
전 개	1. 교사가 감자, 당근, 호박, 양파를 미리 자르기 쉬운 상태로 준비해 준 뒤에 아이들은 빵칼을 이용하여서 최대한 잘게 잘라본다. 2. 쌀 불린 것을 믹서에 갈아 놓는다. 3. 잘게 간 쌀과 준비된 부재료를 섞는다. 4. 물을 부어서 끓인다. 5. 냄비에 죽이 눌어붙지 않도록 잘 저어 준다. 6. 소금으로 간을 하고 고소한 맛을 내기 위해 참기름을 넣는다.		
마무리	완성된 쇠고기채소죽의 맛과 모양을 음미하며 맛을 본다.		
관련 사진			

고구마컵케이크

대상연령	만 5세	소요시간	50분
활동목표	1. 각 재료의 맛을 알고 섞었을 때 맛을 추측할 수 있다. 2. 요리 활동을 통해 정서적 만족감을 얻는다.		
재료 및 분량	카스텔라, 고구마, 연유, 생크림, 딸기, 과일맛 시리얼		
요리도구	스테인리스 볼, 나무주걱, 채, 투명플라스틱 컵, 믹서, 거품기, 숟가락, 도마, 칼, 종이컵		
활동과정	활동 내용		
도 입	1. 요리 이름을 알리고 요리 순서도를 함께 읽으며 재료와 도구에 관해 알아본다. 2. 고구마와 카스텔라를 먹어 본 경험을 이야기 나눈다. 3. 교사가 미리 만들어 놓은 완성된 고구마 컵케이크를 보여 준 후 만드는 시범을 보인다. 시범을 보이며 요리 시 주의할 점을 미리 알려 준다.		
전 개	1. 아동에게 삶은 고구마를 하나씩 나누어 주고 껍질을 깐 후 도마에 올려놓고 잘게 썰도록 한 후 자르기를 끝낸 아동부터 순서대로 체에 올린 뒤 교사와 함께 나무주걱을 이용해 고구마를 체에 내려 본다. 2. 체에 내린 고구마에 연유와 휘핑크림을 넣고 거품기를 이용해 저어 고구마 반죽을 만든다. 3. 카스텔라의 갈색 부분을 칼로 제거하고 준비된 과일을 잘게 자른다. 4. 다 자른 카스텔라를 믹서에 붓고 가루로 만든다. 5. 고구마 반죽과 잘게 자른 과일을 섞은 뒤 카스텔라 가루를 투명한 컵에 한 층 깔고, 그 위에 과일을 섞은 고구마 반죽을 깔고 다시 카스텔라를 얹고 고구마 반죽을 얹는다. 과일과 과일맛 시리얼을 얹어서 장식하여 완성한다.		
마무리	1. 다 된 컵케이크를 친구들과 컵 윗부분을 랩으로 싸서 모루철사로 묶는 작업을 한다. 누구에게 줄 것인지 생각해 보고 컵 측면에 매직으로 자신의 이름을 써서 냉장고에 보관한다. 2. 교사와 다시 순서도를 읽으며 요리의 과정을 회상한다.		
유의할 점	컵의 폭이 좁으면 고구마 반죽을 담기 어려우므로 넓은 입구의 컵이 적당하다. 카스텔라를 붓다가 쏟는 경우가 있으므로 카스텔라의 양을 넉넉하게 준비한다.		

김치밥전

대상연령	만 5세	소요시간	1시간
활동목표	1. 밀가루가 아닌 김치와 밥으로 전을 만들어 본다. 2. 김치를 이용하여 다른 모양과 맛의 새로운 음식을 만들어 보는 경험을 한다.		
재료 및 분량	1인분 분량의 김치와 밥, 소금, 달걀		
요리도구	개인 볼, 숟가락, 전기 프라이팬, 식용유		
활동과정	활동 내용		
도 입	1. 집에서 김치로 만든 음식을 먹어본 경험을 이야기 나눈다. 2. 김치로 만든 음식의 종류 사진을 보여 준다. 3. '김치밥전' 의 만드는 순서에 대해서 이야기 나누고, 요리 활동 시에 주의할 점에 대해서 이야기 나눈다. • 활동 전에 깨끗하게 손 씻기 • 김치와 밥을 골고루 잘 섞기 • 책상에 김치와 밥을 흘리지 않게 조심하기 • 달걀을 떨어뜨리거나 달걀로 장난을 치지 않기 • 전기 프라이팬이 뜨거우므로 가까이 가지 않기 • 프라이팬에서 김치전이 익는 모습을 잘 지켜보기		
전 개	1. 가정에서 준비해 온 잘게 썬 김치와 식은 밥을 개인 볼에 담아서 잘 섞는다. 2. 김치와 밥이 잘 섞어졌으면 달걀을 넣어서 다시 한번 잘 섞는다. 3. 소금으로 간을 맞춘다. 4. 교사가 주도하여 전기 프라이팬에 식용유를 넣고 달군 후에 준비된 재료를 넣어 익힌다. 5. 아동은 전기 프라이팬에서 김치밥전이 완성되는 모습을 지켜본다.		
마무리	1. 완성된 김치밥전을 먹어 보고 간을 본다. 2. 평상시와 먹는 김치와 김치밥전의 맛이 어떻게 다른지에 대해서 이야기 나눈다. 3. 완성된 김치밥전을 다른 반 친구들과 선생님들께 나누어 드린다.		

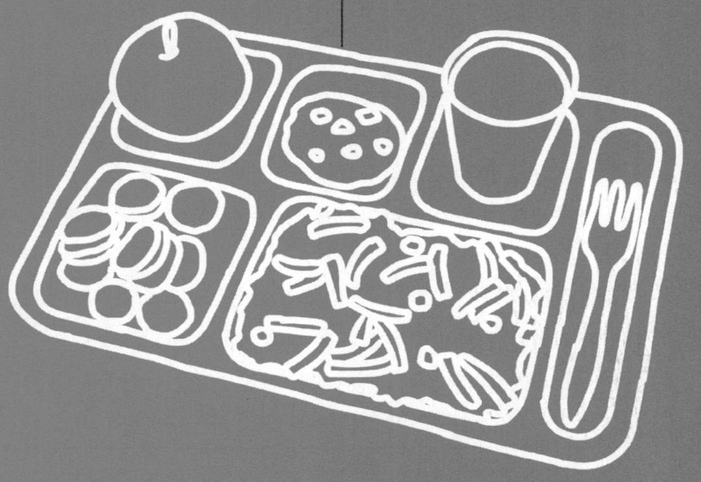

PART

02

서울대어린이집의 급식운영의 실제

CHAPTER

04

서울대어린이집의 영양관리 원칙

영유아의 영양은 성장과 발달에 중요한 영향을 미친다. 따라서 영양이 풍부한 음식을 균형 있게 제공하고, 건강한 식습관 형성을 돕는 것은 유아보육교육기관의 중요한 역할 중의 하나이다.

최근 여성의 경제활동 참여확대로 많은 영유아들이 유치원, 어린이집 등의 유아보육 교육 기관에서 하루 8~12시간 이상을 보내며 적어도 하루 1회 이상의 식사와 간식을 기관에서 먹고 있다. 이러한 사회적 변화에 따라 보육시설이나 유치원에서 제공하는 급간식의 중요성에 대해 사회적 관심이 높아지고 있다. 영유아기의 급간식 경험은 영유아의 균형잡힌 영양공급뿐만 아니라 식사의 종류나 음식에 대한 기호도와 식습관 형성에도 많은 영향을 준다. 나아가 음식 기호나 식습관은 한국인으로서의 자아 정체 한 부분을 형성하기 때문에 유아의 연령 발달에 적합한 식단에 따라 바람직한 식사 지도를 제공하는 것은 매우 중요한 일이다.

오늘날 사회문제로 대두되고 있는 아토피, 천식, 주의력결핍과잉행동장애 등의 정서적 문제 또한 영유아기에 무엇을 어떻게 먹느냐에 따라 결정될 수 있으므로 건강한 먹거리를 섭취하고 아울러 올바른 식습관을 경험하는 것은 영유아기의 건강한 성장과 발달에 중요한 과업이라고 할 수 있다. 특히 어린 시기에 먹은 음식은 평생 입맛을 결정짓고 그때 훈련된 식사 예법은 성인이 되어서도 지속되므로, 식품 기호나 식습관은 단순한 생활의 한 부분이 아니라 한국인으로서 자아 정체와 정서를 형성해 주는 토대가 된다는 점에서 매우 중요한 발달과업이라 할 수 있다.

영유아기 영양의 목적은 생명 유지만을 위한 것이 아니고 성장 발달에 좋은 영양을 주어 가장 좋은 건강의 기초를 확립하고, 바람직한 성장과 발달의 가능성을 높이는 것이다. 영유아는 성인에 비하여 영양필요량이 크고, 연령에 따라 필요한 영양소의 구성이 달라진다. 또한 성인과 같은 고형식을 소화 · 흡수할 수 있는 능력이 미숙하고 식사 행동도 완전히 형성되어 있지 않기 때문에 영유아 영양의 특수성을 잘 이해하고 식사 관리에 임하여야 한다. 특히 영유아보육교육기관에서는 영양필요량, 균형을 이룬 영양 섭취, 신체 내의 영양대사 등과 같은 영양학적 문제뿐만 아니라 영유아 개개인의 가족 특성과 가족 환경을 고려하고, 지역 사회와 국가의 정책 등도 검토하여야 할 것이다.

서울대학교어린이집은 아동을 자율적 존재로서 존중하는 아동 중심 교육 철학에 입각하여 발달에 적합하고 한국 문화와 정서에 토대를 둔 보육 프로그램을 운영하며 심신이 건강한 어린이 보육을 지향하고 있다. 이에 따라 어린이집에서는 영유아의 바른 영양생활지도를 위하여 아래 다섯 가지 원칙을 토대로 식단을 구성하여 운영하고 있다.

첫째는 자연식의 원칙이다. 가공 식품이나 패스트푸드를 식재료나 음식으로 제공하지 않고, 반드시 자연에서 얻은 식자재를 사용한다. 미원이나 다시다 등의 인공 조미료를 거의 사용하지 않고, 대신 다시마, 멸치, 표고버섯, 마른 새우, 여러 가지 채소 등을 우려 내어 맛을 내고 있다. 또한 식품 자체의 맛을 살릴 수 있도록 계절식품을 최대한 이용하며, 식자재의 변화를 최소화하는 찜, 구이(오븐구이 등)의 조리법을 사용하고 있다.

둘째는 직접 조리의 원칙이다. 점심 식사와 오후 간식은 어린이집에서 조리해서 제공하는 것을 원칙으로 한다. 아침 간식은 주로 빵, 우유, 떡, 과일 등 다루기 쉬운 식품을 이용하고, 오후 간식은 옥수수, 감자, 고구마, 달걀, 약식, 호박죽 등의 자연 식품을 주로 이용하거나 핫케이크, 각종 샌드위치, 도넛, 당근케이크, 초코머핀, 피자, 감자크로켓, 해물채소전, 자장볶음국수 등을 직접 조리하여 제공한다. 빵이나 케이크류에는 반드시 마가린 대신 버터를 사용한다.

셋째는 균형 있는 영양식의 원칙이다. 단백질, 칼슘, 비타민, 탄수화물을 고루 섭취하도록 한 끼 식사마다 다섯 가지 기초식품을 고루 식단에 구성하고 밥, 국, 김치 이외에 식품군이 다른 세 가지 반찬을 제공하여 균형 있는 식사가 되도록 배려한다.

특히 영유아기에 부족하기 쉬운 단백질과 칼슘 섭취에 중점을 두고 있으며, 단백질 급원 중에서도 닭고기와 삼치, 고등어, 가자미, 새우, 오징어, 동태 등 다양한 생선류를 사용하여 식감이 부드럽고 소화가 잘되는 식품을 고루 섭취하도록 하고 있다. 양질의 단백질 섭취를 위해 두부, 콩나물, 장류를 통해 콩단백 식품을 자주 이용하며 생선류와 가금류는 월 4회 이상 제공되도록 식단을 구성하고 있다.

또한 요즘들어 부쩍 채소를 싫어하는 유아들이 늘고 있어 채소를 갈아 넣어 모르게 섭취하게 하기도 하며(예:빈대떡, 당근케이크 등), 나물류, 샐러드, 채소찜(예 : 깻잎찜, 양배추찜 등) 등 다양한 조리법의 형태로 음식을 제공하고자 한다. 무기질, 비타민의 공급을 위해 신선한 과일과 채소를 샐러드, 샌드위치에 이용하고, 특히 제철과일을 주로 이용하며, 여름에는 화채 등을 이용한다. 칼슘 공급을 위해 뼈째 먹는 생선과 유제품 등을 공급하는데, 우유는 1일 1~2회 1컵 이상씩 공급하고 멸치, 뱅어포, 새우 등은 반찬류로 조리되며 국, 국물용으로 멸치, 보리건새우, 조갯살 등을 이용한다.

넷째는 다양한 맛 제공의 원칙이다. 식자재의 자연스러운 맛에 익숙하도록 하기 위하여 양념이 강하지 않게 조리하고, 같은 식자재도 여러 가지 방법으로 조리해서 다양한 음식의 맛을 제공하고 있다. 특히 밥은 여러 종류의 곡식을 섞어 제공하는데, 현미찰밥, 흑미밥, 차수수밥, 차조밥, 서리태콩밥, 팥밥, 보리밥, 쑥쌀밥, 완두콩밥 등을 제공하고 있다. 반찬의 경우도 오징어의 경우 오징어링튀김, 오징어양념구이, 오징어달걀장조림, 오징어잡탕, 숙회 등 쉽게 싫증을 느끼는 유아들을 위해 변화를 주어 제공하고자 한다.

다섯째는 전통 한식 중심의 원칙이다. 전통 한식의 제공은 다양한 식품군을 섭취할 수 있고, 최근 영유아 영양문제로 대두되는 소아비만을 예방할 수 있으며 나아가 우리나라 식사 예절을 배울 수 있는 기회를 제공하게 된다. 일반적으로 조리되는 반찬뿐 아니라 김장김치와 동치미, 나박김치, 깍두기, 오이지 등도 직접 담가 먹고 있다. 빈대떡, 호박죽, 약식, 식혜, 화채 등의 한국 전통음식을 자주 이용하며 고구마, 김치, 옥수수 등을 간식으로 자주 제공하고자 한다. 또한 추석이나 동지와 같은 절기에 맞추어 송편 빚기, 새알심 만들기 등 유아들과 함께 전통음식을 만들어 먹는 기회도 가지고 있다.

CHAPTER

05 계절별 식단운영의 실제

계절의 변화에 따라 영유아의 신체 상태나 식욕, 활용할 수 있는 식재료 등 식단을 구성하는 데 고려해야 할 요소들도 달라지게 된다. 우리 몸에 필요한 영양소는 계절 채소에 많이 들어 있으므로 이러한 점을 반영하여 식단을 구성하고 운영하는 것이 바람직하다.

다음에서는 서울대어린이집의 계절별 식단 구성 사례를 살펴보겠다.

01 봄

봄철에는 노곤하고 피로를 느끼며, 기운이 없고 졸음이 많다. 그 원인은 비타민과 미네랄의 부족으로 체액이 산성화되어 있기 때문이다. 봄나물에는 비타민과 무기질이 3~5배 많고, 비타민 A, C는 10~100배나 많이 함유되어 있다. 그러므로 봄에는 쑥, 냉이, 달래, 미나리, 봄배추, 씀바귀, 쑥갓, 돌나물, 죽순, 아스파라거스, 원추리 등을 많이 사용하여 식단을 구성하는 것이 좋다.

일일 식단의 예

날 짜	3월 20일
간 식	오전 방울토마토, 두유
	오후 쑥설기, 우유
점 심	현미찰밥, 육개장, 생선구이, 취나물무침, 오징어채볶음, 김치

날 짜	3월 26일
간 식	오전 마시는 요구르트
	오후 땅콩버터샌드위치, 우유
점 심	팥밥, 콩나물국, 마파두부, 미역줄거리볶음, 아몬드멸치볶음, 김치

날 짜	5월 7일
간 식	오전 통큰팥빵, 우유
	오후 떡볶이, 우유
점 심	찰보리밥, 들깨우거지국, 두부구이, 오이미역초무침, 오징어채볶음, 김치

날 짜	5월 9일
간 식	오전 아몬드플레이크, 우유
	오후 피자빵, 오렌지주스
점 심	치킨카레라이스, 버섯된장국, 단무지, 김치

월별 식단의 예

3월 식단

주	구분	월	화	수	목	금
첫째주	간식					카스텔라 우유
	점심				삼일절	참치볶음밥 어묵국 김치찌개 단무지 김치
	간식					프렌치토스트 우유
둘째주	간식	소프트롤과 잼 우유	방울토마토 두유	백설기 우유	땅콩크림빵 우유	슈크림빵 우유
	점심	팥밥 쇠고기미역국 두부구이 무갑장과 도토리묵무침 김치	흑미밥 근대된장국 탕수육 오이김무침 오징어채볶음 깍두기	하이라이스 버섯된장국 김치찌개 단무지 김치	보리밥 쇠고기당면국 코다리찜 쇠고기버섯피망볶음 참취나물 깍두기	차조밥 배춧국 돼지불고기 콩나물무침 상추쌈 김구이 김치
	간식	떡볶이 우유	고구마샌드위치 우유	치즈찜케이크 우유	약식 우유	찐 감자 우유
셋째주	간식	마들렌 우유	절편 우유	커스터드크림빵 우유	마시는 요구르트	사과 두유
	점심	찰보리밥 시금치조개된장국 채소소시지볶음 탕평채 호두멸치볶음 김치	차수수밥 채소수프 닭다리오븐구이 채소샐러드 단무지 김치	발아현미밥 순두부조갯살김칫국 해물잡탕 참나물무침 뱅어포구이 깍두기	서리태콩밥 쇠고기무국 잡채 마늘종새우볶음 콩자반 김치	자장덮밥 달걀국 단무지 김치
	간식	물만두	딸기잼빵 우유	소시지도넛 주스	바나나토스트 우유	햄치즈샌드위치 우유

(계속)

		월	화	수	목	금
넷째주	간식	소프트롤과 잼 우유	방울토마토 두유	땅콩크림빵 우유	인절미 우유	호밀크림치즈빵 우유
	점심	점심 차조밥 감자어묵국 새우완자튀김 오이나물 김구이 김치	현미찰밥 육개장 생선구이 취나물무침 오징어채볶음 깍두기	서리태콩밥 들깨우거지국 고기김치전 닭가슴살샐러드 다시마튀각 김치	봄나물영양비빔밥 버섯된장국 단무지 김치	녹두밥 건새우아욱국 닭찜 연근전 시금치나물 김치
	간식	떡꼬치 우유	쑥설기 우유	단팥죽	바게트피자 주스	찐 감자 우유
다섯째주	간식	마시는 요구르트	절편 우유	토스트와 잼 우유	사과 두유	현미플레이크 우유
	점심	팥밥 콩나물국 마파두부 미역줄거리볶음 아몬드멸치볶음 김치	흑미밥 쑥국 닭강정 깨순볶음 김구이 깍두기	치킨카레라이스 어묵국 김치찌개 단무지 김치	차수수밥 황태두부국 오징어조림 옥수수감자 버터볶음 미역튀각 오이김치	미트소스스파게티 오이피클 김치 간식
	간식	땅콩버터샌드위치 우유	초코바나나머핀 우유	해물채소전 주스	생일잔치	무지개떡 우유

4월 식단

주	구분	월	화	수	목	금
첫째주	간식	소프트롤과 잼 우유	요델리	롤케이크 우유	찰토마토 두유	땅콩크림빵 우유
	점심	차조밥 건새우아욱국 돼지고기달걀장 조림 감자샐러드 오이김치 오징어채볶음	해물자장덮밥 달걀국 단무지 김치	보리밥 배춧국 돼지고기보쌈 콩나물볶음 김구이 배추겉절이 김치	발아현미밥 시금치조개된장국 생선구이 김치떡잡채 아몬드멸치볶음 김치	서리태콩밥 쇠고기무국 닭불고기 오이생채 김구이김치
	간식	프렌치토스트 우유	딸기잼빵 우유	바람떡 우유	도넛 오렌지주스	약식 우유
둘째주	간식	커스터드크림빵 우유	백설기 우유	통큰팥빵 우유	방울토마토 두유	마시는 요구르트
	점심	흑미밥 쇠고기당면국 두부구이 진미채오이무침 다시마튀각 김치	팥밥 근대국 새우케첩볶음 우엉조림 비름나물 김치	차조밥 냉잇국 고기완자전 오이미역초무침 호두멸치볶음 깍두기	봄나물영양비빔밥 버섯된장국 단무지 열무김치	차수수밥 쇠고기미역국 해물잡채 도토리묵무침 콩자반 김치
	간식	떡볶이 우유	치즈찜케이크 우유	물만두	감자소시지크로켓 주스	햄치즈샌드위치 우유
셋째주	간식	소프트롤과 잼 우유	슈크림빵 우유	사과 두유	아몬드플레이크 우유	봄소풍
	점심	발아현미밥 들깨우거지국 모듬달걀말이 연근조림 마늘종새우볶음 김치	차조밥 육개장 생선구이 시금치나물 미역튀각 깍두기	카레라이스 김치찌개 단무지 오이김치	쌀밥 완두수프 치킨가스 과일샐러드 단무지 김치	
	간식	꿀송편 우유	고구마샌드위치 우유	해물채소전 주스	바나나토스트 우유	

(계속)

		월	화	수	목	금
넷째주	간식	마들렌 우유	찰토마토 두유	절편 우유	소프트롤과 잼 우유	땅콩소보로빵 우유
	점심	팥밥 콩나물국 마파두부 미역줄거리볶음 오징어채볶음 김치	보리밥 건새우아욱국 오징어링튀김 쇠고기버섯피 망볶음 숙주나물 깍두기	치킨도리아 순두부김칫국 단무지 김치	서리태콩밥 홍합미역국 채소소시지볶음 애호박부침 김구이 김치	차조밥 시금치조개된장국 제육카레볶음 오이나물 뱅어포구이 깍두기
	간식	가래떡, 꿀 우유	자장볶음국수	찹쌀도넛 주스	생일잔치	증편 식혜
다섯째주	간식	마시는 요구르트				
	점심	차수수밥 쇠고기당면국 스패니시오믈렛 알감자어묵조림 김구이 김치				
	간식	치즈머핀 우유				

●●● 5월 식단

주	구분	월	화	수	목	금
첫째주	간식		요델리	방울토마토 두유	백설기 우유	마들렌 앙팡요구르트
	점심		차조밥 시금치조개된장국 제육카레볶음 오이나물 뱅어포구이 김치	새우볶음밥 콩나물국 무생채 김치	발아현미밥 쇠고기무국 생선조림 아몬드멸치볶음 가지나물 깍두기	김초밥 미소시루 단무지 김치
	간식		햄치즈샌드위치 우유	초코바나나머핀 우유	찐 감자 우유	꿀송편 우유
둘째주	간식	통큰팥빵 우유	소프트롤과 잼 우유	아몬드플레이크 우유	방울토마토 두유	커스터드크림빵 우유
	점심	찰보리밥 들깨우거지국 두부구이 오이미역초무침 오징어채볶음 김치	차수수밥 쇠고기당면국 오징어조림 옥수수감자버 터볶음 비름나물무침 깍두기	치킨카레라이스 버섯된장국 단무지 김치	흑미밥 근대국 고기김치전 감자샐러드 콩나물무침 깍두기	쌀밥 토마토감자수프 닭다리오븐구이 과일샐러드 단무지 김치
	간식	떡볶이 우유	프렌치토스트 우유	피자빵 주스	고구마튀김 우유	바람떡 우유
셋째주	간식	마시는 요구르트	찰토마토 두유	롤케이크 우유	절편 우유	호밀크림치즈빵 우유
	점심	팥밥 건새우아욱국 돼지고기달걀 장조림 진미채오이무침 다시마튀각 김치	완두콩밥 조갯살콩나물 김칫국 닭찜 미역줄기볶음 콩자반 깍두기	차조밥 쇠고기미역국 새우케첩볶음 연근조림 숙주나물 김치	영양봄나물비빔밥 버섯된장국 열무김치 단무지	발아현미밥 근대국 돼지고기피망잡채 머위대들깨볶음 뱅어포구이 김치
	간식	링도넛 우유	고구마샌드위치 우유	물만두	해물채소전 주스	찐 감자 우유

(계속)

		월	화	수	목	금
넷째주	간식	커스터드크림빵 우유	땅콩빵 우유	방울토마토 두유		소프트롤과 잼 우유
	점심	차조밥 근대국 마파두부 알감자어묵조림 오이생채 김치	서리태콩밥 닭개장 잡채 오징어초무침 김구이 깍두기	보리밥 황태두부국 가자미양념튀김 도토리묵무침 우엉조림 오이김치	석가탄신일	쌀밥 브로콜리크림수프 돈가스 콘슬로 단무지 김치
	간식	가래떡, 꿀 우유	찹쌀도넛 주스	생일잔치		무지개떡 식혜
다섯째주	간식	땅콩소보로빵 우유	찰토마토 두유	쑥인절미 우유	요델리	
	점심	차수수밥 시금치조개 된장국 채소소시지볶음 애호박부침 오징어채볶음 김치	완두콩밥 감자어묵국 깐풍기 콩나물볶음 호두멸치볶음 깍두기	미트소스스파게티 오이피클 김치	차수수밥 열무된장국 생선전 비름나물 미역튀각 김치	
	간식	찐 고구마 우유	땅콩버터샌드위치 우유	치즈찜케이크 우유	알감자버터구이 우유	

02 여 름

여름은 땀을 많이 흘리고 지치기 쉬운 계절이다. 여름에는 수분과 당분이 많은 찬 과일과 채소가 많이 나므로 수박, 참외, 오이, 토마토, 열무, 가지, 호박, 풋고추, 옥수수, 감자, 시금치 등의 제철음식을 활용하여 식단을 구성할 수 있다.

일일 식단의 예

날 짜	6월 14일
간 식	오전 방울토마토, 두유
	오후 초코링도넛, 우유
점 심	팥밥, 육개장, 생선구이, 깻잎찜, 콩자반, 김치

날 짜	6월 22일
간 식	오전 검은콩플레이크, 우유
	오후 무지개떡, 우유
점 심	삼계탕, 오이지무침, 김치

날 짜	6월 26일
간 식	오전 인절미, 우유
	오후 수박, 달걀
점 심	치킨도리아, 순두부김칫국, 오이지무침, 김치

날 짜	7월 3일
간 식	오전 쿠키, 미숫가루
	오후 바게트피자, 우유
점 심	강낭콩밥, 근대국, 닭고기레몬소스조림, 고구마줄기볶음, 김구이, 깍두기

날 짜	7월 19일
간 식	오전 찰토마토, 두유
	오후 찐 감자, 우유
점 심	나물비빔밥, 버섯된장국, 단무지, 김치

날 짜	8월 7일
간 식	오전 수박, 두유
	오후 딸기잼빵, 우유
점 심	흰쌀밥, 건새우아욱국, 닭불고기, 가지나물, 도토리묵무침, 김치

월별 식단의 예

6월 식단

		월	화	수	목	금
첫째주	간식					요델리
	점심					쌀밥 브로콜리크림수프 돈가스 콘슬로 단무지 김치
	간식					꿀송편 우유
둘째주	간식	소프트롤과 잼 우유	바나나 두유		절편 우유	커스터드크림빵 우유
	점심	발아현미밥 근대국 모듬달걀말이 진미채오이무침 숙주나물 김치	차수수밥 쇠고기미역국 두부구이 우무채무침 아몬드멸치볶음 깍두기	현충일	새우볶음밥 콩나물국 단무지 김치	서리태콩밥 열무된장국 돼지불고기 콩나물무침 김구이 김치
	간식	김치떡볶이 우유	햄에그샌드위치 우유		찐 고구마 우유	증편 우유
셋째주	간식	통큰팥빵 우유	슈크림빵 우유	아몬드플레이크 우유	방울토마토 두유	마시는 요구르트
	점심	차조밥 감자어묵국 참치김치전 오이미역초무침 오징어채볶음 김치	보리밥 시금치조개된장국 닭강정 가지나물 도토리묵무침 깍두기	하이라이스 어묵국 김치찌개 오이지무침 김치	팥밥 육개장 생선구이 깻잎찜 콩나물무침 깍두기	흑미밥 건새우아욱국 탕수육 감자참치샐러드 콩자반
	간식	김치군만두 우유	약식 우유	해물채소전 주스	초코링도넛 우유	바람떡 우유

(계속)

		월	화	수	목	금
넷째주	간식	마들렌 우유	찰토마토 두유	백설기 우유	땅콩소보로빵 우유	검은콩플레이크 우유
	점심	발아현미밥 조갯살콩나물김칫국 소시지폭빈조림 애호박부침 호두멸치볶음 김치	차수수밥 열무된장국 잡채 오징어초무침 김구이 깍두기	현미찰밥 황태두부국 돼지고기양배추볶음 우엉마요네즈 소스무침 오징어채볶음 김치	서리태콩밥 근대국 생선살튀김 고구마줄기볶음 청포묵무침 깍두기	삼계탕 오이지무침 김치
	간식	찹쌀도넛 주스	치즈머핀 우유	햄치즈샌드위치 우유	수박 달걀	무지개떡 우유
다섯째주	간식	롤케이크 우유	인절미 우유	소프트롤과 잼 우유	방울토마토 두유	호밀크림치즈빵 우유
	점심	차조밥 쇠고기당면국 두부조림 감자채나물 미역줄기볶음 김치	치킨도리아 순두부김칫국 단무지 김치	팥밥 건새우아욱국 오징어조림 연근전 미역튀각 깍두기	열무영양비빔밥 버섯된장국 오이지무침 김치	양송이수프 닭다리오븐구이 과일샐러드 단무지 김치
	간식	가래떡 우유	자장볶음국수	알감자버터구이 주스	생일잔치	찐 고구마 우유

7월 식단

		월	화	수	목	금
첫째주	간식	요델리	쿠키 미숫가루	땅콩빵 우유	바나나 두유	마들렌 우유
	점심	보리밥 쇠고기미역국 두부구이 우무채무침 아몬드멸치볶음 김치	강낭콩밥 근대국 닭고기레몬 소스조림 고구마줄기볶음 김구이 깍두기	현미찰밥 버섯된장국 생선구이 청포묵무침 다시마튀각 깍두기	팥밥 건새우아욱국 조랭이떡잡채 연근조림 꽃새우볶음 깍두기	발아현미밥 쇠고기당면국 채소소시지볶음 가지나물 진미채오이무침 김치
	간식	찐 감자 우유	바게트피자 주스	수박 달걀	초코링도넛 주스	바람떡 우유
둘째주	간식	소프트롤과 잼 우유	방울토마토 두유	슈크림빵 우유	검은콩플레이크 우유	마시는 요구르트
	점심	차조밥 감자국 베이컨양배추볶음 깻잎찜 콩자반 김치	카레라이스 어묵국 오이지무침 김치	차수수밥 열무된장국 돼지불고기 상추쌈(김구이) 콩나물볶음 배추겉절이	삼계탕 오이지무침 김치	자장덮밥 달걀국 단무지 김치
	간식	찐 옥수수 우유	딸기잼빵 우유	증편 우유	떡볶이 우유	꿀송편 우유
셋째주	간식	롤케이크 우유	제헌절	찰토마토 두유	백설기 우유	커스터드크림빵 우유
	점심	서리태콩밥 열무된장국 돼지고기달걀 장조림 애호박부침 오징어채볶음 김치		차조밥 조갯살콩나물 김칫국 마파두부 쇠고기우엉볶음 뱅어포구이 깍두기	열무비빔밥 버섯된장국 단무지 김치	쌀밥 채소수프 닭안심튀김 과일샐러드 양배추쌈 김치
	간식	찹쌀도넛 우유		햄에그샌드위치 우유	초코바나나머핀 우유	무지개떡 우유

(계속)

		월	화	수	목	금
넷째주	간식	슈크림빵 우유	방울토마토 두유	절편 우유	아몬드플레이크 우유	요델리
	점심	팥밥 근대국 모듬달걀말이 진미채오이무침 우엉조림 김치	차수수밥 조갯살콩나물김칫국 탕수육 시금치나물 연근전 깍두기	차조밥 열무된장국 잡채 오징어초무침 김구이 깍두기	새우볶음밥 콩나물국 단무지 김치	보리밥 들깨우거지국 고기완자전 가지나물 김구이 김치
	간식	찐 옥수수 우유	바나나토스트 오렌지주스	수박, 달걀 우유	생일잔치	보리증편 우유
다섯째주	간식	소프트롤과 잼 우유	인절미 우유			
	점심	미트소스스파게티 채소샐러드 (옥수수드레싱) 단무지 김치	현미찰밥 닭갯국 생선카레구이 새송이버섯볶음 숙주나물 깍두기			
	간식	찐 옥수수 우유	알감자버터구이 주스			

8월 식단

		월	화	수	목	금
첫째주	간식			방울토마토 두유	소보로빵 우유	요델리
	점심			보리밥 쇠고기당면국 소시지채소볶음 비름나물무침 뱅어포구이 김치	울타리콩밥 열무된장국 탕수육 감자채나물 아몬드멸치볶음 깍두기	하이라이스 버섯된장국 단무지 김치
	간식			초코바나나머핀 우유	수박 달걀	보리증편 우유
둘째주	간식	소프트롤과 잼 우유	수박 두유	검은콩플레이크 우유	쿠키 미숫가루	바나나 두유
	점심	차수수밥 쇠고기미역국 두부구이 진미채오이무침 숙주나물 김치	흑미밥 건새우아욱국 닭불고기 가지나물 도토리묵무침 깍두기	카레라이스 어묵국 오이지무침 김치	팥밥 근대국 베이컨양배추볶음 연근조림 꽃새우볶음 깍두기	쌀밥 브로콜리크림수프 돈가스 콘슬로 단무지 김치
	간식	떡볶이 우유	딸기잼빵 우유	링도넛 오렌지주스	찐 고구마 우유	바람떡 우유
셋째주	간식	마들렌 우유	방울토마토 우유		절편 우유	마시는 요구르트
	점심	현미찰밥 감자국 조랭이떡잡채 애호박나물 콩자반 김치	차수수밥 열무된장국 돼지불고기 콩나물볶음 상추쌈(김구이) 깍두기	광복절	새우볶음밥 콩나물국 오이지무침 김치	차조밥 조갯살콩나물 김칫국 생선구이 깻잎찜 미역튀각 깍두기
	간식	찐 옥수수 우유	알감자버터구이 우유		바게트피자 주스	햄치즈샌드위치 우유

(계속)

		월	화	수	목	금
넷째주	간식	통큰팥빵 우유	수박 두유	아몬드플레이크 우유	방울토마토 두유	슈크림빵 우유
	점심	보리밥 열무된장국 마파두부 쇠고기우엉볶음 김구이 깍두기	강낭콩밥 쇠고기미역국 닭강정 깻잎나물 청포묵무침 김치	해물자장덮밥 달걀국 오이지무침 김치	발아현미밥 버섯된장국 생선전 고구마줄기볶음 호두멸치볶음	치킨도리아 순두부김칫국 단무지 김치
	간식	가래떡 우유	햄에그샌드위치 우유	당근파인애플케이크 주스	꽈배기도넛 우유	찐 감자 우유
다섯째주	간식	롤케이크 우유	찰토마토 두유	인절미 우유	소프트롤과 잼 우유	요델리
	점심	차수수밥 아욱국 돼지고기 달걀장조림 노각생채 뱅어포구이 김치	현미찰밥 닭깻국 생선구이 새송이버섯볶음 숙주나물 깍두기	열무영양비빔밥 버섯된장국 단무지 김치	차조밥 감자국 두부조림 우엉마요네즈 소스무침 가지나물 깍두기	쌀밥 양송이수프 폭찹 과일샐러드 양배추쌈 김치
	간식	고구마튀김 주스	땅콩버터샌드위치 우유	소시지채소빵 우유	수박 달걀	무지개떡 우유

03 가 을

아침, 저녁으로 제법 바람이 살랑거리는 가을, 오곡백과가 무르익고 천고마비의 풍요로운 계절이다. 여름철 더위로 인해 균형을 잃기 쉬웠던 몸에 배추, 무, 시금치, 상추, 부추, 양배추, 사과, 감, 배, 밤, 대추, 호두, 은행 등의 제철식품으로 균형을 되찾을 수 있는 식단을 구성할 수 있다.

일일 식단의 예

날 짜	9월 5일
간 식	오전 아몬드플레이크, 우유
	오후 초코링도넛, 오렌지주스
점 심	하이라이스, 버섯된장국, 단무지, 김치

날 짜	9월 19일
간 식	오전 요델리
	오후 송편, 오렌지주스
점 심	풋콩밥, 토란국, 빈대떡, 갖은 나물, 김구이, 나박김치, 김치

날 짜	10월 4일
간 식	오전 절편, 우유
	오후 찐 고구마, 우유
점 심	해물자장덮밥, 달걀국, 단무지, 김치

날 짜	10월 26일
간 식	오전 토스트와 잼, 우유
	오후 꿀송편, 우유
점 심	차수수밥, 사골우거지국, 고기김치전, 미역줄기볶음, 꽃새우볶음, 깍두기

날 짜	11월 19일
간 식	오전 인절미, 우유
	오후 딸기잼빵, 우유
점 심	차수수밥, 명란두부탕, 스패니시오믈렛, 김치떡잡채, 다시마튀각, 김치

날 짜	11월 29일
간 식	오전 오곡플레이크, 우유
	오후 생일잔치(달걀)
점 심	미트소스스파게티, 감자샐러드, 오이피클, 김치

월별 식단의 예

●●● 9월 식단

주	구분	월	화	수	목	금
첫째 주	간식	소보로빵 우유	사과 두유	아몬드플레이크 우유	포도 우유	마들렌 미숫가루
	점심	차수수밥 쇠고기미역국 모듬달걀말이 연근조림 진미채오이무침 김치	팥밥 들깨우거지국 닭불고기 감자채나물 도토리묵무침 깍두기	하이라이스 버섯된장국 단무지 김치	차조밥 조갯살콩나물 김칫국 생선구이 깻잎찜 다시마튀각 깍두기	울타리콩밥 열무된장국 탕수육 가지나물 김구이 김치
	간식	핫도그빵 우유	알감자버터구이 우유	초코링도넛 주스	찐 고구마 우유	무지개떡 우유
둘째 주	간식	소프트롤과 잼 우유	절편 우유	바나나 두유	통큰팥빵 우유	마시는 요구르트
	점심	현미찰밥 쇠고기당면국 두부구이 숙주나물 오징어채볶음 김치	미트소스스파게티 채소샐러드 오이피클 김치	발아현미밥 건새우아욱국 조랭이떡잡채 깻잎나물 뱅어포구이 깍두기	서리태콩밥 황태두부국 닭강정 콩나물무침 아몬드멸치 볶음김치	영양비빔밥 버섯된장국 단무지 김치
	간식	찐 감자 우유	해물채소전 주스	치즈머핀 우유	떡볶이 우유	바람떡 우유
셋째 주	간식	롤케이크 우유	소보로빵 우유	요델리		소프트롤과 잼 우유
	점심	팥밥 조갯살콩나물김칫국 마파두부 감자옥수수버터볶음 오이생채 김치	보리밥 감자어묵국 해물잡탕 청포묵무침 콩자반 김치	풋콩밥 토란국 빈대떡 갖은 나물 김구이 나박김치	소풍	새우볶음밥 콩나물국 단무지 김치
	간식	포도 달걀	햄치즈샌드위치 우유	송편 식혜		보리증편 우유

(계속)

<table>
<tr><th></th><th></th><th>월</th><th>화</th><th>수</th><th>목</th><th>금</th></tr>
<tr><td rowspan="3">넷째주</td><td>간식</td><td rowspan="3">추석</td><td rowspan="3">☆</td><td rowspan="3">연휴</td><td>오곡플레이크
우유</td><td>사과
두유</td></tr>
<tr><td>점심</td><td>카레라이스
어묵국
단무지
김치
쌀밥
미소시루</td><td>쌀밥
브로콜리치즈수프
돈가스
당근감자볶음
과일셀러드
단무지, 김치</td></tr>
<tr><td>간식</td><td>딸기잼빵
우유</td><td>찐 고구마
우유</td></tr>
</table>

10월 식단

주	구분	월	화	수	목	금
첫째 주	간식	롤케이크 우유	사과 두유	개천절	절편 우유	가을 소풍
	점심	현미찰밥 쇠고기당면국 두부구이 진미채오이무침 김구이 김치	팥밥 들깨우거지국 돼지고기피망잡채 깻잎나물 오징어채무침 깍두기		해물자장덮밥 달걀국 단무지 김치	
	간식	가래떡과 꿀 우유	알감자버터구이 주스		찐 고구마 우유	
둘째 주	간식	요델리	바나나 두유	소프트롤과 잼 우유	사과 우유	백설기 우유
	점심	차조밥 건새우아욱국 돼지고기 달걀장조림 아몬드멸치볶음 연근전 김치	카레라이스 어묵국 단무지 김치	보리밥 배춧국 돼지불고기 콩나물무침 상추쌈 김구이 겉절이	서리태콩밥 토란국 고기완자전 취나물된장무침 김구이 김치	발아현미밥 조갯살콩나물 김칫국 닭찜 가지나물 다시마튀각 깍두기
	간식	햄치즈샌드위치 우유	딸기잼빵 우유	팥시루떡 우유	프렌치토스트 우유	찐 감자 우유
셋째 주	간식	개교기념일	아몬드플레이크 우유	방울토마토 두유	보리증편 우유	마들렌 우유
	점심		떡국 단무지 김치	차수수밥 열무된장국 생선전 새송이고기채소볶음 숙주나물깍두기	차조밥 쇠고기미역국 마파두부 도토리묵무침 오징어채볶음김치	쌀밥 양송이수프 닭다리오븐구이 채소샐러드 단무지 김치
	간식		핫도그빵 우유	치즈찜케이크 우유	해물채소전 주스	녹두메편 우유

(계속)

		월	화	수	목	금
넷째주	간식	소프트롤과 잼 우유	사과 두유	커스터드크림빵 우유	오곡플레이크 우유	토스트와 잼 우유
	점심	흑미밥 감자어묵국 채소소시지볶음 청포묵무침 호두멸치볶음 김치	팥밥 들깨우거지국 깐풍기 우엉조림 뱅어포구이 김치	보리밥 사골곰탕 생선조림 시금치나물 김구이 깍두기	영양비빔밥 버섯된장국 단무지 김치	차수수밥 사골우거지국 고기김치전 미역줄기볶음 꽃새우볶음 깍두기
	간식	떡볶이 우유	초코바나나머핀 우유	약식 우유	생일잔치	꿀송편 우유
다섯째주	간식	마시는 요구르트	땅콩소보로빵 우유	바나나 두유		
	점심	서리태콩밥 건새우아욱국 명란달걀찜 어묵조림 숙주나물 김치	치킨도리아 순두부김칫국 단무지 김치	발아현미밥 육개장 코다리찜 오이뱃두리 콩자반 깍두기		
	간식	꽈배기도넛 우유	물만두 우유	찐 고구마 우유		

●●● 11월 식단

		월	화	수	목	금
첫째주	간식				귤 두유	롤케이크 우유
	점심				차조밥 황태두부국 돼지불고기 시금치나물 상추쌈 김구이 김치	해물자장덮밥 달걀국 단무지 김치
	간식				무화과설기 우유	알감자버터구이 우유
둘째주	간식	백설기 우유	커스터드크림빵 우유	사과 두유	아몬드플레이크 우유	소프트롤과 잼 우유
	점심	보리밥 쇠고기당면국 양배추베이컨 볶음 도토리묵무침 오징어채볶음 김치	쌀밥 단호박수프 케이준닭튀김 옥수수드레싱 채소샐러드 단무지 김치	서리태콩밥 시금치콩나물국 생선구이 오이김무침 깍두기 감자피망볶음	김치필라프 콩나물국 단무지 김치	차수수밥 건새우아욱국 조랭이떡잡채 연근조림 김구이 깍두기
	간식	꽈배기도넛 우유	찐 호박고구마 우유	떡꼬치 오렌지주스	프렌치토스트 우유	팥시루떡 우유
셋째주	간식	통큰팥빵 우유	단감 두유	마들렌 우유	절편 우유	요델리
	점심	팥밥 쇠고기미역국 두부구이 무갑장과 아몬드멸치볶음 김치	차조밥 버섯된장국 닭강정 취나물된장무침 김구이 깍두기	쇠고기버섯덮밥 무오이생채 단무지 김치	흑미밥 감자어묵국 코다리찜 오이볏두리 콩자반 깍두기	발아현미밥 들깨우거지국 난자완스 깻잎찜 오징어채볶음 김치
	간식	떡볶이 우유	고구마샌드위치 우유	감자소시지크로켓 주스	당근파인애플케이크 우유	약식 우유

(계속)

주	구분	월	화	수	목	금
넷째주	간식	토스트와 잼 우유	땅콩빵 우유	인절미 우유	귤 두유	커스터드크림빵 우유
넷째주	점심	차수수밥 명란두부탕 스패니시오믈렛 김치떡잡채 다시마튀각 김치	현미찰밥 조갯살콩나 물김칫국 마파두부 쇠고기우엉볶음 뱅어포구이 깍두기	영양비빔밥 버섯된장국 단무지 김치	서리태콩밥 쇠고기무국 해물잡탕 청포묵무침 김구이 깍두기	쌀밥 양송이수프 당근감자볶음 돈가스 과일샐러드 단무지, 김치
넷째주	간식	고구마튀김 주스	가래떡 우유	바게트피자 주스	물만두	무지개떡 우유
다섯째주	간식	마시는 요구르트	소프트롤과 잼 우유	귤 두유	오곡플레이크 우유	보리증편 우유
다섯째주	점심	떡국 시금치나물 단무지 김치	팥밥 홍합미역국 채소소시지볶음 진미채오이무침 숙주나물 깍두기	보리밥 사골곰탕 생선전 새송이고기채소 볶음 김구이 김치	미트소스스파게티 감자샐러드 오이피클 김치	발아현미밥 사골우거지국 돼지갈비찜 취나물된장무침 미역튀각 깍두기
다섯째주	간식	핫도그빵 우유	해물채소전 주스	꿀송편 우유	생일잔치	햄에그샌드위치 우유

04 겨 울

겨울에는 따뜻한 음식과 단백질이 풍부한 음식으로 몸을 따뜻하게 해야 한다. 역시 균형 있는 식사로 비타민과 미네랄을 충분히 공급해야 한다. 당근, 우엉, 연근, 고구마, 콩나물, 숙주, 토란, 등으로 체력을 보강하는 식단을 구성할 수 있다.

일일 식단의 예

날 짜	12월 11일
간 식	오전 사과, 두유
	오후 바게트피자, 오렌지주스
점 심	발아현미밥, 무채굴국, 깐풍기, 감자피망볶음, 김치

날 짜	12월 12일
간 식	오전 절편, 우유
	오후 대추술빵, 우유
점 심	새우볶음밥, 콩나물국, 단무지, 김치

날 짜	1월 2일
간 식	오전 귤, 두유
	오후 바나나 토스트, 우유
점 심	떡국, 시금치나물, 단무지, 김치

날 짜	1월 11일
간 식	오전 롤케이크, 우유
	오후 약식, 우유
점 심	발아현미밥, 쇠고기무국, 고기완자전, 깻잎찜, 김구이, 김치

날 짜	1월 24일
간 식	오전 절편, 우유
	오후 고구마샌드위치, 우유
점 심	보리밥, 사골곰탕, 떡찜, 도토리묵김치무침, 김구이, 김치

월별 식단의 예

●●● 12월 식단

		월	화	수	목	금
첫째주	간식	커스터드크림빵 우유	아몬드플레이크 우유	요델리	귤 우유	호박설기 우유
첫째주	점심	팥밥 쇠고기당면국 두부조림 시금치나물 다시마튀각 깍두기	치킨카레라이스 어묵국 단무지 김치	현미찰밥 시금치콩나물국 떡찜 게살옥수수볶음 무파래무침 김치	차조밥 배춧국 소불고기 콩나물무침 상추쌈 김구이 김치	녹두밥 쇠고기무국 생선구이 도토리묵무침 깻잎찜 깍두기
첫째주	간식	찐 고구마 우유	딸기잼빵 우유	호빵 우유	팥시루떡 우유	찐 감자 우유
둘째주	간식	롤케이크 우유	사과 두유	마시는 요구르트	절편 우유	소프트롤과 잼 우유
둘째주	점심	점심 차수수밥 건새우아욱국 참치채소전 연근조림 오징어채볶음 김치	발아현미밥 무채굴국 깐풍기 깻잎나물 김구이 깍두기	새우볶음밥 콩나물국 단무지 김치	팥밥 쇠고기미역국 연두부달걀찜 오이뱃두리 아몬드멸치볶음 깍두기	쌀밥 단호박수프 감자당근볶음 폭찹 채소샐러드 단무지 김치
둘째주	간식	떡볶이 우유	바게트피자 주스	대추술빵 우유	고구마샌드위치 우유	무화과설기 우유

(계속)

주	구분	월	화	수	목	금
셋째주	간식	보리증편 우유	귤 두유		아몬드플레이크 우유	마들렌 우유
	점심	흑미밥 조갯살순두부 김칫국 돼지고기달걀 장조림 옥수수감자버터 볶음 숙주나물 김치	차조밥 배춧국 고기완자전 오이미역초무침 꽃새우볶음 김치	대통령선거일	서리태콩밥 쇠고기당면국 마요네즈크림소스 새우 숙주나물 김구이 김치	보리밥 들깨우거지국 코다리찜 청포묵무침 미역튀각 깍두기
	간식	꽈배기도넛 우유	동지팥죽		초코바나나머핀 주스	찐 고구마 우유
넷째주	간식	호박설기 우유	소프트롤과 잼 두유	사과 우유	검은콩플레이크 우유	요델리
	점심	흑미밥 명란두부탕 스패니시오믈렛 오이김무침 아몬드멸치볶음 김치	보리밥 육개장 생선구이 깻잎찜 다시마튀각 깍두기	떡국 시금치나물 단무지 김치	쌀밥 채소수프 폭찹 콘샐러드 양배추쌈 김치	서리태콩밥 근대국 두부구이 김치떡잡채 김구이 깍두기
	간식	햄치즈샌드위치 우유	약식 우유	떡꼬치, 귤 오렌지주스	물만두	무지개떡 우유
다섯째주	간식	현미플레이크 우유				
	점심	콩나물밥 버섯된장국 단무지 김치				
	간식	바나나토스트 우유				

1월 식단

		월	화	수	목	금
첫째주	아침		소프트롤과잼 우유	귤 두유	플레인요구르트	절편 우유
	점심		떡국 동치미 김치	차수수밥 들깨우거지국 두부구이 버섯고기채소볶음 어묵조림 김치	흑미밥 쇠고기무국 오징어불고기 아몬드멸치볶음 시금치나물 깍두기	미트소스스파게티 오이피클 김치
	오후		햄치즈샌드위치 우유	호박설기 우유	호빵 우유	찐 감자 우유
둘째주	아침	마들렌 우유	사과 두유	인절미 우유	커스터드크림빵 우유	토스트와 잼 우유
	점심	차조밥 시금치조개 된장국 돼지고기달걀 장조림 콩나물무침 오징어채볶음 김치	발아현미밥 황태두부국 탕수육 오이미역초무침 무나물 깍두기	하이라이스 버섯된장국 김치찌개 단무지 김치	찰보리밥 콩비지찌개 생선구이 새송이피망볶음 김구이 깍두기	서리태콩밥 건새우아욱국 두부구이 김치떡잡채 도토리묵무침 김치
	오후	당근파인애플 케이크 우유	고구마샌드위치 우유	해물채소전 주스	물만두	꿀송편 우유
셋째주	아침	소프트롤과 잼 우유	백설기 우유	현미플레이크 우유	귤 두유	호밀크림치즈빵 우유
	점심	점심 보리밥 명란두부탕 모듬달걀말이 숙주나물 우엉조림 김치	밤콩밥 배춧국 돼지갈비찜 미역줄거리볶음 취나물된장무침 깍두기	카레라이스 어묵국 무생채 김치	흑미밥 육개장 코다리강정 오이김무침 콩자반 깍두기	차조밥 김치조갯살콩 나물국 고기완자전 시금치나물 김구이 김치
	오후	떡볶이 우유	프렌치토스트 우유	바게트피자 주스	약식 우유	찐 고구마 우유

(계속)

		월	화	수	목	금
넷째주	아침	카스텔라 우유	사과 두유	절편 우유	방울토마토 두유	플레인요구르트
	점심	팥밥 쇠고기미역국 마파두부 청포묵무침 호두멸치볶음 김치	차수수밥 무채굴국 돼지고기피망잡채 건파래무침 오징어채볶음 김치	보리밥 사골곰탕 생선조림 시금치나물 김구이 깍두기	영양비빔밥 버섯된장국 동치미 김치	차조밥 사골우거지국 고기김치전 무숙장아찌 다시마튀각 김치
	오후	팥시루떡 우유	호빵 우유	햄에그샌드위치 우유	생일잔치	무지개떡 우유
다섯째주	아침	커스터드크림빵 우유	백설기 우유	슈크림빵 우유		
	점심	발아현미밥 쇠고기당면국 채소소시지볶음 진미채오이무침 콩자반 김치	쌀밥 양송이수프 돈가스 과일샐러드 당근감자볶음 단무지 김치	해물자장덮밥 콩나물국 단무지 김치		
	오후	떡꼬치 오렌지주스	찐 고구마 우유	감자소시지크로켓 주스		

2월 식단

		월	화	수	목	금
첫째주	아침				커스터드크림빵 우유	소프트롤과 잼 우유
	점심				보리밥 시금치조개된장국 닭불고기 오이미역초무침 연근조림 김치	팥밥 쇠고기당면국 생선구이 시금치나물 김구이 깍두기
	오후				어묵꼬치	꿀송편 우유
둘째주	아침	마들렌 우유	사과 두유	절편 우유	슈크림빵 우유	방울토마토 두유
	점심	발아현미밥 쇠고기미역국 스패니시오믈렛 무생채 오징어채볶음 김치	차수수밥 배춧국 돼지갈비찜 콩나물무침 김구이 김치	치킨도리아 순두부김칫국 오이피클 김치	서리태콩밥 쇠고기무국 오징어불고기 김치떡잡채 아몬드멸치볶음 김치	차조밥 들깨우거지국 잡채 도토리묵무침 콩자반김치
	오후	찐 감자 우유	해물채소전 주스	프렌치토스트 우유	무지개떡 우유	햄치즈샌드위치 우유
셋째주	아침	소프트롤과 잼 우유	인절미 우유	호밀크림치즈빵 우유	귤 두유	플레인요구르트
	점심	보리밥 건새우아욱국 돼지고기 달걀장조림 진미채오이무침 김구이 김치	팥밥 시금치조개된장국 명란연두부달걀찜 옥수수감자 버터볶음 물미역무침 깍두기	떡국 단무지 김치	쌀밥 양송이크림수프 닭안심튀김 과일샐러드 양배추쌈 단무지 김치	보리밥 근대국 두부구이 우엉조림 참나물무침 김치
	오후	떡볶이 우유	감자소시지크로켓 주스	물만두	꿀송편 우유	찐 감자 우유

(계속)

넷째주		월	화	수	목	금
	아침	설날	소보로빵 우유	사과 두유	호박설기 우유	현미플레이크 두유
	점심		발아현미밥 쇠고기당면국 참치채소전 무갑장과 도토리묵무침 김치	차수수밥 콩나물시금치국 카레탕수육 애호박부침 미역튀각 깍두기	영양비빔밥 버섯된장국 무생채 김치	현미찰밥 콩나물국 깐풍기 청포묵무침 오징어채볶음 김치
	오후		가래떡, 꿀 우유	바나나토스트 우유	치즈찜케이크 우유	찐 고구마 우유

CHAPTER

06 조리방법에 따른 단체급식 레시피

영유아에게 제공하는 식단을 계획·구성하는 과정만큼 중요한 부분이 정해진 식단을 어떻게 조리하는가이다. 동일한 식단이라 할지라도 영유아의 입맛에 맞고 식욕을 자극할 수 있느냐는 조리과정에 따라 달라질 수 있다. 다음에서는 지난 10년 동안 현충일에서 영유아와 학부모, 교사들로부터 검증을 거친 맛있는 단체급식 조리법을 살펴보고자 한다. 크게 주식류, 부식류, 간식류로 구분하였고, 조리방법에 따라 다시 세분화되어 정리하였으며, 각 음식의 재료는 100인분을 기준으로 준비한 것이다.

01 주식류

밥

밥을 주식으로 하는 우리의 식생활에서 밥 짓기는 어떤 음식 중에서도 중요하다. 밥 짓는 조건은 쌀의 종류, 쌀의 양, 물의 양, 밥솥과 불의 종류, 뜸 들이는 불의 조절에 따라 맛이 달라진다. 밥 짓는 법은 처음에는 끓이다가 물을 없애고 뜸을 들이는 과정에서 찌는 법을 이용한다.

쌀밥 외에 잡곡을 섞어 짓는 잡곡밥이 있다. 오곡밥, 찰밥, 밤밥, 약밥을 짓거나 채소와 굴, 콩나물을 넣어 지은 별미밥, 갖은 나물을 얹어 비벼 먹는 비빔밥 등 다양하게 응용할 수 있다.

밥 짓기에 앞서 쌀을 상온수에서 1~2시간 불린다. 물의 양은 쌀의 건조도에 따라 가감하는데, 햅쌀의 경우 1.2배, 묵은 쌀의 경우 1.3~1.5배 정도의 물이 알맞다.

1 서리태콩밥

재 료	쌀 5kg, 서리태콩 300g, 물 6kg
조리법	1. 쌀을 깨끗이 씻어 물에 불린 후 건져 놓는다. 2. 서리태콩을 씻어 삶는다(콩을 더운 물에 담가 4~5시간 불렸다 삶기도 한다). 3. 쌀에 삶은 콩을 섞어 밥을 짓는다.

2 강낭콩밥

재 료	쌀 5kg, 강낭콩 800g
조리법	1. 강낭콩은 껍질을 까서 깨끗이 씻어 건져 놓는다. 2. 쌀을 깨끗이 씻어 물에 불린 후 건져 놓는다. 3. 쌀에 강낭콩을 섞어 밥을 짓는다.
응 용	• 울타리콩밥, 풋콩밥, 완두콩밥 등도 위와 같은 방법으로 밥을 짓는다.

3 팥 밥

재 료	쌀 5kg, 팥 300g
조리법	1. 쌀을 깨끗이 씻어 물에 불린 후 건져 놓는다. 2. 팥을 깨끗이 씻어 삶는다(팥을 삶을 때 팥의 약 6~7배 가량의 물을 부어 팥이 터지지 않을 정도로 삶는다). 3. 쌀과 삶은 팥, 팥 삶은 물을 함께 부어 밥을 짓는다.

4 녹두밥

재 료 쌀 5kg, 거피녹두 300g

조리법

1. 거피녹두는 따뜻한 물에 불려 껍질을 벗겨 건져 놓는다.
2. 쌀을 깨끗이 씻어 물에 불린 후 건져 놓는다.
3. 쌀에 불린 녹두를 섞어 밥을 짓는다.

5 오곡밥

재 료 멥쌀 3kg, 찹쌀 2kg, 서리태콩 300g, 붉은 팥 500g, 차수수 500g, 차조 500g, 팥 삶은 물(팥 삶은 물 500g, 소금 2T)

조리법

1. 찹쌀과 멥쌀은 깨끗이 씻어 불린다.
2. 검은콩도 슬쩍 삶아 놓는다.
3. 붉은 팥은 씻어 찬물을 붓고 끓여 부르르 한소끔 끓어오르면 첫물은 따라 버리고 다시 새물을 부어 팥알이 터지지 않을 정도로 삶아 건진다. 팥 삶은 물은 따로 받아 소금 간하여 잘 섞어 둔다.
4. 수수는 하루 전에 씻어 찬물에 담가 떫은 맛이 빠지도록 자주 갈아주면서 불린다.
5. 차조는 소쿠리에 받혀 물기를 뺀다.
6. 멥쌀, 찹쌀, 팥, 콩, 수수를 한 데 넣고 소금 간한 물을 붓는다. 평소보다 물의 양을 적게 잡는다.
7. 밥이 한소끔 끓으면 씻어둔 차조를 넣고 불을 줄여 뜸을 들인다(차조는 입자가 작아 나중에 넣어도 잘 익는다).

유 래 오곡밥은 음력 정월 대보름에 먹는 절식(節食)으로 쌀, 조, 수수, 팥, 콩 등의 잡곡을 섞어 지은 밥이다. 『삼국유사』에 의하면, 신라 소지왕 10년 정월 보름날 왕이 경주 남산의 천천정에 거동하셨을 때 까마귀 떼로부터 좋지 않은 일이 있다는 글을 전해 받고서 미리 환궁하여 역모를 꾀하는 신하들을 처단하였다. 까마귀 덕분에 역모를 꾀하던 무리들을 미리 처치할 수 있었다 하여 정월 대보름을 오기일(烏忌日)로 정하고, 검은색을 띤 약밥을 지어 제를 지내고 까마귀에게 먹이로도 주었다고 하는데, 약밥의 재료가 서민들이 구하기 어려워 서민적인 오곡밥으로 변천되었다고 추정된다. 정원 대보름에는 세 집 이상의 다른 성씨(姓氏) 집 밥을 먹어야 그 해의 운이 좋다고 하여 여러 집의 오곡밥을 서로 나누어 먹는 풍습이 있다.

6 차조밥

재 료	쌀 5kg, 차조 300g
조리법	1. 쌀을 깨끗이 씻어 물에 불린 후 건져 놓는다. 2. 차조는 깨끗이 씻어 물에 불려 건져 놓는다. 3. 밥을 짓다가 밥이 한소끔 끓으면 씻어 둔 차조를 넣고 불을 줄여 뜸을 들인다.
응 용	• 수수밥은 수수를 하루 전에 씻어 담가 자주 물을 갈아 주면서 불려 쌀과 같이 처음부터 섞어 밥을 짓는다.

7 현미찰밥

재 료	쌀 5kg, 현미찹쌀 500g
조리법	1. 쌀을 깨끗이 씻어 물에 불린 후 건져 놓는다. 2. 현미찹쌀은 깨끗이 물을 붓고 잠깐 끓여 놓는다. 3. 쌀에 중간 정도 익은 현미찹쌀을 섞어 밥을 짓는다.
응 용	• 발아 현미밥, 흑미밥, 보리밥 등도 같은 방법으로 밥을 짓는다(단, 흑미밥은 흑미의 양은 적게 한다).

8 영양밤밥

재 료	쌀 4.5kg, 밤 1.5kg, 대추 500g, 표고버섯 400g
조리법	1. 밤은 속껍질까지 깨끗이 벗겨 편으로 썬다. 2. 대추는 깨끗이 씻어 씨를 빼고 곱게 채 썰어 놓는다. 3. 표고버섯은 생표고를 사용하며, 기둥을 떼고 깨끗이 씻어 굵게 채 썬다. 4. 쌀은 깨끗이 씻어 물에 불린 후 건져 놓는다. 5. 쌀과 밤, 대추, 표고버섯을 고루 섞어 밥을 짓는다. 6. 밥물의 양은 보통보다 적게 한다.
응 용	• 고구마밥, 감자밥 등도 같은 방법으로 밥을 짓는다.

9 콩나물밥

재 료 찹쌀 1kg, 쌀 4kg, 콩나물 4kg, 파 200g, 마늘 50g, 다진 쇠고기 2kg, 진간장 150g, 참기름 150g, 실파 200g, 깨소금 100g, 진간장 400g

조리법

1. 쌀과 찹쌀은 미리 씻어 놓고, 콩나물은 깨끗이 다듬어 소금을 약간 넣고 슬쩍 데친다.
2. 다진 쇠고기에 파, 마늘, 후추, 진간장, 참기름을 넣어 볶는다.
3. 콩나물 삶은 물을 부어 밥을 짓다가, 끓으면 콩나물과 쇠고기를 얹어 뜸들인다.
4. 송송 썬 실파, 다진 마늘, 깨소금, 참기름, 진간장으로 양념장을 만든다.

응 용

- 같은 방법으로 김치밥, 무밥, 굴무밥 등도 가능하다.
- 밥물의 양은 적게 하고 기호에 따라 팽이버섯, 밤 등을 넣기도 한다.

10 비빔밥

재 료 쌀 4kg, 다진 쇠고기 1.5kg, 시금치 2kg, 콩나물 2kg, 당근 1kg, 도라지 1kg, 마늘 200g, 진간장 300g, 깨소금 300g, 참기름 500g, 쪽파 200g, 식용유 100g

조리법

1. 쌀을 깨끗이 씻어 물에 불린 후 건져 놓았다가 밥을 고슬고슬하게 짓는다.
2. 다진 쇠고기는 마늘, 파, 깨소금, 간장으로 양념하여 보슬보슬하게 볶는다.
3. 시금치는 깨끗이 씻어 끓는 물에 소금을 약간 넣어 데쳐 낸 후 찬물에 헹궈 물기를 짜고 3cm 길이로 썰어 양념하여 무친다.
4. 콩나물은 소금물을 약간 붓고, 뚜껑을 덮은 채 삶아 체에 건져 놓는다. 소금, 깨소금으로 양념하여 무친다. 콩나물이 길면 식가위로 4~5cm 길이로 자른다.
5. 도라지는 가늘게 찢어 3cm 길이로 자른 후 소금을 넣어 문질러 쓴맛을 제거한 후 뜨거운 물에 살짝 데쳐 놓는다.
6. 당근은 3cm 크기로 채 썰고, 데친 도라지와 당근은 소금 간하여 볶아 둔다.
7. 진간장에 깨소금, 참기름, 다진파를 넣어 양념장을 만든다.
8. 그릇에 밥을 담고 그 위에 색스럽게 재료 등을 담아낸다.

응 용

- 밤, 대추, 표고버섯 등을 넣은 영양밥 위에 재료를 얹어 비빔밥을 내기도 한다.
- 애호박, 고사리, 취나물 등 여러 나물을 응용할 수 있으며, 애호박은 열십자로 잘라 속을 도려 내어 눈썹 썰기하고 소금을 살짝 뿌렸다 볶는다.
- 고사리도 5cm 길이로 잘라 볶는다.
- 달걀을 얹기도 하고 약고추장을 만들어 내기도 한다(약고추장 만들기: '열무비빔밥' 참고).

11 열무비빔밥

재 료 쌀 4kg, 열무김치 2kg, 소다짐육 1.5kg, 당근 500g, 깻잎 100g, 참기름 500g, 깨소금 300g, 마늘 200g, 쪽파 200g, 진간장 300g, 약고추장(소다짐육 200g, 고추장 500g, 설탕 · 꿀 각 30g, 참기름 100g, 마늘 50g)

조리법

1. 쌀을 깨끗이 씻어 물에 불린 후 건져 놓았다가 밥을 고슬고슬하게 짓는다.
2. 다진 쇠고기는 마늘, 파, 깨소금, 간장으로 양념하여 뭉치지 않도록 약한 불에서 볶다가 센 불로 마무리하여 보슬보슬하게 볶는다.
3. 당근은 3cm 길이로 채 썬다.
4. 당근은 소금 간하여 볶는다.
5. 깻잎을 깨끗이 씻어 채 썰어 둔다.
6. 열무김치는 국물을 빼고 건져 송송 썰어 참기름, 깨소금으로 무친다.
7. 밥 위에 열무김치, 고기, 당근을 얹고 위에 채 썬 깻잎을 얹어 낸다. 비빔양념장과 약고추장을 곁드린다.

응 용

• 약고추장 만들기

1. 다진 쇠고기에 마늘, 참기름을 넣어 볶는다.
2. 고기가 익기 시작하면 고추장을 넣고 고기를 으깨가며 볶는다.
3. 다진 쇠고기와 고추장이 고루 섞이면 설탕을 넣어 고루 어우러지게 볶는다.
4. 고추장에 설탕이 녹으면서 윤기가 나면 꿀을 넣고 질척거리면서 펄떡거리도록 계속 볶는다.
5. 마지막에 참기름을 넣고 고루 섞어가며 볶는다.

12 오색주먹밥

재 료

- 빨강 주먹밥 : 김치다짐, 쇠고기 다짐, 표고버섯 다짐, 당근 간 것
- 노랑 주먹밥 : 달걀 노른자 체에 내린 것, 유부, 치자단무지, 햄
- 초록 주먹밥 : 시금치 데친 것 다짐, 파슬리가루, 햄
- 검정 주먹밥 : 흑임자 볶은 것, 멸치볶음 다진 것, 햄
- 갈색 주먹밥 : 우엉볶음 다진 것, 쇠고기 다짐, 표고버섯 다짐

조리법

1. 쇠고기 다짐육은 간장, 파, 마늘에 양념해 볶아 둔다.
2. 표고버섯도 곱게 다져 볶고, 달걀 노른자는 체에 내려 둔다.
3. 잔멸치와 간장 양념한 우엉은 볶아 다져 둔다.
4. 유부는 간장 양념하여 조려서 물기를 빼고 다져놓는다.
5. 치자단무지, 햄도 곱게 다져 놓는다.
6. 쌀 3kg을 다시마 물을 넣고 고슬고슬하게 밥을 짓는다.
7. 밥을 5등분하여 각색 주먹밥의 재료를 섞어 주먹밥 틀을 이용하여 여러 가지 모양으로 만든다.
8. 노란 주먹밥은 유부와 단무지, 햄 다진 것을 넣고 모양을 만든 뒤, 나중에 달걀 노른자가루를 묻힌다.
9. 초록 주먹밥은 시금치 다진 것과 햄을 넣고 모양을 만든 뒤 나중에 파슬리가루를 묻힌다.

사 진

- 학부모님과 유아가 쉽게 같이 만들 수 있는 음식이다.

13 멸치주먹밥

재 료	잔멸치 1kg, 베이컨 500g, 양파 500g, 체다치즈 · 맛술 · 간장 · 소금 · 설탕 · 파슬리가루 약간씩
조리법	1. 잔멸치는 손질한 다음 간장, 설탕을 넣고 볶는다. 이때 반찬용 멸치를 사용하면 시간이 절약된다. 2. 베이컨은 바싹 구워 기름을 빼고 잘게 다지고 체다치즈도 잘게 다진다. 3. 양파는 곱게 다져 볶아 둔다. 4. 밥을 볼에 담고 맛술과 소금, 후추로 약하게 간한 다음 멸치, 베이컨, 양파, 치즈를 섞어 둥글게 빚어 파슬리가루를 묻혀 접시에 낸다. 5. 초밥 틀에 참기름을 약간 바르고 내용물을 찍어 낸다.
응 용	• 알새우, 우엉 다져 졸인 것, 멸치 볶은 것, 당근을 잘게 썰어 볶은 것 등을 섞어 주먹밥을 만든다. 시중 판매하는 밥에 비벼먹는 재료(밥이랑 등)를 섞어 쓰기도 한다.

14 하이라이스

재 료	쌀 5kg, 감자 2kg, 당근 2kg, 양파 2kg, 쇠고기 3kg, 셀러리 1kg, 양송이 1kg, 버터 500g, 밀가루 600g, 토마토페이스트, 육수, 마늘
조리법	1. 쌀을 깨끗이 씻어 물에 불린 후 건져 밥을 고슬고슬하게 짓는다. 2. 채소와 고기는 1cm 길이로 팔모썰기한다. 3. 냄비에 버터를 녹인 후 버터와 밀가루가 1:1이 되게 밀가루를 넣어 약 · 중불에서 브라운 색이 되도록 천천히 주걱으로 휘저어 가면서 브라운 루를 만든다. 4. 볶은 브라운 루를 한소끔 식힌 후 토마토페이스트를 넣고 약 · 중불에서 신맛과 떫은 맛을 없애가며 눌거나 타지 않도록 볶는다. 5. 육수를 넣어 루를 풀어 주고 팬에 버터를 두르고 채소를 볶는다. 6. 팔모썰기 한 고기에 소금, 후추로 간하고 밀가루를 묻혀 갈색이 나도록 볶는다. 7. 볶은 고기, 채소에 만들어 놓은 브라운 소스를 넣고 육수를 부어 충분히 끓여 걸죽한 소스를 만든 다음 밥 위에 소스를 얹고 파슬리가루를 뿌려 낸다.
응 용	• 쇠고기 대신 돼지고기를 쓰기도 하고, 다짐육을 이용하기도 한다. 루를 만들기 번거로우면 시판되는 하이라이스 소스를 쓰기도 한다. • 양파를 충분히 볶아 주어야 맛이 좋으며 백포도주 등을 쓰기도 한다.

15 해물자장덮밥

재 료 쌀 5kg, 다진 돼지고기 3kg, 새우 2kg, 오징어 2kg, 감자 3kg, 양파 2kg, 애호박 1kg, 당근 1kg, 청오이 1kg, 식용유 500g, 짜장 2kg, 녹말가루 250g, 설탕 100g, 굴소스 약간

조리법

1. 쌀을 깨끗이 씻어 물에 불린 후 건져 밥을 고슬고슬하게 짓는다.
2. 감자는 팔모썰기(0.5cm × 0.5cm)하여 물에 헹궈 전분을 빼놓는다.
3. 양파, 당근, 애호박도 팔모로 썰어 놓는다.
4. 돼지고기는 핏물을 제거하고, 생강, 술을 뿌린 뒤, 간장, 후추로 밑간한다.
5. 새우는 내장을 빼고 껍질을 벗겨 잘게 썰어 정종을 뿌려둔다.
6. 오징어도 내장을 빼고 잘게 썰어 둔다.
7. 청오이는 채 썰어 둔다.
8. 채소, 고기, 해물을 따로따로 볶아 놓는다.
9. 식용유를 두르고 자장, 청주, 설탕을 넣고 약한 불에서 충분히 볶아 낸다.
10. 큰 냄비에 볶은 채소, 고기, 해물을 함께 넣고 물을 조금 붓고 끓이다가 녹말물을 넣어 걸죽하게 만든다.
11. 간을 보아 굴소스를 넣고 참기름을 넣고 마무리하고 밥위에 자장 소스를 얹고 채썬 오이를 얹어낸다.

응용 및 사진

- 삶은 국수 위에 얹어 자장면을 만들 수 있다.
- 소스를 볶아 물을 붓지 않고 만들면 간짜장이 된다.
- 채소는 양배추, 배추 등 여러 가지를 대신 쓸 수 있다.
- 자장은 식용유를 넉넉히 넣고 중불이나 약한 불에서 오래 볶을수록 맛이 깊어진다.
- 전분은 가루와 물이 1:1이 되도록 미리 물에 담가 물전분을 만들어 쓴다.

16 치킨카레라이스

재 료 쌀 5kg, 닭가슴살 4kg, 감자 2kg, 당근 1kg, 양파 2kg, 양송이 1kg, 사과 1kg, 청피망 500g, 버터 500g, 카레가루 1kg, 소금, 후추, 백포도주, 닭육수, 마늘 50g

조리법

1. 쌀을 깨끗이 씻어 물에 불린 후 건져 밥을 고슬고슬하게 짓는다.
2. 감자, 당근, 양파는 1cm 길이로 팔모썰기한다(감자는 물에 담가 두어 전분을 빼서 소쿠리에 건져 둔다).
3. 청피망은 잘게 썬다.
4. 양송이는 이등분하여 모양대로 얇게 썰어 둔다.
5. 닭가슴살은 두께를 반으로 잘라 1cm 길이로 팔모썰기하여 소금, 후추, 백포도주에 재워 놓는다.
6. 체에 카레가루를 내려 한번 쳐서 물과 가루 비율이 2:1로 흐를 정도가 되게 개어 준다. 고형카레일 경우 칼로 대강 잘라 물에 개어 사용한다.
7. 팬에 식용유와 버터를 두르고 양파를 나른하게 볶는다. 양파를 충분히 볶다가 닭고기에 마늘을 넣고 볶다가 백포도주를 넣고 양송이를 같이 볶는다.
8. 감자, 당근도 따로따로 충분히 볶아 준다.
9. 사과는 잘게 다져 버터에 볶아 위의 재료에 모두 섞어 둔다.
10. 모두 섞은 재료에 닭육수를 붓고 끓여 맛이 어우러지도록 한다.
11. 불을 약하게 한 후 개어 놓은 카레를 넣어 다시 끓여 준다.
12. 잘게 다진 피망을 파랗게 볶아 위에 뿌려 낸다.
13. 고슬고슬한 밥 위에 카레를 얹어 낸다.

응 용

- 돼지고기를 다짐육이나 팔모썰기하여 볶아 많이 사용한다.

17 새우볶음밥

재 료	쌀 5kg, 감자 4kg, 양파 2kg, 다진 돼지고기 3kg, 새우 2kg, 당근 1kg, 양송이 1kg, 파프리카 500g, 브로콜리 600g, 양배추 1kg, 달걀 1.5kg, 마늘 20g, 생강 10g, 후추, 버터 200g
조리법	1. 쌀을 깨끗이 씻어 물에 불린 후 건져 밥을 고슬고슬하게 짓는다. 2. 새우는 내장을 빼고 끓는 물에 삶아 껍질을 벗겨 잘게 썰어 놓는다. 3. 다진 돼지고기는 생강즙, 마늘, 후추를 넣고 소금 간하여 볶아 둔다. 4. 감자는 굵게 채 썰고 다시 방향 바꾸어 작은 입방체로 썰어 물에 담가 전분을 빼고 건져 놓는다. 5. 당근, 양파, 양배추도 작은 입방체로 잘게 썰어 둔다. 6. 양송이는 이등분하여 모양대로 얇게 썬다. 7. 파프리카는 각 색깔별로 작은 입방체로 썬다. 8. 모든 채소를 각각 볶아 놓는다. 9. 브로콜리는 끓는 물에 살짝 데쳐 잘게 잘라 둔다. 10. 팬을 가열한 뒤 식용유를 넣고 달걀을 풀어 넣고 익을 때까지 잘 으깨면서 볶다가 밥과 버터를 같이 넣어 볶는다. 11. 볶은 채소와 돼지고기 볶은 것, 데친 새우 등을 (10)에 넣어 센 불에서 볶는다. 12. 브로콜리를 얹어 낸다.
응 용	• 주로 팔모썰기를 하나 어린이집에서는 유아들을 위해 작은 입방체로 썰었다.

18 김치참치볶음밥

재 료	쌀 5kg, 감자 4kg, 양파 2kg, 양배추 1kg, 돼지고기 2kg, 참치살 2kg, 김치 1kg, 당근 1kg, 양송이 1kg, 브로콜리 600g, 김치 1kg, 생강, 마늘, 후추, 소금
조리법	1. 쌀을 깨끗이 씻어 물에 불린 후 건져 밥을 고슬고슬하게 짓는다. 2. 다진 돼지고기는 생강즙, 마늘, 후추를 넣고 소금 간하여 볶아 둔다. 3. 감자, 양파, 당근, 양배추도 잘게 썰어 둔다. 감자는 물에 담가 전분을 빼고 건져 둔다. 4. 잘 익은 김치를 국물을 빼고 볶는다. 5. 캔에서 빼낸 참치를 기름을 빼고 손으로 비벼 덩어리를 없앤다. 6. 모든 채소를 각각 볶아 놓고 브로콜리는 끓는 물에 살짝 데쳐 잘게 잘라 둔다. 7. 팬에 가름을 두르고 밥을 볶다가 준비해 둔 모든 채소, 돼지고기, 김치를 넣어 볶아준다. 마지막으로 보슬보슬한 참치를 얹어 살짝 다시 볶는다. 브로콜리를 얹어 낸다.
응 용	• 유아들의 경우 김치를 물에 씻어 꼭 짜서 볶아 사용한다.

19 쇠고기버섯덮밥

재 료	쇠고기(샤브샤브용) 4kg, 팽이버섯 500g, 표고버섯 800g, 양배추 800g, 양파 1kg, 대파 500g, 쪽파 500g, 다시마 150g, 멸치 300g, 가쓰오부시 100g, 진간장 400g, 정종 200g, 설탕 200g, 달걀 2kg
조리법	1. 멸치와 다시마를 찬물에서부터 넣고 끓여 끓기 시작하면 불을 끄고 다시마, 멸치를 건져낸다. 그 물에 가쓰오부시를 넣고 15분 후 면보에 걸러 깨끗한 다시물을 만든다. 2. 다시물:간장:정종:설탕 = 6:2:1:1에 소금 약간 비율로 살짝 끓여 덮밥용 다시를 만든다. 3. 쇠고기는 얇고 납작한 샤브샤브용으로 썰어놓는다. 4. 양배추는 가늘게 채 쳐서 물에 담갔다 살짝 데치고, 표고버섯도 살짝 데쳐 채 썰어 둔다. 5. 양파, 대파, 쪽파는 각각 채 썰어 찬물에 담가둔다. 6. 팽이버섯은 밑동을 자르고 씻어 물기를 뺀다. 7. 달걀은 풀어 놓고 김은 살짝 구워 가위로 채를 쳐둔다. 8. 냄비에 덮밥다시를 담고 고기를 넣은 다음 살짝 끓여 양파, 양배추, 버섯, 대파를 위에 얹고 거품을 걷어 살짝 끓인다. 9. 마지막으로 풀어 놓은 달걀을 넣고 2/3쯤 익히고 불을 끈 다음 실파를 얹고 뚜껑을 덮는다. 10. 밥 위에 얹은 다음 김을 올린다.
응 용	• 양이 많으므로 여러 번 나누어서 조리한다.

20 치킨도리아

재 료 닭가슴살 3kg, 오징어 1kg, 새우 1kg, 캔터키 프랑크소시지 1kg, 양파 1.5kg, 셀러리 1kg, 양송이 1kg, 버터 900g, 밀가루 1kg, 토마토페이스트 3통, 우유 5,000CC, 피자치즈, 체다치즈, 파슬리, 청피망 200g, 홍피망 200g

조리법

1. 닭가슴살은 팔모썰기하여 소금, 후추로 간한다.
2. 새우는 내장을 빼고 껍질을 벗겨 잘게 썬다.
3. 오징어는 껍질을 벗겨 같은 크기로 썰고, 해산물에 포도주를 뿌려 둔다.
4. 양파, 셀러리는 잘게 썬다.
5. 양송이는 2등분하여 모양대로 얇게 썬다.
6. 소시지도 잘게 썬다.
7. 팬에 버터를 두르고 양파, 셀러리를 충분히 볶는다. 양송이도 같이 볶는다.
8. 팬에 닭가슴살을 볶다가 포도주를 넣고 익혀 준다.
9. 오징어, 새우, 소시지도 같이 볶는다.
10. 버터나 올리브유를 두르고 토마토 페이스트(혹은 토마토케첩)를 약 · 중불에서 신맛과 떫은맛을 없애가며 눌거나 타지 않게 볶는다.
11. 위의 재료들을 섞어 소스를 만든다.
12. 냄비에 버터를 녹인 후 밀가루를 넣어 약 · 중불에서 천천히 나무주걱으로 볶다가 우유를 부어 덩어리가 생기지 않도록 풀어 준 후 불에 올려 걸쭉한 화이트 크림소스를 만들고 소금과 백후추로 간한다.
13. (11)에 만들어진 붉은색 소스를 밥에 넣어 볶음밥을 만든다.
14. 오븐팬에 버터를 두르고 볶음밥을 얹은 후 크림소스를 끼얹고 그 위에 피자치즈를 뿌린 후 체다치즈를 맨 위에 얹고 청 · 홍피망을 잘게 썰어 볶아 크림소스 위에 뿌린다. 180°C 오븐에서 10~15분 정도 색이 나게 구운 뒤 파슬리가루를 위에 뿌린다.
15. 뜨거울 때 1인분씩 덜어 배식한다.

죽 · 수프

곡류를 물에 흠씬 끓여 묽게 만드는 것으로, 물은 곡류의 5~10배를 넣는다.

21 흰죽

재 료 쌀 1kg, 물 6~7배, 참기름 조금

조리법 1

1. 쌀을 씻어 불린 뒤, 건져서 믹서 또는 분마기에 참기름 한두 방울을 떨어뜨리면서 굵직하게 간다.
2. 두꺼운 냄비에 중간 불에서 20~30분가량 끓인다.
3. 부서진 쌀알이 잘 퍼지고 반투명하고 걸쭉하게 익었으면서 쌀알이 윗면에 떠 있도록 된 것이 잘 쑤어진 죽이다.

조리법 2

1. 쌀을 믹서에 갈지 말고 물에 담갔다가 6~7배가량의 물을 붓고 끓인다.
2. 죽을 끓이는 도중 자주 젓지 말고 약한 불에서 오래 끓인다.

응 용

- 우유를 섞는 타락죽은 흰죽보다 되직하게 쑤다가 거의 다 되었을 때 우유를 붓고 약한 불에서 고르게 섞은 다음 소금을 넣는다.

22 단팥죽

재 료 붉은 팥 6kg, 찰떡 1.5kg, 찹쌀가루(녹말가루) 300g, 계핏가루 10g, 설탕 2kg, 소금 50g

조리법

1. 솥에 붉을 팥은 씻어서 담고 잠길 정도의 물을 부어 끓어오르면 물을 따라 버리고 팥의 약 6~7배의 물을 붓고 푹 무를 때까지 삶는다.
2. 삶은 팥은 고운체에 붓고 물을 조금씩 부으면서 걸러서 껍질은 버리고 앙금은 가라앉힌다.
3. 가라앉힌 앙금의 윗물만 따라내어 받아둔다.
4. 찹쌀가루를 동량의 물에 개어 풀어 놓는다.
5. 솥에 받아 둔 웃물을 부어 끓이다가 앙금을 넣어 저으면서 어우러지게 끓인다.
6. 풀어 놓은 찹쌀가루를 체에 걸러 조금씩 넣어가며 끓이는데 이때 물전분을 넣어 끓이기도 한다.
7. 어우러지게 끓으면 소금으로 먼저 간을 하고 나중에 설탕을 넣는다. 계핏가루를 넣으면 잘 어울린다.
8. 새알심을 빚어 넣기도 하지만 양이 많으므로 고물을 묻히지 않은 인절미용 찰떡을 썰어 서로 붙지 않게 녹말을 약간 묻혀 두었다가 뜨거운 팥죽에 넣어 배식한다.

23 채소죽

재 료 쌀 3.5kg, 쇠고기 1kg, 당근 500g, 양파 500g, 표고버섯 500g, 시금치 2단, 참기름 200g, 간장 200g

조리법

1. 쌀을 씻어 1시간 이상 물에 담가 충분히 불려 건져 낸다.
2. 쇠고기, 당근, 표고버섯, 양파는 곱게 다진다. 시금치는 다듬어서 끓는 물에 파랗게 데쳐 송송 썰어 놓는다.
3. 냄비에 참기름을 두르고 다진 쇠고기를 양념하여 볶다가 채소를 넣어 볶고 다시 쌀을 넣어 볶아 준다.
4. 물을 부어 끓기 시작하면 주걱으로 살살 저어 쌀알이 퍼지게 끓인다.
5. 쌀알이 완전히 퍼지면 간을 하여 낸다. 마지막에 시금치 송송 썬 것을 얹는다.

응용 및 사진

- 영아들에게는 씻은 쌀을 반쯤 갈아 죽을 쑤어 주어도 좋다.

24 바지락콩나물죽

재 료 쌀 3.5kg, 바지락 살 1kg, 콩나물 4kg, 파 100g, 마늘 50g, 간장 100g, 참기름 100g, 육수 3000cc

조리법

1. 쌀은 깨끗이 씻어 불려 놓는다.
2. 바지락 살도 깨끗이 씻어 청주를 뿌려 놓는다.
3. 콩나물도 깨끗이 씻어 건져 둔다.
4. 쌀을 냄비에 넣고 참기름을 두른 뒤 달달 볶는다.
5. 바지락 살을 넣고 육수를 부은 다음 살살 저어주면서 끓인다.
6. 쌀알이 어느 정도 퍼졌으면 콩나물을 넣고 뚜껑을 덮고 콩나물을 익힌다.
7. 콩나물 비린내가 나지 않도록 충분히 익힌다.
8. 뚜껑을 열고 주걱으로 살살 저어 끓여 낸다.
9. 파, 마늘, 간장, 참기름으로 양념장을 만들어 낸다.

25 팥죽

재 료	쌀 1kg, 붉은 팥 5kg, 찹쌀가루 1kg, 멥쌀가루 200g, 소금 100g, 설탕 500~600g
조리법	1. 쌀은 깨끗이 씻어 1시간 이상 불렸다 건져 놓는다. 2. 팥은 깨끗이 씻어 물을 붓고 끓여 막 끓어날듯 할 때 물을 일단 따라 버리고 다시 6~7배의 물을 부어 팥알이 충분히 퍼지도록 푹 곤다. 3. 충분히 고아진 팥을 걸러 껍질을 제거하고 가라앉힌다. 4. 찹쌀가루를 익반죽하여 1cm로 빚어 새알심을 만들어 달라붙지 않도록 멥쌀가루를 묻혀 둔다. 5. (3)의 팥 웃물을 따르고 불린 쌀과 물을 더 부어 중간 불에서 끓여 쌀이 퍼지게 한다. 6. 쌀이 거의 퍼졌을 때 가라앉혔던 팥앙금을 넣어 고루 섞고 새알심을 넣어 주걱으로 눌지 않도록 가끔 저으면서 다시 끓인다. 7. 새알심이 떠오르고 진한 팥색이 어우러지면서 쌀도 잘 퍼졌을 때 소금으로 간을 하고 원하면 설탕을 넣는다.
유 래	옛날 중국 진나라의 공공이라는 사람에게 말썽부리고 속썩이는 아들이 하나 있었는데, 어느 동짓날 그 아들이 그만 죽고 말았다. 그러나 공교롭게도 죽은 아들은 그만 무서운 전염병인 천연두 귀신이 되고 말았다. 당시에는 천연두가 마을에 돌면 마을 사람들 대부분 꼼짝없이 앓다가 죽어 버리니 공공은 자신의 아들이었다 해도 그냥 둘 수가 없었다. 공공은 생전에 아들이 팥을 무서워했다는 기억을 떠올리고는 팥죽을 쑤어 대문간과 마당 구석구석에 뿌렸는데, 효과가 있었던지 그날 이후로 역질은 사라졌고 이를 본받아 사람들은 역질 귀신을 물리치기 위해 동짓날이 되면 팥죽을 쑤었다고 한다.

26 콩죽

재 료	흰콩 3kg, 쌀 1kg, 소금
조리법	1. 흰콩을 5~6시간 물에 담갔다가 불면 살짝 삶아 헹궈 낸 다음 콩 비린내가 나지 않게 손으로 비벼 껍질을 벗겨낸다. 2. 삶은 콩을 믹서에 넣고, 물을 섞어서 갈아낸 다음, 체에 밭쳐 콩국물을 만든다. 3. 먼저 웃물을 따라서 불은 쌀을 건져 넣고 끓인다. 4. 쌀이 퍼졌을 때 가라앉힌 앙금을 섞어 주걱으로 눌지 않도록 가끔 저으면서 끓인다. 5. 쌀이 잘 퍼지고 연한 미색이 되었을 때 소금으로 간한다.
응 용	• 여름철 별미 음식으로 양질의 단백질 급원이다.

27 아욱죽

재 료 쌀 1kg, 아욱 2kg, 국간장 100g, 참기름 200g, 멸치육수 2kg, 된장 300g, 새우 500g

조리법

1. 아욱은 껍질을 벗기고 바락바락 주물러 씻어 녹즙을 빼고 풋내가 가시면 먹기 좋은 크기로 자른다.
2. 냄비에 참기름을 두르고 쌀을 볶다가 멸치국물에 된장을 풀어 끓인다. 쌀알이 퍼지면 아욱을 넣고 끓인다.
3. 새우 다진 것을 볶는다.
4. 쌀알이 거의 퍼지면 새우를 넣고 한소끔 끓여서 간을 맞춘다.

응 용

- 시금치죽도 위와 같은 방법으로 끓인다.

28 단호박죽

재 료 단호박 6kg, 찹쌀가루 2kg, 붉은 팥 500g, 강낭콩 500g, 소금 50g, 설탕 500g

조리법

1. 호박은 속과 씨를 발라내고 적당한 크기로 잘라 껍질을 감자칼로 벗긴 뒤 2~3cm 길이로 썬다.
2. 썰어 놓은 호박을 씻어서 물을 자작하게 붓고 센 불에서 끓이다가 약한 불에서 푹 무르게 삶아 믹서로 간 다음 체에 내려 둔다.
3. 붉은 팥과 강낭콩은 깨끗이 씻어 각각 4배의 물을 붓고 푹 무르도록 삶는다.
4. 냄비에 으깬 호박과 삶은 팥, 강낭콩을 넣고 저어가며 끓인다.
5. 펄떡펄떡 끓어오르면 찹쌀가루에 물을 넣어 갠 찹쌀물을 붓고 눌지 않도록 계속 저어가며 걸쭉하게 끓인 뒤 소금과 설탕으로 맛을 낸다.

응용 및 사진

- 단호박과 늙은 호박을 섞어 끓이기도 한다.
- 아기들이 팥, 강낭콩을 잘 안 먹으려고 하면 빼고 끓여도 좋고 물을 적게 넣고 호박 푸레기를 만들 수도 있다.
- 단호박은 씨를 빼고 토막 내어 껍질째 찜통에 쪄서 간식으로 내기도 한다.

29 흑임자죽

재 료 검은깨 2kg, 쌀 300g, 소금 50g

조리법

1. 쌀은 깨끗이 씻어 2시간 이상 충분히 불린다.
2. 물을 부어가며 곱게 갈아 고운체에 밭치고 남은 쌀은 다시 갈아 체에 거른다.
3. 검은깨는 물에 잘 흔들어 씻은 뒤 체에 밭쳐 물기를 빼고 타지 않게 저어 가며 볶는다.
4. 고소하게 볶은 검은깨를 믹서에 넣고 물을 부어 곱게 간 뒤 고운체에 밭쳐 거른다. 찌꺼기를 믹서에 넣고 물을 부어 가며 두세 번 갈아 거른 뒤 찌꺼기는 꼭 짜 버린다.
5. 깨와 쌀의 윗물을 냄비에 담아 끓이다가 쌀앙금을 섞어 반투명하게 익어갈 때 깨앙금을 섞어 농도를 알맞게 조절하면서 눌지 않도록 끓인다. 쌀앙금과 깨앙금을 처음부터 함께 섞으면 쌀녹말이 덜 퍼져 죽이 탁하기 쉬우므로 쌀앙금이 익은 후에 깨앙금을 넣는다.

6 걸쭉하고 반투명하게 끓었으면 소금과 설탕으로 간을 한다.

응 용

- 깻가루와 쌀가루가 있으면 각각 믹서로 동량씩 갈아 각각 물을 붓고 불려서 쌀 불린 것을 먼저 넣고 끓이다가 깨 불린 것을 넣고 끓인 뒤 소금과 설탕으로 간한다.
- 들깨죽도 같은 방법으로 끓인다.
- 잣죽도 쌀앙금을 넣고 충분히 끓었을 때 잣앙금을 넣고 윤기 나게 끓인다.

30 장국죽

재 료 쌀 3.5kg, 쇠고기 2kg, 파 100g, 마늘 50g, 간장 100g, 참기름 100g, 다시마 100g

조리법

1. 쌀은 미리 씻어 1시간 이상 물에 담가 충분히 불려 건져 낸다.
2. 쇠고기는 기름 없는 살코기로 곱게 다지고 표고버섯은 작게 채 썬다.
3. 쇠고기, 표고버섯 다진 것에 파, 마늘, 진간장, 참기름으로 양념한다.
4. 찬물에 다시마를 넣고 잠깐 끓여 국물을 만들거나 고기 육수를 준비한다.
5. 냄비에 양념한 고기, 표고버섯을 넣어 볶다가 준비한 쌀을 넣고 더 볶는다.
6. (5)에 육수를 붓고 끓인다. 처음에는 쌀이 바닥에 붙지 않도록 두어번 저어 주고 그 후에는 젓지 말고 보글보글 끓인다. 너무 저으면 쌀알이 부서져서 풀어지기 쉽다.
7. 쌀알이 잘 퍼지고 국물이 걸쭉하게 되면서 쌀알이 위로 떠오르면 그릇에 담아 낸다.

31 닭 죽

재 료 쌀 1kg, 찹쌀 2.5kg, 닭고기 2kg, 마늘 300g, 대추 500g, 수삼 600g, 표고버섯 200g

조리법

1. 닭은 깨끗이 손질하여 물을 넉넉히 붓고 통파, 통생강, 통마늘을 넣어 삶는다.
2. 차게 식혀 국물은 기름을 거두고 깨끗이 걸러 둔 뒤 닭살은 가늘게 찢어 낸다.
3. 멥쌀과 찹쌀을 섞어 1시간 이상 불려 건져 낸다.
4. 닭 국물에 대추, 수삼, 마늘을 넣고 끓여 국물이 우러나면 건더기는 건져 낸다.
5. 이 국물에 쌀을 넣고 끓여 걸쭉하게 되면 닭살과 채 썬 표고버섯을 넣어 한소끔 끓여 마지막에 소금으로 간하여 낸다.

응 용

- 도중에 너무 젓지 말고 불 조절에 주의한다.

32 양송이크림수프

재 료 소양지 1kg, 양송이 2kg, 감자 800g, 양파 800g, 우유 5kg, 버터 900g
밀가루 900g, 마늘 300g, 생크림 1kg, 통후추, 정향, 월계수잎 약간씩,

조리법

1. 소양지머리는 찬물에서 핏물을 뺀 뒤 끓여 육수를 낸다. 도중에 양파, 통후추, 월계수잎, 정향을 넣는데, 소양지머리 대신 뼈 있는 닭으로 육수를 만들기도 한다.
2. 밀가루를 녹인 버터에 약한 불에서 색깔이 나지 않게 천천히 주걱으로 휘저어 가면서 볶는다. 우유를 넣어 멍울 없이 풀어 화이트루를 만든다.
3. 감자, 양파는 얇게 썰어 버터를 넣고 오랫동안 볶다가 백포도주를 넣고 푹 끓여 믹서로 곱게 간다.
4. 양송이도 믹서로 잘게 썰어 버터에 볶아 놓는다.
5. 채소 익힌 것에 화이트루, 육수를 넣어 수프를 끓인다.
6. 수프가 걸쭉하게 끓으면 마지막으로 생크림을 넣어 완성한다.

응용 및 사진

- 당근수프는 당근, 양파, 쌀을 넣고 볶다가 육수를 붓고 끓인 다음, 이것을 믹서에 갈아 냄비에 붓고 우유를 넣어 살짝 끓이고 마지막에 생크림을 넣고 소금, 후추로 간한다.

33 채소수프

재 료 소양지 1kg, 양파 800g, 셀러리 800g, 양배추 800g, 감자 800g, 당근 800g, 완두콩 통조림 500g, 붉은 강낭콩 통조림 500g, 토마토 2kg, 스파게티 500g, 마늘 150g, 버터 200g, 토마토페이스트 통조림 3개, 밀가루 900g, 마늘 300g, 생크림 1kg, 통후추 · 정향 · 월계수잎 약간씩

조리법

1. 소양지는 핏물을 빼고 찬물에 향신료를 넣고 끓여 육수를 만든다.
2. 감자는 얇게 저미고 양파는 얇게 채 썰고, 나머지 채소들은 잘게 다지거나 썬다.
3. 먼저 버터를 두르고 양파를 볶다가 나머지 채소들과 토마토페이스트를 같이 볶는다. 육수를 붓고 감자, 콩 등을 넣고 푹 끓인다.
4. 스파게티는 잘게 잘라 데쳐낸다.
5. 토마토는 끓는 물에 살짝 데쳐 껍질을 벗기고 씨를 뺀 후 갈아둔다.
6. 채소 끓인 수프에 데쳐낸 스파게티를 넣고 끓이다가 생토마토 간 것을 넣고 끓인 뒤 소금, 후추로 간한다.

응 용

- 유아식이 아닌 경우 1cm×1cm×0.2cm(두께)로 얄팍하게 썰어 맑게 끓이기도 한다.

34 옥수수수프

재 료 옥수수 통조림 2kg, 양파 500g, 버터 50g, 밀가루 200g, 고구마 1kg, 우유 1kg, 육수 3kg, 생크림 1kg, 소금, 후추

조리법

1. 옥수수를 체에 밭쳐 물기를 제거한 다음 다진 양파와 함께 부드럽게 볶는다.
2. 밀가루를 넣고 색이 나지 않게 약한 불에서 볶는다.
3. (2)에 육수를 붓고 멍울이 풀어지도록 끓인다.
4. 한소끔 끓으면 체에 거른 후 냄비에 넣고 끓이면서 우유를 붓는다.
5. 우유를 넣은 후 살짝 끓이고 고구마를 삶아 체에 내린 것을 넣는다.
6. 마지막으로 생크림을 넣고 소금, 후추로 간한다.

35 단호박수프

재 료 단호박 6kg, 양파 600g, 사과 1kg, 밀가루 500g, 버터 500g, 우유 3kg, 생크림 1kg, 육수 3kg, 소금 30g, 후추 20g

조리법

1. 단호박은 길게 반 잘라서 씨를 긁어낸 다음 길이로 4등분하여 필터로 껍질을 벗긴다.
2. 양파는 채 썰고 껍질 벗긴 사과는 믹서에 간다.
3. 녹인 버터에 밀가루를 넣고 충분히 볶다가 우유를 넣어 잘 풀어 화이트루를 만든다.
4. 버터를 두르고 단호박과 양파를 볶다가 사과 간 것을 넣고 같이 볶다가 양파가 말갛게 되면 육수를 부어서 단호박이 푹 무를 때까지 끓인다.
5. 단호박이 푹 무르면 체에 내려서 으깨거나 믹서에 간다.
6. 단호박을 체에 내린 것에 화이트루, 육수를 넣어 농도를 맞춘다.
7. 알맞은 농도의 수프에 소금, 후추로 간하고 마지막으로 생크림을 넣고 섞어 낸다. 단, 생크림을 넣은 후에는 많이 끓이지 않는다.

36 감자수프

재 료 감자 5kg, 양파 800g, 흰 파 100g, 육수 3kg, 생크림 1kg, 달걀 노른자 10개, 소금 30g, 후추 20g, 버터 · 월계수잎 · 정향 약간씩

조리법

1. 감자는 얇게 편 썰기 하여 물에 담가 전분을 뺀다.
2. 양파, 대파 흰 부분은 얇게 채 썬다.
3. 버터를 조금 넣고 양파, 대파를 넣고 볶은 뒤 감자를 같이 넣고 볶는다.
4. 육수를 넣고 끓이다가 약한 불에서 푹 익도록 끓이면서 거품을 제거한 뒤 월계수잎과 정향을 넣는다.
5. 다 익으면 월계수잎과 정향을 걷어 내고 소금, 후추로 간한 후 체에 내린다.
6. 생크림을 넣어 농도를 맞춘 후 한김 나간 후 달걀 노른자를 넣고 농도와 색깔을 조절해서 낸다.

응 용

- 식빵을 0.8cm×0.8cm 크기로 잘라 팬에 토스트해서 크루톤을 만들어 수프 위에 얹어 낸다.

37 브로콜리크림수프

재 료 브로콜리 3kg, 시금치 1kg, 양파 600g, 밀가루 500g, 버터 500g, 생크림 1kg, 육수 3kg, 소금, 후추

조리법
1. 녹인 버터에 밀가루를 넣고 충분히 볶다가 우유를 넣어 잘 풀어 화이트루를 만든다.
2. 브로콜리는 작게 송이로 잘라 끓는 물에 소금을 약간 넣고 데쳐낸다.
3. 시금치도 깨끗이 다듬어 끓는 물에 소금을 약간 넣고 데쳐 찬물에 헹구어 낸다.
4. 데쳐 낸 브로콜리나 시금치를 육수를 붓고 믹서에 간다.
5. 소금, 후추로 간하고 마지막으로 생크림을 넣고 섞어 준다.

38 완두수프

재 료 완두콩 6kg, 양파 600g, 밀가루 500g, 버터 500g, 생크림 1kg, 닭육수 3kg, 화이트와인 30g, 소금 30g, 후추 20g

조리법
1. 완두콩을 푹 삶아 으깨어 껍질을 걸러 내고 앙금을 밭쳐 둔다.
2. 녹인 버터에 밀가루를 넣고 충분히 볶다가 우유를 넣어 잘 풀어 화이트루를 만든다.
3. 양파를 잘게 다져 버터에 볶아 화이트와인을 넣고, 완두국물과 앙금을 넣고 끓인다.
4. 화이트루를 같이 넣고 육수를 부어 끓여 수프의 농도를 맞춘다.
5. 소금, 후추로 간하고 마지막으로 생크림을 넣고 섞어 낸다.

면 · 만두 · 떡국

면이나 만두는 보통 식단에 오르기보다는 교자상의 밥 대신 주식으로 내놓는 것인데, 여름에는 냉면과 편수, 겨울에는 온면, 만두, 떡국으로 한다. 길게 뽑은 국수는 장수의 의미로 돌, 생일, 환갑 때 잔치 음식으로 차렸다. 면의 재료는 메밀, 밀, 녹말 등이 쓰인

면 맛있게 삶는 노하우

소 면

큰 냄비에 국수 양의 10배 정도 물을 붓고 센 불로 팔팔 끓인다. 물이 끓으면 국수를 부채꼴로 펼쳐가며 넣는다. 팔팔 끓을 때 넣어야 국수가 서로 붙지 않으므로 주의한다. 이렇게 한 번 끓으면 찬물 1컵을 부어준 후 다시 끓인다. 보통 이 과정을 두 번 반복하여 끓인다. 국수가 익으면 몇 가닥을 꺼내 찬물에 헹궈 테스트한다. 손으로 눌러 봤을 때 매끄럽고 탄력이 있으면 국수를 모두 꺼내 얼음물이나 찬물에서 재빠르게 비벼 닦고 체에 건져 물기를 뺀다.

우동면

우동면은 면의 굵기와 종류에 따라 삶는 시간이 각각 다르다. 생면은 끓는 물에 넣고 2~3분 정도만 데쳐내면 되는데, 면이 다 삶아지면 바로 찬물에 넣고 식힌다. 때에 따라 얼음을 함께 넣으면 면의 쫄깃함을 더욱 살려 주기도 한다. 반면 마른 우동면은 끓는 물에 넣고 끓이다가 찬물 1컵을 고루 부어 준다. 두세 번 반복하면서 7~8분 정도 삶아내야 면이 쫄깃해진다.

파스타 쫄깃하게 삶기

1. 손으로 쥐어서 파스타를 계량한다. 1인분은 엄지와 검지를 맞닿게 해서 지름 2cm 정도의 구멍을 만들어 면을 끼우면 된다.
2. 깊은 냄비에 물을 충분히 넣고 가열한다. 물이 끓기 시작하면 면이 서로 달라붙지 않도록 미리 소금(1인분에 1/2큰술 기준)을 넣는다.
3. 물이 팔팔 끓으면 냄비 가장자리에 부채꼴로 펼쳐 넣고 20~30초 정도 기다렸다가 2~3회 젓는다.
4. 포장지에 표기된 시간보다 1~2분쯤 전에 한 가닥을 건져 엄지와 검지로 만졌을 때 심이 약간 있으면 건져 낸다. 이때 건져도 남은 열 때문에 완전하게 익는다.
5. 바로 소스와 섞어 먹는 게 가장 맛있지만, 그러지 못할 경우에는 올리브 오일에 한 번 살짝 볶아낸다. 그러면 면이 마르지 않고 촉촉한 상태가 유지된다.

다. 남쪽 지방은 밀가루로 온면을 많이 만들고, 북쪽 지방은 메밀을 주로 사용한다. 여름철에는 콩을 갈아 받쳐서 소금으로 간한 콩국물에 밀국수를 삶아 넣고 얼음을 띄워 콩국수를 만들어 먹는다.

39 미트소스스파게티

재 료

소 다짐육 5kg, 셀러리 1.5kg(약 6단), 양파 500g, 당근 300g, 양송이 2kg, 토마토 1.5kg, 토마토소스(토마토홀) 2kg, 마늘 500g, 스파게티 면 4.5kg, 버터 300g, 백포도주, 우스터소스 300g, 하이라이스소스 300g

조리법

1. 끓는 물에 소금, 올리브유 넣고 약 10분 정도 삶아 건져 물에 씻지 말고 올리브유를 발라둔다.
2. 양파, 셀러리, 당근은 곱게 다져 놓는다.
3. 양송이는 2등분하여 얇게 썬다.
4. 생 토마토는 칼집을 넣어 끓는 물에 넣었다 꺼내어 껍질을 벗긴다. 씨를 빼고 토마토 과육만 믹서에 갈아 둔다.
5. 팬에 버터를 두르고 마늘, 양파를 나른하게 볶다가 포도주를 넣고 고기를 볶고 셀러리, 양송이를 볶는다. 우스터소스로 간을 한다.
6. 토마토소스를 넣고 볶다가 하이라이스소스로 농도를 맞춘 뒤 중간에 월계수잎을 넣는다.
7. 토마토 간 것을 넣고 끓여 마지막으로 버터를 조금 넣어 마무리한다.
8. 팬에 버터를 두르고 삶아 놓은 스파게티를 볶아 그 위에 토마토소스를 얹어 낸다. 또는 삶은 스파게티면을 소스에 볶아 내기도 한다.
9. 기호에 따라 파마산 치즈를 뿌려 낸다.

응용 및 사진

- 다진 쇠고기와 다져서 볶아 둔 양파, 달걀, 빵가루, 우유, 소금을 넣어 골고루 섞은 후 지름 1cm의 완자를 빚어 밀가루를 묻힌 다음 기름 두른 프라이팬에 지져 스파게티소스에 섞어 끓여 미트볼 스파게티를 만든다.

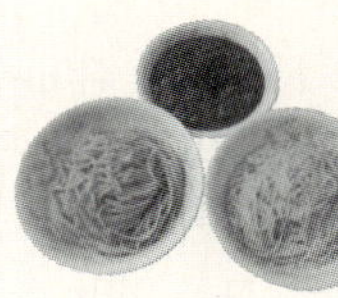

토마토소스와 토마토홀, 우스터소스

토마토소스와 토마토홀

토마토소스는 토마토를 이용한 메뉴를 만드는 데 쉽게 사용할 수 있도록 되직하게 만든 제품이며, 토마토홀은 토마토를 씨와 껍질을 제거하고 통째로 캔으로 만든 제품이다.

우스터소스

19세기 중엽, 영국 우스터셔주의 우스터에서 만들어져 발매된 식탁용 소스. 양파, 당근, 셀러리, 토마토 등을 삶아 익힌 국물에다 후추, 육계, 샐비어 등 향신료와 초, 소금, 캐러멜 등을 첨가하여 6~12개월 동안 숙성시켜 만든다. 서양요리의 간장격으로 육류, 생선요리에 주로 이용된다.

40 국수장국

재 료	국수 3kg, 멸치 400g, 쇠고기 1kg, 식용유 300g, 마늘 50g, 무 1kg, 김 100g, 달걀 1kg, 간장 300g, 애호박 1kg, 다시마 150g
조리법	1. 국수는 끓는 물에 삶는다. 물이 끓어오르면 국수를 넣고 삶다가 거품이 생기면 찬물을 두 번 정도 나누어 붓고 젓가락으로 저어가며 삶는다. 2. 국수가 말갛게 익으면 재빨리 찬물에 비벼가며 헹구어 1인분씩 말아 놓는다. 3. 찬물에 멸치, 다시마, 무를 넣어 끓여 장국국물을 만든다. 4. 쇠고기 다짐육은 간장, 소금, 마늘을 넣어 양념하여 볶아 고명으로 만든다. 5. 달걀은 지단을 부쳐 채 썰어 놓는다. 6. 애호박은 굵게 채 썰어 소금을 뿌려 두었다 물기를 짜서 센 불에 파랗게 볶아 펼쳐 놓는다. 7. 김은 바싹 구워 잘게 부수어 놓는다. 8. 끓여놓은 장국국물에 간장과 소금으로 간을 하여 끓인 뒤 1인분씩 말아 놓은 국수를 넣었다 꺼내어 그릇에 담는다. 9. 장국에 토렴하여 그릇에 담은 국수 위에 볶은 쇠고기, 지단, 볶은 애호박채를 어우러지게 얹은 다음 끓는 장국을 부어 따뜻하게 낸다.

41 칼국수

재 료

강력분 3kg, 박력분 1kg, 식용유 60g, 소금 60g, 멸치 500g, 다시마 50g, 애호박 2kg, 무 300g, 대파 300g

조리법

1. 박력분과 강력분을 섞어서 체에 내린 다음 식용유, 소금을 넣고 가볍게 섞는다.
2. 밀가루 가운데를 오목하게 비우고 찬물을 조금씩 부어가며 날가루가 없도록 반죽한다. 대충 치대어 반죽을 뭉친 뒤 찰기가 생기도록 비닐봉지에 넣어 1시간 정도 둔다.
3. 찬물에 분량의 무, 멸치, 다시마를 넣고 끓인다. 우르르 끓으면 무, 다시마는 건져 낸다.
4. 멸치를 건져 내고 깨끗이 걸러서 소금, 국간장으로 간을 해둔다.
5. 애호박은 채 썰어서 소금물에 살짝 절였다가 물기를 꼭 짜고 팬에 기름 두르고 파랗게 볶아 내어 놓는다.
6. 밀가루 반죽을 치댄 다음 바닥에 밀가루를 뿌리고 밀대로 얇게 민다. 밀가루를 뿌리고 접어서 5mm 정도 굵기로 썰어 훌훌 털어 끓는 국물에 넣어서 끓인다. 마지막에 대파를 얹고 간을 맞춘다.
7. 국수가 말갛게 익으면 찬 통에 담고 애호박을 얹어 낸다.

응 용

- 시판용 생 칼국수를 쓸 경우 짠맛이 강할 수 있으므로 물에 한 번 헹군 뒤 끓인다.
- 닭국물을 이용하고 삶은 닭은 갈라서 위에 얹어 닭 칼국수를 만든다.
- 바지락조개를 찬물에 삶아 조갯살은 발라내고 국물은 천에 밭쳐 멸치국물에 섞어 바지락 칼국수를 만든다.
- 밀가루 반죽에 단호박 쪄서 내린 것, 데친 시금치 간 것, 당근 데쳐 간 것 등을 섞어 색깔 있는 반죽을 만들어 수제비도 뜰 수 있다.

42 떡 국

재 료 흰떡 10kg, 소양지 3kg, 멸치 500g, 달걀 1kg, 파 200g, 마늘 50g, 김 100g, 식용유 50g

조리법

1. 멸치를 찬물에서부터 끓여 깨끗이 밭쳐 둔다.
2. 끓는 물에 소양지를 넣어 푹 끓여 쇠고기 육수를 만든다.
3. 고기는 건져서 얇게 썰어 국간장, 마늘, 후추로 양념해 둔다.
4. 달걀은 잘 풀어 팬에 식용유를 두르고 지단을 부친 후 식으면 채를 썬다.
5. 김은 바싹 구워 비닐 주머니에 넣어 잘게 부순다.
6. 흰떡을 물에 씻어 담궜다가 건져 낸다.
7. 멸치국물과 고기육수를 섞어 끓인 국물에 양념한 고기와 흰떡을 넣고 끓인다. 파를 넣고 마지막에 소금으로 간한다. 지단을 얹고 부셔 놓은 김도 얹어 낸다.

응 용

- 쇠고기를 다져서 파, 마늘, 간장으로 양념한 후 볶아 고명을 만들어 떡국 위에 얹기도 한다.

43 비빔국수

재 료 국수 3kg, 쇠고기다짐육 1kg, 김치 1kg, 오이 1kg, 참기름 50g, 깨소금 20g, 식초 20g, 설탕 30g, 후추 20g, 소금 30g, 간장 20g

조리법

1. 팔팔 끓는 물에 국수를 펴 넣고 저어가며 삶다가 부르르 끓어올라 거품이 생기면 찬물을 두세 번에 나누어 붓고 끓인다.
2. 국수가 말갛게 익으면 재빨리 건져 찬물에 넣고 비벼가며 헹군다. 소쿠리에 담아 물기를 뺀다.
3. 쇠고기 다짐육을 간장, 다진 파, 다진 마늘, 후추로 양념하여 달군 팬에 참기름을 두르고 재빨리 볶아 식힌다.
4. 오이는 어슷썰어 소금, 설탕, 식초에 절였다 꼭 짜서 참기름, 깨소금에 무쳐둔다.
5. 김치는 속을 제거하고 가로방향으로 송송 썬다. 설탕, 참기름, 식초 약간 넣고 무친다.
6. 국수에 고기, 오이, 김치를 넣고 살살 비빈다.
7. 깨소금을 얹어 낸다.

44 삼색수제비

재 료 밀가루 5kg, 식용유 60g, 소금 60g, 시금치 1kg, 당근 600g, 단호박 2kg(2개), 멸치 500g, 다시마 50g, 무 300g, 대파 300g

조리법

1. 시금치는 깨끗이 다듬어 데쳐서 블렌더에 물을 약간 넣고 간다.
2. 단호박은 반을 잘라 씨를 빼고 다시 4등분하여 껍질째 찜통에 찐다.
3. 당근은 껍질 벗기고 납작하게 썰어 냄비에 물을 조금 붓고 삶아 익힌 뒤 믹서에 간다.
4. 밀가루에 식용유, 소금을 넣고 가볍게 섞어 3등분한다.
5. 시금치 간 것, 단호박 찐 것, 당근 간 것을 각각 섞어 되기를 조절하며 반죽한다. 수제비 반죽은 질게하며, 각각 비닐봉지에 넣어 반죽에 찰기가 생기도록 1시간 정도 둔다.
6. 찬물에 무, 멸치, 다시마를 넣고 끓인다. 우르르 끓으면 무, 다시마, 멸치를 건져내고 깨끗이 걸러 소금, 국간장으로 간을 해둔다.
7. 끓는 육수에 수제비를 떠 넣어 끓어오르면 대파를 얹어 낸다.

02 부식류

국 · 탕류

우리 식생활에서는 밥과 함께 반드시 국이 따른다. 국을 탕이라고도 하며, 국의 간을 맞출 때 처음부터 간장을 넣어 끓여야 맛이 좋다. 덜 끓인 국은 간장 냄새가 나며, 너무 끓이면 채소의 비타민 C가 파괴될 수 있다. 국의 종류를 조리법에 따라 맑은 장국, 토장국, 곰국, 설렁탕으로 분류할 수 있다.

45 시금치조개된장국

재 료	시금치 3kg, 멸치 300g, 바지락살 500g, 파 300g, 마늘 50g, 된장 1kg, 물 20kg
조리법	1. 멸치를 찬물에서부터 넣고 끓여 멸치국물을 낸다. 2. 바지락살은 깨끗이 씻어 건져 놓는다. 3. 시금치는 다듬어서 끓는 물에 데쳐 냉수에 헹군 후 물기를 짜고 5cm 길이가 되게 썰어 놓는다. 4. 파는 어슷하게 썰고 마늘은 다진다. 5. 멸치국물에 된장을 풀고 끓으면 데쳐 낸 시금치를 넣고 끓인다. 멸치국물에 쌀뜨물을 쓰면 더욱 좋다. 6. 바지락살을 넣어 같이 끓인다. 7. 다진 마늘을 넣고 끓이다가 마지막에 파를 넣고 마무리한다. 마지막 간이 약하면 소금으로 더한다.
응 용	• 모시조개를 사용할 때는 살아 있는 것으로 연한 소금물에 담가 하룻밤 정도 해감을 시킨 뒤 껍질째 깨끗이 씻는다. 냄비에 조개를 담고 물을 부어 끓여 조개가 입을 벌리면 질겨지지 않도록 바로 건져 살을 발라내고, 물은 찌꺼기가 없도록 면포를 깔고 걸러낸다. • 시금치를 넣어 끓인 후 콩나물을 넣어 뚜껑을 덮고 다시 끓이면 구수하고 시원한 시금치콩나물국을 끓일 수 있다. • 냉이를 데친 뒤 5cm 정도 잘라 같은 방법으로 냉이국을 끓인다. • 열무된장국은 열무를 데쳐 쓰고 열무의 씁쓸한 맛을 보강하기 위해 양지머리를 썰어 넣고 새우젓으로 간을 맞추기도 한다.

46 아욱된장국

재 료 아욱 3kg, 멸치 300g, 보리새우 200g, 파 300g, 마늘 50g, 된장 1kg, 다시마 60g, 밀가루 약간

조리법

1. 찬물에서부터 멸치, 보리새우, 다시마를 넣고 끓여 육수를 밭쳐 낸다. 구수한 맛을 내려면 쌀뜨물을 이용하고, 너무 오래 끓이지 않는다.
2. 아욱은 줄기를 꺾어 껍질을 벗긴 다음 바락바락 주물러 풋내와 녹즙을 뺀다. 녹즙을 덜 빼면 풋내가 나고 국물이 시커멓게 변한다.
3. 아욱은 물에 헹궈 물기를 꼭 짜고 5cm 길이로 썰어 참기름, 밀가루, 청장으로 무친다.
4. 육수에 된장을 풀어서 끓으면 아욱 무친 것을 넣고 누렇게 될 때까지 끓인다. 덜 끓으면 아욱 비린내가 나며, 이때 고추장을 100g 정도 섞으면 된장 냄새가 없어진다.
5. 다진 마늘을 넣고 끓이다가 마지막에 채 썬 파를 넣고 마무리한다.

47 근대국

재 료 근대 3kg, 멸치 300g, 소양지 300g, 파 200g, 마늘 50g, 된장 1kg, 국간장 약간

조리법

1. 근대는 부드러운 것으로 섬유질을 벗긴 다음 깨끗이 씻어 5cm 길이로 썬다.
2. 찬물에 멸치를 넣고 끓여 육수를 낸다.
3. 소양지를 얇게 저며 국간장, 마늘을 넣고 볶아 낸다.
4. 멸치육수에 된장을 풀어 한소끔 끓이다가 썰어 놓은 근대와 고기 볶은 것을 섞어 끓여낸다.
5. 다진 마늘을 넣고 끓이다가 마지막에 어슷 썬 대파를 넣고 마무리한다.

48 배추속대국

재 료 배추 3kg, 무 700g, 쇠고기 400g, 멸치 300g, 된장 1kg, 파 500g, 마늘 50g, 물 20kg

조리법

1. 멸치를 찬물에서부터 끓여 육수를 낸다.
2. 쇠고기는 얇게 썰어 청장으로 간하여 볶아 낸다.
3. (1)과 (2)를 섞은 육수에 된장을 체에 밭쳐 넣고 끓인다.
4. 배추는 속대를 골라 깨끗이 씻어 칼 끝으로 길쭉하게 찢어 놓고 무도 얇게 삐져 낸다.
5. 된장국물에 배추, 무를 넣고 푹 끓여 어슷썬 대파, 다진 마늘을 넣어 끓인다.

49 쑥국

재 료 1 쑥 1.5kg, 쇠고기 2kg, 달걀흰자 10개, 실파 200g, 녹말가루 약간, 국간장 30g, 마늘 30g, 후추 10g

조리법 1 새로 싹터 나오는 쑥으로 끓인 국이다. 쌉쌀한 맛과 향이 있어 봄철 한 때 별미음식이다. 데친 쑥을 다져서 고기와 함께 완자를 만들어 육수에 끓이는 애탕국과 쑥 잎에다 달걀흰자를 씌워 끓이는 법이 있다. 여기서는 후자와 쑥된장국을 소개한다.

1. 양지머리는 찬물에 담가 핏물을 빼고 끓는 물에 넣어 1시간 정도 끓인다.
2. 고기는 건져 얇게 저며 국간장, 마늘, 후추로 양념하고, 국물은 깨끗이 거른 뒤 양념한 고기를 넣는다.
3. 팔팔 끓인 물에 소금을 약간 넣고 깨끗이 다듬어 둔 쑥을 살짝 데쳐 냉수에 헹군다.
4. 맑은 고기국물을 팔팔 끓여 쑥 잎에 녹말가루를 묻히고 달걀흰자를 씌워 실파를 5cm 길이로 잘라 넣은 다음 잠깐 끓인다.
5. 쑥이 파랗게 떠오를 때 불을 끈다.

재 료 2 쑥 1.5kg, 멸치 400g, 날콩가루 200g, 된장 1kg, 마늘 50g 대파 200g

조리법 2

1. 쑥은 깨끗이 다듬어 데쳐 놓는다.
2. 찬물에 멸치를 넣어 끓여 육수를 낸다.
3. 육수에 된장을 풀어 넣고 끓으면 데친 쑥에 날콩가루를 묻혀 넣는다.
4. 끓으면 다진 마늘과 어슷썬 대파를 넣는다. 너무 오래 끓이지 않는다.

응 용 • 봄철 원추리도 같은 방법으로 끓인다.

50 팽이버섯조개된장국

재 료 팽이버섯 1kg, 두부 1.5kg, 멸치 300g, 다시마 50g, 바지락살 500g, 된장 1kg, 마늘 50g, 파 300g

조리법

1. 다시마는 찬물에서부터 우리고, 멸치도 찬물에서부터 끓여 육수를 낸다.
2. 바지락살은 깨끗이 씻어 체에 밭쳐 둔다.
3. 두부는 1cm 크기로 팔모썰기한다.
4. 팽이버섯은 밑동은 자르고 깨끗이 손질해 이등분해 둔다.
5. 육수에 된장을 풀고 끓으면 두부와 조갯살을 넣고 끓이다가 팽이버섯을 넣고 한소끔 끓여 마늘, 파를 넣고 한번 끓으면 마무리한다.

51 일식된장국

재 료 멸치 300g, 다시마 100g, 가쓰오부시 100g, 미역 100g, 두부 1.5kg, 팽이 200g, 실파 200g, 왜된장 1kg, 정종 100g

조리법

1. 찬물에 멸치와 다시마를 넣고 15분 정도 끓으면 멸치, 다시마는 건져 낸다.
2. 불을 끄고 가쓰오부시를 넣고 20분 후 건져 낸다.
3. 맑은 육수가 끓으면 정종을 넣고 우르르 끓인다.
4. 미역은 불렸다 끓는 물에 소금을 넣고 살짝 데쳐 헹구어 물기를 짜고 잘게 썬다.
5. 두부는 1cm 크기로 팔모썰기한다. 팽이버섯은 뿌리 쪽을 잘라 가닥가닥 뜯어 놓고 실파는 송송 썰어 준비한다.
6. 준비한 육수에 왜된장을 풀고 끓으면 미역, 두부, 팽이버섯을 넣고 살짝 끓인다.
7. 불을 끄고 실파를 넣어 배식한다.

응 용

- 일식 된장국은 다시마의 양을 늘리고 가쓰오부시를 넣어 구수한 맛을 내며, 미역을 데쳐 넣어 시원한 맛을 준다. 왜된장을 사용할 경우 오랜 시간 끓이지 않는다.
- 찬물에 멸치, 다시마를 넣고 15분 정도 끓으면 체에 밭친 뒤, 다시 가쓰오부시를 넣고 20분 후 건져 낸 다음 된장을 푼다. 끓으면 데쳐서 자른 미역, 두부, 팽이버섯을 넣고 살짝 끓인다. 불을 끄고 실파를 띄워 낸다.

52 들깨우거지국

재 료 얼갈이배추 3kg, 멸치 300g, 들깨 300g, 된장 1kg, 마늘 50g, 파 300g, 건고추 30g

조리법

1. 얼갈이배추는 다듬어 씻어서 끓는 물에 소금을 약간 넣고 삶아 물에 헹궈 물기를 꼭 짜고 송송 썬다.
2. 멸치 육수를 만들어 둔다.
3. 생 들깨를 믹서에 물을 조금씩 넣고 갈아 체에 받쳐 멸치 육수에 혼합한다.
4. 위의 육수에 된장을 체에 내려 간을 맞춘 다음 배추 무친 것을 넣고 끓인다.
5. 거품을 거두고 푹 끓인 다음 마늘, 대파를 넣고 한소끔 더 끓인다.
6. 붉은 건 고추를 같이 넣고 끓인다.

응 용

- 들깨가루를 쓸 때는 배추 무칠 때 같이 무쳐서 끓인다.

53 콩나물국

재 료	콩나물 2kg, 멸치 300g, 건새우 200g, 다시마 50g, 마늘 50g, 대파 200g
조리법 1	1. 콩나물은 다듬어 깨끗이 씻어 놓는다. 2. 멸치, 건새우, 다시마를 넣어 육수를 만든다. 펄펄 끓이지 말고 약한 불에서 우린다. 3. 콩나물을 넣어 뚜껑을 닫고 빠른 시간 내에 끓인다. 4. 소금 간을 하고 마늘, 대파를 넣고 한소끔 더 끓여 낸다.
조리법 2	1. 콩나물을 냄비에 물을 넉넉히 붓고 소금 간을 하여 뚜껑을 닫고 센 불에서 빨리 데쳐 낸다. 2. 데쳐 낸 콩나물은 따로 건져 식혀 둔다. 3. 데쳐 낸 국물은 육수에 섞는다. 4. 쇠고기를 청장, 마늘, 후추로 간하여 불을 약간 붓고 볶는다. 5. 국물이 끓을 때 고기 볶은 것을 넣고 한소끔 끓이다가 데쳐 놓은 콩나물을 넣고 마지막 간을 소금으로 하고 다진 마늘, 어슷 썬 대파를 넣고 마무리한다.
응 용	• 소다짐육을 청장으로 간하여 볶아서 꾸미로 얹기도 한다. • 맵지 않은 홍고추를 채 썰어 모양을 내기도 한다. • 김치를 씻어 매운 맛을 뺀 뒤 송송 썰어 무쳐서 육수에 끓인 다음 콩나물을 넣어 한소끔 끓여 김치콩나물국을 만든다.

54 달걀국

재 료	건새우 300g, 멸치 300g, 달걀 1kg, 표고버섯 500g, 죽순 500g, 팽이버섯 300g, 대파 500g, 소금 50g
조리법	1. 찬물에서부터 새우와 같이 멸치육수를 낸다. 2. 표고버섯은 생으로 포를 떠서 다시 채를 친다. 3. 통조림 죽순은 꺼내서 뜨거운 물에 데쳐서 빗살 모양을 살려 얇게 썰어 둔다. 4. 팽이버섯은 밑동을 자르고 가닥가닥 떼어 놓는다. 5. 달걀은 풀어 둔다. 6. 육수에 표고버섯, 죽순을 넣고 끓인다. 소금으로 간을 하고 팽이버섯을 넣는다. 풀어 놓은 달걀을 살며시 붓고 뚜껑을 닫아 약한 불에서 뜸을 들이고 대파를 넣어 낸다.

55 황태두부국

재 료	북어포 600g, 쇠고기 500g, 멸치 300g, 파 500g, 마늘 50g, 북어머리 300g, 두부 1kg, 무 800g, 간장 50g, 소금 50g
조리법	1. 북어머리, 멸치, 무를 넣고 찬물에 끓여 육수를 낸다. 2. 북어포는 가시 등을 빼고 잘게 찢은 후 물에 살짝 헹구어 청장으로 간하여 조물조물 무친다. 3. 쇠고기를 납작하게 썰어 양념하여 참기름을 두르고, 볶다가 양념한 북어포를 같이 볶은 후 깨끗이 걸러 놓은 육수를 붓고 끓인다. 삶은 무는 사각으로 썰어 같이 넣는다. 4. 국이 끓으면 거품을 걷고 1cm 크기로 팔모썰기 한 두부를 같이 넣고 파를 넣은 다음 한소끔 더 끓여 마지막 간은 소금으로 한다.
응 용	• 유아들을 위하여 두부를 넣었으나, 두부를 빼고 달걀을 풀어 살며시 부은 다음 불을 끄고 뚜껑을 덮어 달걀이 익으면 낸다. • 황태포 대신 명란을 송송 썰어 넣어 새우젓으로 간한 명란두부국을 내어 놓으면 겨울철에 좋은 음식이다.

56 쇠고기무국

재 료	무 3kg, 쇠고기 1.5kg, 파 300g, 마늘 50g, 간장 100g
조리법	1. 쇠고기는 양지머리로 준비하여 찬물에 30분 이상 넣어 핏물을 뺀다. 2. 끓는 물에 핏물을 뺀 양지머리를 넣고 끓여 육수를 만든다. 3. 삶아 낸 양지머리를 먹기 좋은 크기로 얇게 썰어 청장, 마늘, 후추를 넣어 양념한다. 4. 육수에 무를 통째로 2cm 두께로 썰어 끓인다. 익은 무를 꺼내 2cm×3cm 크기로 얇게 썰어 둔다. 5. 육수에 양념한 고기를 넣고 끓이다가 썰어 놓은 무를 넣고 한소끔 끓여 어슷썬 파를 넣어 소금으로 마지막 간하여 마무리한다.
응 용	• 적은 양을 끓일 때는 고기와 무를 2cm×3cm의 크기로 나박하게 썰어 양념하여 고기와 무를 볶다가 물을 붓고 끓여 청장, 소금으로 간을 하고 대파를 넣어 한소끔 끓인다.

57 미역국

재 료	건미역 400g, 쇠고기 1.5kg, 참기름 50g, 간장 100g, 마늘 50g
조리법	1. 미역은 불려서 바락바락 주물러 깨끗이 씻어 먹기 좋은 크기(3cm)로 썬다. 2. 쇠고기는 양지머리로 핏물을 빼고 끓는 물에 삶아 육수를 만든다. 3. 익은 고기는 납작하게 썰어 청장, 마늘을 넣어 무쳐 놓는다. 4. 깨끗이 씻은 미역은 청장을 넣고 조물조물 무친다. 5. 솥에 참기름을 두르고 미역 비린내가 나지 않도록 충분히 볶아 준다. 6. 육수를 부어서 끓이다가 양념해 놓은 고기를 넣고 끓여 마지막에 소금으로 간하여 내어 놓는다.
응 용	• 미역을 충분히 볶아 깨끗한 간장미역국도 끓인다. • 홍합은 찬물에서부터 삶아 우르르 끓으면 국물은 면포에 밭쳐 놓고 홍합살을 발라 놓아 미역을 볶다가 육수를 붓고 끓이다 홍합살을 넣어 소금으로 간한 홍합미역국도 시원하다. • 깐 바지락살을 볶아 미역국을 끓이기도 한다. • 겨울에는 미역국에 찹쌀 새알심을 넣어 끓여 바로 먹는다.

58 새우젓무국

재 료	무 3kg, 쇠고기 1kg, 새우젓 50g, 대파 30g
조리법	1. 무를 나박하게 2cm×3cm 크기로 썰어 슬쩍 삶아 놓는다. 2. 쇠고기를 납작하게 썰어 청장, 마늘로 양념하여 볶다가 물을 붓고 끓여 새우젓으로 간한다. 3. 삶은 무를 넣어 같이 끓이고 대파를 넣고 한소끔 끓여 마지막에 소금으로 간한다.
응 용	• 멸치, 다시마육수를 내어 나박하게 썰어 데친 무를 넣고 다시마도 무와 같은 크기로 썰어 무다시마국을 끓이기도 한다. • 멸치육수를 내어 무를 나박하게, 오징어를 잘게 썰어 오징어무국을 끓인다.

59 육개장

재 료 쇠고기 2kg(양지, 사태, 갈비새김 등), 대파 500g, 숙주 1kg, 고사리 1kg, 표고버섯 500g(느타리 500g), 고춧가루 약간, 참기름 약간, 마늘 80g, 청장(국간장) 100g, 양파 500g

조리법

1. 양지머리는 찬물에 담가 핏물을 빼고 건져 3~4 토막으로 큼직하게 썰어 놓는다.
2. 물이 끓으면 고기를 넣고 끓으면 불을 줄이고 1시간 정도 서서히 끓인다. 도중에 파, 마늘, 양파 등을 크게 썰어 함께 넣고 끓인다. 위에 뜨는 기름과 거품은 걷어 낸다.
3. 대파는 4~5cm 길이로 썰어 끓는 물에 데쳐 찬물에 헹궈 놓는다(대파를 데쳐 놓지 않으면 국물이 텁텁하다).
4. 숙주는 끓는 물에 데쳐 찬물에 헹궈 놓는다.
5. 삶은 고사리(혹은 토란대)는 4~5cm로 다듬어 씻어 놓는다.
6. 표고버섯은 얇게 편을 썰고, 느타리를 쓰면 데쳐서 찢어서 쓴다.
7. 고춧가루는 그릇에 조금 담아 참기름을 조금씩 넣고 열을 가하면서 으깨어 고추기름을 만든다.
8. 고기가 익으면 건져서 납작납작하게 썰어 청장, 마늘, 후추로 양념한다. 고기를 결대로 찢기도 하지만 유아식이므로 결의 반대로 썰어 부드럽게 만든다.
9. 고기국물은 식혀 위에 뜨는 기름, 향신료, 양파, 파, 마늘 등의 채소를 제거하고 깨끗이 거른다.
10. 준비한 깨끗한 육수에 고기를 넣고 끓이다가 숙주, 고사리, 버섯을 넣고 마지막으로 데친 파를 넣어 끓인다. 간이 부족하면 소금으로 간한다.

응 용

- 육개장은 살코기만을 고아서 고춧가루 양념을 하여 맵게 끓이는 여름철 곰국이나, 유아들의 식성을 고려해 덜 매운 고춧가루를 소량 사용하여 맛을 조정하였다.
- 끓을 때 달걀을 깨서 얇게 풀어도 좋다. 기호에 따라 익힌 고기를 양념할 때 밀가루를 조금 섞어 함께 무치기도 한다.
- 닭고기를 삶아 그 육수와 닭살을 찢어 양념하여 닭개장을 끓이기도 한다.

60 미역냉국

재 료 건미역 200g, 실파 500g, 마늘 50g, 깨소금 50g, 오이 500g
냉국물(식힌물 25kg, 간장 100g, 소금 100g, 식초 500g, 설탕 100g)

조리법

1. 마른 미역은 물에 충분히 불린 후 손으로 바락바락 주물러서 모래와 티가 없도록 깨끗이 씻어 헹군다.
2. 씻은 미역은 3cm 길이로 썰어 달군 냄비에 참기름을 두르고 마늘을 넣어 달달 볶다가 미역을 넣고 파란색이 돌도록 살짝 볶는다.
3. 파랗게 볶은 미역에 간장, 설탕, 식초, 다진 파, 깨소금을 넣어 조물조물 주무른 뒤 냉국물(끓여서 식힌 물에 양념한 물)을 붓고 고루 섞는다.
4. 돌려 썰기한 오이를 채 썰어 국에 띄우고 실파를 송송 썰어 얹어 낸다.

61 쇠고기당면국

재 료 쇠고기 1kg, 다시마 100g, 양파 1kg, 당면 1kg, 표고버섯 200g, 대파 300g,
마늘 50g

조리법

1. 쇠고기는 양지머리로 준비하여 찬물에 30분 이상 담가 핏물을 뺀다.
2. 끓는 물에 핏물 뺀 양지머리를 넣고 끓여 육수를 낸다.
3. 삶아 낸 고기는 먹기 좋은 크기로 얇게 썰어 청장, 마늘, 후추를 넣어 양념한다.
4. 찬물에 다시마를 넣어 약한 불에서 다시마육수를 낸다.
5. 고기육수와 다시마육수를 합하여, 양파를 넣어 끓여 시원한 육수를 만든다. 체에 걸러 깨끗한 육수를 준비한다.
6. 당면은 끓는 물에 데쳐 채반에 밭쳐 먹기 좋은 크기로 잘라 둔다. 적은 양을 끓일 때는 당면을 찬물에 불렸다가 고기와 같이 끓이기도 한다.
7. 표고버섯은 채 썰어 청장에 양념해 둔다.
8. 끓여 놓은 육수에 양념한 고기, 표고버섯을 넣고 끓으면 파를 넣고 한소끔 끓인다. 마지막에 간은 소금으로 하고, 데쳐 놓은 당면을 넣어 낸다.

응 용

- 쇠고기 다짐 육을 청장, 파, 마늘, 후추를 넣어 조물조물 주무른 뒤 끈기가 생기도록 치대어 달걀을 넣고 섞어 쇠고기 반죽을 만들어 국물이 끓어오르면 양념한 고기 반죽을 숟가락으로 떠 넣어 끓여 고기가 익으면 당면을 넣고 다시 한번 끓여 파를 얹어 당면국을 끓이기도 한다.

62 토란국

재 료 쇠고기 1kg, 무 1kg, 토란 2kg, 파 500g, 마늘 50g, 간장 50g

조리법

1. 핏물 뺀 양지머리를 끓는 물에 넣고 끓여 육수를 낸다. 무는 큼직하게 썰어 같이 삶은 뒤 먼저 꺼낸다.
2. 삶아 낸 고기는 먹기 좋은 크기로 얇게 썰어 청장, 마늘, 후추를 넣어 양념한다. 무는 나박나박 썰어 둔다.
3. 토란은 껍질을 벗겨 끓는 물에 데쳐 찬물에 씻어 물기를 빼고 유아들이 먹기 좋도록 모양대로 얇게 썰어 둔다.
4. 육수에 양념한 고기, 무, 토란을 넣어 끓으면 파, 마늘, 간장으로 간한다.

응 용

- 가을, 특히 추석 때 먹는 국이다.

63 사골우거지국

재 료 사골 1kg, 소 잡뼈 2kg, 소양지 600g, 얼갈이배추 3kg, 콩나물 2kg, 대파 300g, 마늘 150g, 된장 800g, 통후추 조금

조리법

1. 사골과 소 잡뼈를 찬물에 넣고 핏물을 뺀 뒤 한번 끓여 물을 버리고 다시 찬물에서 3~4시간 끓여 육수를 낸다.
2. 육수에 소양지를 넣어 맛을 낸다. 대파, 통마늘, 통후추를 넣어 누린내를 없앤다.
3. 얼갈이배추는 깨끗이 다듬어 데쳐 낸다. 5cm 길이로 썰어 된장에 무쳐 놓는다.
4. 콩나물도 깨끗이 씻어 긴 것은 잘라 둔다.
5. 육수를 깨끗이 걸러 된장을 풀어 넣고 썰어 놓은 우거지를 넣고 끓인다.
6. 콩나물도 넣어 시원한 맛을 낸다.
7. 다 끓은 된장국에 마늘, 어슷썬 대파를 넣어 마무리한다.

응 용

- 매운맛을 원하면 고춧가루를 넣기도 한다.
- 마지막 우려 낸 사골국물에 된장을 풀어 넣고 얼갈이배추 삶은 것을 넣고 끓이다가 콩나물을 넣어 마늘, 소금 간을 하여 시원한 사골우거지국을 끓인다.

64 사골곰탕

재 료	사골 5kg, 소뼈 4kg, 소양지 1.5kg, 대파 300g, 쪽파 300g, 마늘 100g, 소금 50g
조리법	1. 사골과 소고기는 각각 찬물에서 2~3시간 담가 핏물을 뺀다. 2. 사골은 끓는 물에 데쳐 첫 번째 물은 버린다. 3. 뼈는 4~5시간씩 3번 고아 국물을 합쳐 놓는다. 4. 뼈 고운 국물을 기름을 걷고 깨끗이 면포에 밭쳐 둔다. 5. 깨끗한 뼈 국물에 통마늘, 대파 등 향신채소와 통후추를 넣고 끓인다. 6. 끓는 국물에 핏물 뺀 양지머리를 넣고 고기가 익을 때까지 끓인다. 7. 삶은 고기를 건져 고기결의 반대로 납작납작하게 부드럽게 썰어놓는다. 8. 국물에 소금 간을 하고 고기를 얹은 다음 팔팔 끓여 쪽파를 얹고 후추를 뿌려 낸다.
응 용	• 삶은 국수를 국에 넣어 내기도 한다. 유아들이 아주 좋아하는 국이다.

65 갈비탕

재 료	소갈비 6kg, 무 3kg, 파 500g, 마늘 100g, 간장 200g, 달걀 1kg
조리법	1. 소갈비는 2~3시간 찬물에 담가 핏물을 뺀 후 칼집을 낸다. 2. 물을 끓여 소갈비를 통째로 넣고 끓기 시작하면 불을 줄여 고기가 익을 때까지 1시간 정도 푹곤 중간에 대파, 마늘, 무를 통째로 넣어 끓인다. 3. 30분 정도 지나면 무를 건져 1.5cm×2cm×1cm 두께로 나박나박 썬다. 4. 갈비가 익으면 꺼낸 뒤, 식혀서 살을 저며 양념해 두고, 갈비뼈를 넣고 다시 끓인다. 5. 갈비 국물을 식혀 천에 밭쳐 깨끗이 기름을 걷어 낸다. 6. 기름을 걷어 낸 국물에 양념한 갈비살과 무를 넣고 어슷썰기한 파를 넣어 끓이고 청장으로 간을 한다. 7. 달걀 지단을 부쳐 채 썰어 얹는다.
응 용	• 당면이나 국수를 삶아 국물에 넣기도 한다. • 소 양지를 섞을 경우 갈비는 2시간, 양지는 1시간 20분 정도 익혀 건진다. 양지는 편으로 썰어 양념하여 넣는다.

66 삼계탕

재 료 닭 20kg(약 25마리), 건대추 1kg, 수삼 750g(1채), 찹쌀 5kg, 대파 300g, 마늘 300g, 통후추 약간, 물 60~70L

조리법

1. 찹쌀은 깨끗이 씻어 불려 건져 놓는다.
2. 수삼은 깨끗이 씻어 뇌두를 떼고 큰 것은 반으로 갈라 둔다.
3. 닭은 배를 가르고 깨끗이 씻어 끓는 물에 삶는다. 양이 많으므로 두 군데로 나누어 삶는다. 물을 넉넉히 붓고, 중간에 통마늘, 대파, 통후추 등을 넣어 끓인다. 영계보다는 중닭(800g 내외)을 삶아 살을 발라 낸다.
4. 삶아진 닭을 건져 살을 발라 둔다.
5. 닭국물은 차게 하여 기름을 걷어 낸다.
6. 절반 정도의 국물에 씻어 놓은 찹쌀을 볶다가 나머지를 붓고 쌀이 퍼질 때까지 끓인다. 도중에 마늘, 대추, 수삼을 넣어 죽을 끓이고, 간은 마지막에 소금으로 한다.
7. 죽 위에 삶아 발라 놓은 닭을 얹어 국물과 같이 낸다.

응 용

- 수삼과 함께 황기를 넣기도 한다.

67 닭깻국

재 료 닭 6kg, 파 200g, 마늘 50g, 생강 30g, 달걀 1.5kg, 표고버섯 300g, 청오이 500g(10개)

조리법

1. 닭은 통째로 깨끗이 씻어서 끓는 물에 넣어 삶는다. 삶는 도중 파, 마늘, 생강을 크게 저며서 넣는다.
2. 닭살이 무르게 삶아지면 건져서 결대로 가르고 국물은 차게 하여 기름을 걷는다.
3. 볶은 흰깨를 믹서에 갈아 닭국물을 부어 체에 밭쳐서 깻국을 만든 후 소금, 흰 후추로 간을 맞춘다.
4. 달걀은 지단을 부쳐 곱게 채를 썬다.
5. 표고버섯은 편으로 썰어 간장 양념하여 팬에 볶아 둔다.
6. 청오이는 소금으로 비벼 씻어 돌려 깎기한 다음 채 썰어 소금에 약간 절였다가 씻어 꼭 짠 후 파랗게 볶아 넓은 접시에 식혀 둔다.
7. 차게 식힌 닭국물에 닭고기 살 가른 것을 담고 지단, 오이채, 표고버섯 등을 얹어 낸다.

68 해물잡탕

재 료

오징어 10kg(20마리), 새우 1kg, 쇠고기 1kg, 표고버섯 300g, 당근 300g, 양파 500g, 대파 150g, 마늘 30g, 생강 30g, 전분 20g, 해물육수 1kg, 간장 200g, 청주 30g, 다시멸치 100g, 다시마 50g

조리법

1. 오징어는 배를 갈라 내장을 제거하고 안쪽에서 사선으로 칼집을 낸다. 오징어다리도 깨끗이 씻어 잔 칼집을 넣고, 오징어를 1.5cm×2cm로 자른다.
2. 새우는 머리와 꼬리를 떼고, 등 쪽에 칼집을 넣어 내장을 제거하고 어슷하게 2등분한 뒤 청주를 뿌려 둔다.
3. 쇠고기도 불고기 감으로 약간 두껍게 썰어 1cm×2cm 길이로 썰어 불고기 양념을 해 둔다.
4. 다시마, 멸치육수에 새우 머리, 꼬리, 오징어다리 등을 넣고 해물육수를 만든 뒤 생강, 청주를 넣는다.
5. 양파는 굵게 채 썰고, 당근은 1cm×3cm로 얇게 썰며, 표고버섯은 편으로 썰고, 대파는 어슷썰어 준비한다.
6. 팬에 양파를 볶다가 표고버섯과 쇠고기, 당근을 볶는다. 썰어 놓은 오징어, 새우를 넣어 볶으며 육수를 붓고 간장으로 양념한다.
7. 물 전분을 만들어 조금씩 끓는 국물에 부어 저어 주며 걸쭉한 잡탕을 만든다. 대파를 얹고 참기름, 후추로 마무리한다.

사 진

찜 · 조림류

찜은 수조육류, 어패류, 채소류 등을 이용한다. 주로 육류를 주재료로 하고 채소류를 부재료로 해서 간을 한 국물을 자작하게 부어 오랜 시간 푹 무르게 익히는 조리법이다. 조림은 간을 약간 세게 한 반찬의 하나이다. 장조림처럼 저장용으로 간을 세게 해서 만들기도 한다. 재료는 다양하게 무엇이나 쓰이는데, 주로 생선류를 사용한다. 살이 희고 담백한 생선은 간장 등으로 조리고, 붉은살생선이나 비린내가 많은 생선은 고춧가루나 고추장으로 조린다. 조리는 경우 간이 안 들어간 상태에서 익혀낸 후 조리는 것이 좋다

69 돼지고기달걀장조림

재 료 돼지고기 5kg, 달걀 1.5kg, 꽈리고추 400g, 마늘 500g, 생강 200g, 정종 200g, 간장 1kg, 국간장 200g, 통후추 약간, 설탕 300g, 맛술 200g

조리법

1. 돼지고기는 사태로 기름기를 떼어 내고 4~5cm로 토막 낸 뒤, 핏물을 빼 둔다.
2. 고기가 잠길 정도의 물을 붓고 물이 끓으면 고기와 맛술, 저민 생강을 넣어 삶다가 통후추를 넣는다.
3. 달걀도 깨지지 않게 삶아서 껍질을 까서 놓는다.
4. 고기가 다 익었으면 생강과 통후추를 빼고 간장, 맛술, 설탕을 붓고 끓이다가 달걀을 넣고 통마늘, 꽈리고추를 넣어 조린다.
5. 고기는 꺼내어 편으로 썰고 달걀을 반으로 갈라 찬 통에 내어 놓는다.

응 용

- 달걀 대신 메추리알을 대신 쓰기도 한다.
- 양이 많을 때는 달걀을 따로 조려 고기가 익으면 조림달걀을 넣고 한소끔 끓여내면 달걀이 부서지지 않아 좋다.

70 미트볼레몬소스조림

재 료	소다짐육 2.5kg, 돼지 다짐육 2.5kg, 양파 500g, 대파 200g, 생강즙 100g, 술 200g, 달걀 300g, 토마토케첩 600g, 레몬 200g, 조미술 200g, 간장 100g, 브로콜리 500g, 양상추 600g, 소금, 후추 약간씩
조리법	1. 소 다짐육, 돼지 다짐육을 섞어 핏물을 키친타월로 제거한다. 2. 볼에 고기를 담고 양파 다진 것, 대파 다진 것, 생강즙, 술, 달걀, 후추를 넣고 끈기가 생길 때까지 잘 섞어 치대어 미트볼을 만든다. 3. 조미술을 물과 설탕을 섞어 끓여 걸쭉해지면 불을 끄고 토마토케첩과 간장, 레몬을 섞어 소스를 만든다. 4. 양상추는 씻어 한 입 크기로 뜯어 놓고 브로콜리는 데쳐 잘게 잘라둔다. 5. 튀김 기름에 미트볼을 170~180°C로 속까지 익도록 튀겨낸 뒤, 소스에 버무려 낸다. 6. 양상추를 깔고 소스로 버무려 낸 미트볼을 얹고 브로콜리를 섞어 예쁘게 담아 낸다.

71 알감자어묵조림

재 료	알감자 3kg, 어묵 1.5kg, 꽈리고추 400g, 양파 300g, 간장 300g, 설탕 60g, 물엿 50g, 식용유 400g, 다시물 3000CC, 참기름 · 통깨 약간
조리법	1. 알감자는 깨끗이 씻어 껍질 째 삶아 거의 다 익혀 둔다. 다시물에 간장, 설탕, 물엿을 끓여 조림장을 만든다. 2. 어묵은 뜨거운 물에 데쳐 내어 기름기를 걷고, 모양을 내어 썰어 둔다. 3. 양파를 볶다가 알감자를 넣어 끓여 놓은 조림장을 넣어 끓이다가 썰어 놓은 어묵을 넣고 뚜껑을 연 채 같이 조린다. 4. 냄비를 흔들어가며 조리다가 다 되었으면 꽈리고추, 물엿, 참기름, 통깨를 얹어 낸다.
응용 및 사진	• 큰감자를 썰어서 조릴 때 주걱이나 숟가락으로 젓지 말고 냄비 손잡이를 잡고 흔들거나 까부르며 조리한다. • 조림 멸치를 같이 넣고 조려도 맛이 있다. 

72 두부조림

재 료	두부 5.2kg, 양파 300g, 파 100g, 마늘 30g, 진간장 500g, 설탕 300g, 멸치육수 1kg, 식용유 1.2kg
조리법	1. 두부는 1cm 두께로 5cm×3cm크기로 썰어 소금, 후추를 뿌려 둔다. 2. 달군 팬에 식용유를 두르고 두부를 넣고 앞뒤로 노릇하게 지진다. 3. 양념장 재료를 넣고 고루 섞는다. 4. 냄비 바닥에 양파를 썰어 얹고 지진 두부를 얹은 후 양념장을 켜켜이 고루 끼얹는다. 5. 여기에 육수를 붓고 국물을 끼얹어 가면서 약한 불에서 조린 다음 채 썰어 둔 파를 얹고 깨소금을 뿌린다.
응 용	• 두부에 녹말가루를 묻혀 지지면 두부가 부서지지 않아 좋다.

73 생선조림

재 료	삼치 5kg, 무 2kg, 간장 500g, 파 300g, 마늘 100g, 생강 50g, 설탕 100g, 고춧가루 100g, 양파 200g, 정종 200g
조리법	1. 삼치는 깨끗이 씻어 5cm 정도로 어슷썰어 조림용으로 다듬는다. 2. 미리 소금, 후추, 정종으로 간을 해둔다. 3. 냄비에 무를 7cm 두께로 크게 썰어 굵게 채 썬 양파와 같이 밑에 깔고 생선을 얹는다. 4. 물, 간장, 파, 마늘, 생강, 설탕, 고춧가루를 섞어 양념장을 만든다. 5. (3)의 냄비에 양념장을 붓고 조려 낸다.
응 용	• 삼치를 석 장 포 뜨기를 해서 뼈를 발라 내어 먹기 좋은 크기로 토막 낸 다음 소금, 후추 간을 해두었다가 물, 된장, 간장 등 일본식 양념장을 만들어 양념장이 끓으면 생선 포뜬 것을 삼치 살 쪽이 밑으로 가게 조리고 쑥갓, 팽이버섯, 붉은 고추를 얹어 마지막에 조려 내기도 한다. • 생선살에 녹말을 묻혀 튀겨 낸 후 조림장에 조리기도 한다.

74 우엉조림

재 료	우엉 2kg, 진간장 200g, 물엿 100g, 황설탕 100g, 식초 · 참기름 · 통깨 약간씩
조리법	1. 우엉은 칼등이나 필러로 긁어서 껍질을 벗기고 가늘게 채 썰어 식초 물에 담근다. 2. 우엉을 끓는 물에 데쳐 낸다. 3. 냄비에 진간장, 물엿, 황설탕, 물(혹은 다시물)을 끓이다가 우엉 삶은 것을 넣고 조린다. 마지막에 참기름, 통깨(혹은 검은깨)를 뿌려 낸다.
응 용	• 은근히 오랫동안 국물을 끼얹어가며 조린다. • 전날 전처리하여 가늘게 채 썰어 물에 담가 냉장고에 보관한다.

75 콩조림

재 료	서리태 콩 1kg, 진간장 100g, 물엿 50g, 설탕 100g, 참기름 50g
조리법	1. 콩은 씻어서 물을 넉넉히 붓고 삶는다. 물이 졸아 거의 없어질 정도로 완전히 익혀야 유아들이 먹기 좋은 잘 무른 콩조림을 만들 수 있다. 2. 콩이 익으면 간장, 설탕, 물엿을 넣고 조리다가 참기름, 통깨를 넣고 섞는다.
응 용	• 흰콩, 생땅콩 등 여러 가지 콩으로 조림장에 조릴 수 있다. • 곤약을 1cm 크기로 팔모썰기 한 다음 뜨거운 물에 데쳐 콩과 같이 조린다. • 콩이 완전히 익기 전에 간장을 부으면 딱딱하게 되므로 주의한다.

76 오징어달걀조림

재 료	오징어 5kg, 달걀 1.5kg, 육수 또는 다시물, 정종 200g, 설탕 300g, 간장 1kg
조리법	1. 오징어는 다리를 당겨 내장을 빼낸 뒤 속을 말끔히 씻는다. 2. 오징어 껍질을 벗겨 깨끗이 씻고 다리는 2개씩 자른다. 3. 달걀을 노른자가 중앙에 오도록 주걱으로 굴리면서 삶은 뒤 껍질을 까 놓는다. 4. 기름을 두르고 강한 불에 오징어를 통째로 볶아가며 익힌다. 5. (4)에 다시 물을 붓고 설탕, 술, 간장(분량의 1/2)을 넣어 끓이다가 삶은 달걀을 넣고 나머지 분량의 간장을 보충하여 다시 끓인다. 6. 오징어를 꺼내 얇게 썰어 담고 달걀을 반으로 갈라 담아 조림국물을 얹어낸다.
응 용	• 오징어는 너무 많이 끓이면 질기므로 빨리 조리를 끝내야 한다. • 오징어를 통째로 데쳐내 얇게 썰어 조림장에 조려 내기도 한다.

77 오이뱃두리

재 료	오이 2.5kg, 소다짐육 500g, 소금 30g, 파 100g, 마늘 50g, 깨소금, 참기름, 간장 10g
조리법	1. 오이는 연한 것을 준비하여 소금으로 비벼 씻어 0.2cm 두께로 동글동글하게 통썰기 하여 소금을 뿌려 절인다. 2. 쇠고기는 곱게 다져 간장, 설탕, 다진 파, 다진 마늘, 깨소금, 참기름, 후추로 양념하여 달군 팬에서 볶는다. 3. 절인 오이를 꼭 짜서 넣고 재빨리 볶는다. 4. 오이가 파랗게 볶아지면 깨소금을 뿌려 가볍게 섞어 낸다.

78 닭고기레몬소스조림

재 료	닭 정육 5kg, 대파 200g, 청주 200g, 달걀 600g, 감자녹말가루 500g, 레몬 300g, 설탕 300g, 소금 약간, 튀김기름 3~4L
조리법	1. 닭은 깨끗이 씻어 기름을 제거하고 4cm의 먹기 좋은 크기로 자른다. 2. 청주, 생강즙, 소금, 후추를 넣어 밑간한다. 3. 달걀에 녹말을 넣어 튀김옷을 만들어 닭에 입혀 150~170℃ 온도로 2번 튀긴다. 4. 레몬은 껍질째 0.2cm 두께로 편 썰기 한다. 5. 팬에 썰어 놓은 레몬, 물, 소금, 설탕, 레몬즙을 넣고 끓인다. 6. (5)가 바글바글 끓으면 물녹말을 풀어 걸쭉하게 만든다. 7. 튀겨 낸 닭고기 위에 레몬소스를 뿌려 낸다.
응 용	• 감자녹말을 전날 물에 담가 놓아 가라앉은 물 녹말을 이용한다. • 닭을 넓게 펴 튀겨서 잘라내기도 하고, 콘플레이크를 위에 뿌려도 맛이 있다.

79 연근조림

재 료 연근 2kg, 진간장 200g, 물엿 100g, 황설탕 100g, 다시마 50g, 식초 · 통깨 약간

조리법

1. 연근은 껍질을 벗겨 3mm 두께로 썰어 식초를 약간 넣은 물에 삶아서 건진다.
2. 다시마 물을 낸다.
3. 냄비에 진간장, 다시마물, 물엿, 황설탕을 끓이다가 데친 연근을 넣고 국물이 없어질 때까지 조려 통깨를 뿌린다. 은근히 오랫동안 국물을 끼얹어가며 조린다.

응 용

- 전날 껍질 벗겨 알맞은 두께로 썰어 물에 담가 아린 맛을 뺀다. 냉장고에 보관한다.

80 난자완스

재 료 돼지 다짐육 4kg, 표고버섯 300g, 양송이 300g, 청경채 200g, 죽순 200g, 굴 소스 40g, 녹말 500g, 달걀 300g, 생강 50g, 간장 50g, 대파 100g, 마늘 100g, 닭 육수 3,000cc, 튀김기름 3~4L

조리법

1. 죽순과 버섯은 편으로 청경채는 4cm 길이로 마늘은 편 썰기 한다.
2. 돼지고기에 청주, 후추, 생강즙, 간장으로 밑간하고 달걀과 녹말을 넣어 반죽해 치댄다. 나무젓가락 4개를 잡고 막 휘저어서 반죽에 끈기를 준다.
3. 완자 반죽을 한 손에 가득 쥐고 주먹을 오므려 엄지와 검지 사이로 반죽을 짜서 동그랗게 만들어 지름 1.5~2cm 크기로 쟁반에 펴 놓는다.
4. 140~150°C 기름에 얼른 데쳐 다시 쟁반에 담고 숟가락으로 꼭꼭 눌러 납작하게 만들어 다시 160~170°C 기름에 튀겨 낸다. 완자를 납작하게 만들 때에는 속이 덜 익었을 때 눌러야 모양이 둥글게 된다.
5. 팬에 파, 마늘을 볶다가 청주, 간장을 넣고 나머지 채소를 빨리 볶는다.
6. (5)에 물이나 육수를 붓고 굴소스, 후추로 간한다.
7. 여기에 튀겨낸 완자를 넣고 3~4분 조려 낸다.
8. 물 녹말을 풀어 걸쭉해지면 참기름을 넣고 담아 낸다.

응용 및 사진

- 양이 적으면 완자를 팬에서 지져도 좋으나 양이 많으면 튀겨 내는 것이 빠르다
- 유아식이므로 완자를 작게 하였으나 보통은 2.5cm 크기로 빚는다.

81 코다리조림

재 료 코다리 5kg, 양파 300g, 홍피망 200g, 청피망 200g, 녹말가루 300g, 간장 200g, 고추장 20g, 육수 300g, 물엿 300g, 파 100g, 마늘 50g

조리법

1. 코다리는 뼈를 바르고 먹기 좋은 크기로 토막 낸 후 소금, 후추로 밑간을 하고 녹말가루를 묻힌다.
2. 청피망, 홍피망, 양파는 세모 썰기를 한다.
3. 팬에 기름을 두르고 밑간한 코다리를 노릇하게 지져낸 다음 채소는 볶아낸다.
4. 팬에 간장, 고추장, 물엿, 파, 마늘, 육수를 넣어 조림소스를 만든 다음 코다리 지진 것을 넣고 버무리다가 채소를 넣어 마무리 한다.

82 마파두부

재 료 두부 3kg, 돼지 다짐육 1kg, 소 다짐육 1kg, 양파 800g, 홍피망 500g, 청피망 200g, 양송이 600g, 생강 50g, 녹말 300g, 두반장 50g, 간장 50g, 굴소스 50g, 참기름 10g, 후추 10g, 닭 육수 4000cc

조리법

1. 두부는 사방 1cm 크기로 깍둑썰기를 한다.
2. 청 · 홍피망, 대파, 마늘, 양파 등은 다지고, 양송이는 2등분하여 얇게 썰어 놓는다.
3. 청피망은 파랗게 볶아 따로 둔다.
4. 파, 마늘, 생강을 볶다가 청주를 넣고 양파, 홍피망, 양송이를 볶다가 두반장을 넣고 볶는다.
5. 다진 고기를 넣고 볶다가 청주, 간장, 굴소스를 넣고 육수를 부어 익혀 놓는다.
6. 소스가 끓으면 끓는 물에 데쳐 낸 두부를 넣고 간이 들게 충분히 끓인다.
7. 여기에 물 녹말을 천천히 조금씩 넣어 골고루 섞어 덩어리가 생기지 않게 한다.
8. 참기름을 넣고 볶아 놓은 청피망을 얹어내거나 밥 위에 얹어 덮밥으로 먹는다.

응용 및 사진

- 유아식이라 매운 고추 대신 붉은 피망을 많이 쓰고 고추기름은 사용하지 않았다.
- 돼지고기만을 써도 좋으나 구수한 맛을 더하기 위해 쇠고기를 같이 사용했다.
- 위에 뿌리는 청피망 대신 완두콩을 삶아 얹어도 좋다.
- 두부는 데쳐서 바로 소스에 넣어야 모양이 흐트러지지 않는다.

83 코다리찜

재 료 코다리 5kg, 미나리 200g, 간장 200g, 양파 300g, 무 500g, 달걀 500g, 파 300g, 마늘 50g, 청주 30g, 소금 20g, 후추 10g, 육수(멸치육수) 2,000cc, 설탕 100g, 녹말 50g

조리법

1. 코다리는 3장 정도 포를 떠서 가시를 빼고 생선살 두 쪽에 소금, 후추, 청주로 간하여 물기를 뺀다.
2. 키친타월로 물기를 걷고 반으로 잘라 밀가루를 묻힌 다음 달걀 물을 씌워 팬에 지져 낸다.
3. 미나리는 다듬어 5cm 길이로 썰고, 양파는 굵은 채, 무는 2cm×2cm크기로 썬다.
4. 냄비 밑에 양파, 무를 깔고 지져 낸 생선을 위에 얹고, 그 위에 다진 파, 마늘, 간장, 깨소금으로 만든 양념장을 끼얹어 육수를 붓고 찐다. 국물에 녹말 물을 넣어 걸쭉하게 만든 후 마지막으로 미나리, 대파를 얹어 낸다.
5. 먹기 좋은 크기로 잘라 낸다.

84 사태떡찜

재 료 흰떡 3kg, 사태 2kg, 무 500g, 당근 500g, 표고버섯 300g, 양파 200g, 간장 400g, 설탕 200g, 파 300g, 마늘 100g, 참기름 20g, 깨소금 20g, 후추 10g

조리법

1. 사태는 덩어리째 씻어서 두꺼운 냄비에 물을 넣고 끓이다가 넣어서 부드럽게 삶는다. 무와 당근도 통째로 넣어 반쯤 익힌다.
2. 흰떡은 1cm 길이로 토막 내어 끓는 물에 살짝 데쳐 낸다. 유아식이므로 동글 썰기하고, 달라붙지 않게 하기 위해 참기름을 바른다.
3. 삶은 사태는 얇게 저미고 무, 당근은 4cm 크기로 토막 낸 다음 모서리를 도려 낸다.
4. 양파는 크게 썰고, 표고버섯도 4등분 한다.
5. 간장, 설탕, 파, 마늘, 참기름, 깨소금으로 찜 양념장을 만든다.
6. 냄비에 양파, 당근, 무, 표고버섯, 사태를 넣고 찜 양념장 중 절반을 넣고 육수를 부어 끓인다.
7. 고기와 채소에 간이 배면 떡을 넣고 나머지 양념장을 넣고 국물이 졸아 들도록 찌고, 참기름, 후추로 마무리하여 낸다.

응 용

- 흰떡을 5cm 길이로 썰어 소박이처럼 칼집을 내어 고기 다진 것을 넣어 떡찜을 한다.
- 사태를 삶기 힘들 때는 불고기감을 크게 썰어 양념하여 찜을 해도 좋다.

85 닭 찜

재 료	닭 6kg, 마른 고추 약간, 당근 500g, 고구마 500g, 양파 200g, 표고버섯 300g, 대추 100g, 생강 50g, 파 300g, 마늘 100g, 간장 300g, 설탕 100g, 물엿 500g, 소금 50g, 후추 10g, 청주 20g
조리법	1. 닭은 토막 내어 깨끗이 씻어 소금, 후추, 생강술을 뿌려 재워 둔다. 2. 식용유를 두르고 마른 고추를 썰어서 씨를 빼고 볶다가 닭을 볶아 기름을 뺀다. 3. 양파는 크게 썰고 당근도 큼직하게 썰어(2.5cm×2.5cm) 모서리를 돌리고 고구마도 당근 크기로 썬다. 표고버섯도 큼직하게 썰어 둔다. 4. 냄비에 물엿과 물을 넣고 끓여 녹으면 다진 파, 마늘, 간장, 설탕을 넣고 잘 젓는다. 5. 냄비에 양파, 당근, 고구마, 표고버섯, 닭, (4)의 양념장을 넣고 중간 불에서 국물을 끼얹어 가면서 서서히 조린다. 조리는 중간에 대추를 넣고 마지막에 참기름, 후추로 간한다.
응용 및 사진	• 북어를 물에 담가 부드러워지면 꼭 짜서 4cm 크기로 자른다. 다시 마도 불려 3cm×4cm 크기로 잘라 찜에 넣어도 맛이 조화롭다. • 고구마 대신 감자를 쓰기도 하고 불린 당면을 넣으면 아이들이 좋아한다. • 기름에 볶지 않고 닭을 끓는 물에 데쳐 내서 찜을 하기도 한다. 

86 명란연두부달걀찜

재 료	연두부 1.5kg, 달걀 3kg, 명란 1kg, 표고버섯 300g, 쪽파 200g, 다시물 500g
조리법	1. 달걀을 풀어 체에 거르고, 연두부도 체에 으깨어 내린다. 2. 명란은 껍질을 벗기고 알만 꺼낸다. 3. 표고버섯은 다지고 쪽파도 다진다. 4. 다시물에 위의 재료를 모두 섞어 넣고 찜통에 올린 다음 중탕으로 찐다. 5. 먹기 좋은 크기로 잘라 내어 놓는다.
응 용	• 달걀에 다시물을 넣고 다진 당근, 양파, 버섯 등을 넣고 데친 새우, 데쳐 썰어 놓은 닭고기, 날치알 등을 넣어 달걀찜을 하기도 한다.

87 돼지갈비찜

재 료 돼지갈비 6kg, 당근 300g, 양파 500g, 감자 800g, 표고버섯 300g, 대추 100g, 건고추 약간, 청주 50g, 간장 400g, 설탕 200g, 파 300g, 마늘 100g, 참기름 20g, 후추 10g, 꿀 20g, 청 · 홍피망 약간씩

조리법

1. 돼지갈비는 질긴 힘줄이나 기름 덩어리를 떼어 내고, 5cm 크기로 토막 내어 찬물에 담가 핏물을 뺀 다음 건져서 물기를 닦는다. 돼지고기는 찬물에 한 번 더 담가 핏물을 뺀 다음 끓는 물에 청주, 생강 등을 넣고 같이 삶다가 물이 끓어오르면 건져 낸다.
2. 양파와 기둥을 떼어 낸 표고버섯은 큼직하게 썰고, 감자는 4~6등분으로 크게 썰어 모서리를 돌리고 당근도 감자보다 조금 작게 썰어 준비한다.
3. 간장, 설탕, 파, 마늘, 참기름, 깨소금 등으로 찜 양념장을 만든다.
4. 돼지갈비에 양념장의 절반을 넣고 버무려 30분~1시간 정도 재워 둔다.
5. 냄비에 양파와 갈비, 당근, 썰어 놓은 건고추, 감자, 표고버섯을 넣어 푹 끓인다. 고기가 무르게 익으면 나머지 양념장과 대추를 넣고 위아래를 섞어서 고루 간이 배도록 찐다. 이때 꿀을 약간 넣어 주면 윤기도 나고 맛도 좋다.
6. 국물이 거의 없어지면 참기름으로 마무리하고, 어슷하게 썬 청 · 홍피망으로 고명을 얹어 먹기 좋은 크기로 잘라 배식한다.
7. 유아에게 배식할 때는 편으로 썰어 양념국물에 비벼 채소와 함께 배식한다.

응 용

- 돼지 사태도 위와 같은 방법으로 찜을 한다.

전 · 적류

전은 고기나 생선, 채소 등의 재료를 다지거나 얇게 저민 것에 밀가루와 달걀물을 씌워 기름에 납작하게 지져낸 것이다. 재료가 생선일 때는 전유어라고 한다. 적은 여러 가지 재료를 손가락 크기로 썰어서 꼬치에 꿰어 구운 음식으로, 조리방법에 따라 산적, 누름적, 지짐누름적 등으로 나눌 수 있다.

88 고기완자전

재 료	소다짐육 2kg, 돼지다짐육 2kg, 두부 2kg(약 5모), 당근 300g, 표고버섯 200g, 양파 400g, 달걀 1.5kg, 밀가루 600g, 식용유 300g, 참기름 50g, 마늘 50g, 파 100g, 깨소금 50g, 소금 50g, 설탕 200g, 후추 10g
조리법	1. 두부는 물기를 빼고 칼 편으로 으깬다. 2. 고기는 핏물을 빼고 곱게 다진다. 3. 파, 마늘은 다지고 당근, 표고버섯, 양파도 믹서로 곱게 다진다. 4. 고기와 두부, 채소 등을 섞어 파, 마늘, 소금, 설탕, 후추 등으로 간하여 잘 치대어 지름 1.5cm 크기로 동글납작하게 빚는다. 5. 넓은 쟁반에 밀가루를 담고 완자전을 굴린 후 달걀을 씌워 달군 프라이팬에 기름을 두르고 지진다.
사 진	

89 콩 전

재 료	흰콩 1.5kg, 깐 녹두 500g, 돼지 다짐육 1kg, 당근 300g, 표고버섯 200g, 양파 200g, 식용유 600g, 소금 20g
조리법	1. 흰콩을 불려 껍질을 벗기고 믹서에 갈아 녹두 간 것과 같이 섞어 둔다. 2. 돼지고기는 다진 파, 다진 마늘, 간장, 후추를 넣어 양념하여 볶아서 차게 식혀 믹서에 갈아 둔다. 3. 당근, 표고버섯, 양파도 같이 갈아 둔다. 4. 모든 재료를 섞어 소금으로 간한 뒤, 프라이팬에 지름 3cm 크기로 지져 낸다.

90 깻잎전

재 료 깻잎 350g, 두부 1kg(2.5모), 돼지 다짐육 2kg, 양파 300g, 달걀 1kg, 밀가루 300g, 식용유 600g, 소금 30g, 후추 10g, 참기름 20g, 설탕 100g, 파 50g, 마늘 30g

조리법

1. 깻잎은 흐르는 물에 한 장씩 비벼 깨끗이 씻어 물기를 거둔다.
2. 돼지고기 다진 것에 파, 마늘, 소금, 후추, 참기름으로 양념해서 무친다.
3. 두부는 눌러 물기를 짠 후 칼 편으로 으깨어 2.에 돼지고기와 섞는다. 양파도 다져 같이 섞는다.
4. 깻잎에 밀가루를 약간 묻힌 후 반쪽에만 위의 소를 얇게 펴 바른 다음 반으로 접어 눌러서 포크로 구멍을 몇 군데 낸다. 이때 속을 너무 많이 넣지 않는다.
5. 밀가루 묻히고 달걀 물을 입혀 프라이팬에서 지져 낸다.
6. 한 입 크기로 잘라 내어 놓는다.

91 김치고기전

재 료 김치 2kg, 돼지 다짐육 1kg, 표고 300g, 양파 500g, 유기농부침가루 1kg, 유기농 백밀가루 500g, 식용유 500g, 파 50g, 마늘 30g, 간장 20g, 생강 10g, 당근 300g

조리법

1. 김치는 속을 털어낸 뒤 물에 한 번 씻어 물기를 제거하고 폭 1cm, 2~3cm 길이로 썰어 양파즙 육수로 양념하여 부드러워질 때까지 볶아 둔다.
2. 돼지 다짐육은 생강즙, 간장, 다진 파, 다진 마늘로 양념하여, 다진 표고버섯, 다진 양파와 같이 볶은 뒤 차게 식혀 둔다.
3. 부침가루, 밀가루를 합하여 물에 거품기로 충분히 갠다.
4. 준비한 재료를 골고루 섞은 뒤 부치기 좋은 농도로 반죽하여 잠시 숙성시킨다.
5. 기름 두른 팬에 반죽을 떠 넣어 지름 30cm 크기로 둥글게 노릇하게 지져 낸다.
6. 먹기 좋은 크기로 썰어 내어 놓는다.

응용 및 사진

- 부침 반죽은 개어 논 후 바로 부치는 것보다 1시간 정도 지난 후 부쳐야 더 쫄깃하고 맛있다.

92 빈대떡

재 료 깐 녹두 2kg, 돼지 다짐육 1kg, 고사리 500g, 숙주 500g, 당근 300g, 표고버섯 200g, 양파 200g, 식용유 600g, 파 100g, 마늘 50g, 간장 30g, 후추 10g, 소금 20g

조리법

1. 녹두는 8시간 정도 물에 담가 불려 물을 따라내고 바락바락 주물러 껍질을 벗긴다. 껍질이 완전히 벗겨질 때까지 주물러 가면서 여러 번 헹구어 껍질을 걸러 낸다.
2. 믹서에 녹두 불린 것을 넣고 물을 조금씩 부어가며 되직하게 갈아 둔다.
3. 돼지고기는 다진 파, 다진 마늘, 간장, 후추 등을 넣어 양념하여 볶아서 차게 식힌 다음 믹서에 갈아 둔다.
4. 볶은 고사리와 데친 숙주는 양념하여 곱게 다지고, 당근, 표고버섯은 갈아 둔다.
5. 갈아 놓은 녹두에 여러 양념을 넣어 마지막 소금으로 약하게 간을 하여 프라이팬에 지름 3cm 크기로 지져 낸다. 따뜻할 때 배식한다.

응 용

- 유아식으로 모든 재료를 갈아서 부드럽게 만든다.

93 멸치두부전

재 료 두부 4.2kg(10모), 잔멸치다짐 500g, 달걀 800g, 당근 500g, 시금치 500g, 양파 300g, 소금 10g, 식용유 600g

조리법

1. 두부는 물기를 짜서 칼 편으로 곱게 으깬다.
2. 시금치는 데친 후 곱게 다진다.
3. 멸치는 물에 한 번 씻어서 다지거나 믹서로 간다.
4. 당근, 양파도 곱게 간다.
5. 으깨 놓은 두부에 멸치가루, 다진 시금치, 당근, 양파, 달걀을 넣고 잘 섞은 뒤, 소금, 후추로 간한다.
6. 프라이팬에 식용유를 두르고 멸치두부 반죽을 한 숟가락씩 놓고 지진다.

응용 및 사진

- 멸치가 짜므로 간을 약하게 한다.

94 생선전

재 료 동태살(냉동) 4kg, 밀가루 150g, 달걀 1kg, 청주 30g, 소금 30g, 흰 후추 10g, 식용유 600g

조리법

1. 동태살은 포 뜬 후 가시를 발라 내고, 체에 밭쳐 물기를 뺀 뒤 소금, 후추, 청주로 간을 해둔다. 포를 뜨고 오래 지나면 수분이 빠지므로 포를 뜬 후 바로 만들어야 부드럽다.
2. 달걀은 잘 풀어 놓는다.
3. 동태살에 밀가루를 가볍게 묻힌 다음 달걀옷을 입힌다.
4. 프라이팬에 식용유를 두르고 중불에서 노릇하게 지져 낸다.
5. 먹기 좋은 크기로 자른다.

응용 및 사진

- 너무 오래 지지면 살이 단단해져 맛이 없으므로 주의한다.

95 참치채소전

재 료 참치(캔) 1.75kg, 청 · 홍피망 200g, 옥수수(캔) 1kg, 양파 800g, 달걀 750g, 후추 10g, 두부 800g(2모), 식용유 600g

조리법

1. 참치는 체에 밭쳐 기름기를 뺀다.
2. 옥수수도 체에 밭쳐 물기를 걷는다.
3. 청 · 홍피망, 양파는 옥수수 크기로 잘게 자른다.
4. 두부는 물기를 빼서 칼편으로 으깨 놓고, 달걀도 풀어 둔다.
5. 참치는 손으로 비벼 부드럽게 만든 뒤 옥수수, 피망, 양파 등을 한 데 버무려 풀어 놓은 달걀을 조금씩 덜어 섞어서 한 숟가락씩(지름 3cm) 떠서 달궈진 팬에 지져 낸다.

응용 및 사진

- 두부를 넣으면 훨씬 부드럽고 참치의 비린 맛도 감소한다.

96 연근전

재 료 연근 2kg, 식초 30g, 유기농 밀가루 200g, 물 100g, 간장 30g, 참기름 20g, 식용유 600g

조리법

1. 연근은 지름이 3~5cm 굵기의 것을 골라 깨끗이 씻어 껍질을 벗겨 0.5cm 정도 두께의 둥근 모양으로 썰어 식초를 조금 넣은 냉수에 담가 둔다.
2. 냄비에 물을 넉넉히 넣고 끓인 뒤 썰어 둔 연근을 삶아 건져 낸다.
3. 밀가루에 간장, 참기름, 물을 넣고 잘 갠다.
4. 데쳐낸 연근에 밀가루를 고루 묻힌 후 밀가루즙에 담갔다가 뜨겁게 달군 팬에 기름을 두르고 양면을 노릇하게 지져낸다.

응용 및 사진

- 얇게 썰어 부치면 아삭아삭하여 유아들이 즐겨 먹는다.
- 밀가루즙에 비트즙을 넣으면 분홍색의 연근전이 예쁘다.

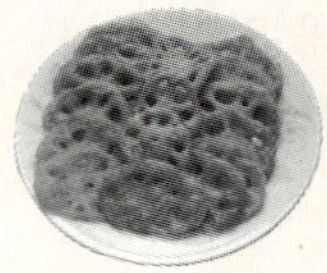

97 애호박부침

재 료 애호박 2kg, 간장 100g, 파 50g, 마늘 30g, 깨소금 50g, 참기름 20g, 식용유 600g

조리법

1. 애호박을 가는 것으로 5~6mm로 약간 두껍게 썰어 놓는다.
2. 달구어진 팬에 기름을 두르고 지진다.
3. 간장에 다진 마늘, 다진 파, 깨소금, 참기름을 넣어 양념장을 만든다.
4. 지져 낸 애호박 위에 양념장을 뿌려 낸다.

응 용

- 애호박에 소금 간을 하여 물기를 걷은 후 밀가루, 달걀을 씌워 애호박전을 부친다.
- 반찬으로는 달걀을 씌운 애호박전보다 간장 양념장의 애호박부침을 더 잘 먹는다.

볶음 · 튀김류

볶음은 전골과 비슷하나 주재료가 뚜렷하다. 부엌에서 볶아 합과 같이 뚜껑이 있는 그릇에 담아 식지 않게 하여 상에 내놓는 요리이다.

98 모듬달걀말이

재 료 (1인분 70g)

달걀 5kg, 시금치 1kg, 캔터키 프랑크소시지 1kg, 게맛살 크래미 1kg, 표고버섯 300g, 식용유 500g, 다시물 500g, 소금 약간

조리법

1. 시금치는 깨끗이 다듬어 끓는 물에 소금을 넣고 파랗게 데쳐 찬물에 담근 후 물기를 꼭 짠 후 송송 썬다.
2. 프랑크소시지는 세로로 이등분 한 후 얇게 반달썰기 한다.
3. 게맛살은 잘게 썰고, 표고버섯도 잘게 다진다.
4. 달걀을 풀어 소금 약간, 다시물 약간 넣어 고루 풀어 체에 거른다.
5. 달걀 물에 여러 재료들을 섞는다.
6. 달군 사각 프라이팬에 기름을 두르고 달걀 물을 부어 돌돌 말아가며 지진다. 젓가락으로 찔러 가며 중불에서 지져야 속까지 잘 익는다.
7. 네모나게 모양 잡은 것을 5~6mm 두께로 썰어 낸다.

사 진

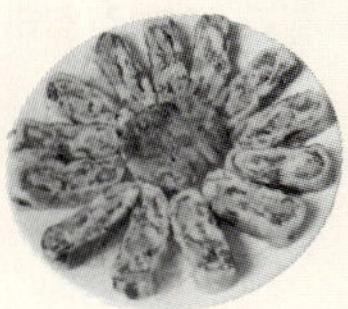

99 오징어채볶음

재 료

오징어실채 1kg, 간장 100g, 설탕 100g, 식용유 200g, 통깨, 참기름, 고추기름

조리법

1. 오징어실채는 5cm 길이로 잘라 둔다.
2. 간장에 설탕의 2/3를 넣고 양념장을 만들어 설탕이 녹을 정도로만 열을 가해 둔다.
3. 고추기름을 데워 오징어 실채를 기름에 살짝 무쳐 둔다.
4. 양념장을 실채에 조금씩 넣으며 양념을 무친다.
5. 팬에 양념한 오징어채를 넣고 살짝 열을 가해 볶다가 나머지 설탕을 솔솔 뿌려 가며 참기름, 통깨를 뿌려 마무리한다. 열이 강하면 딱딱해지기 쉬우므로 부드러운 실채의 맛을 살리기 위해서는 약한 불에서 조리한다.

100 섭산적

재 료 소다짐육 4kg, 두부 1.5kg, 간장 300g, 소금 10g, 설탕 120g, 파 180g, 마늘 120g, 깨소금 80g, 참기름 100g

조리법

1. 쇠고기는 연하고 기름기 없는 부위로 다진다.
2. 두부는 눌러 물기를 빼고 칼 편으로 곱게 으깬다.
3. 쇠고기와 두부를 합하여 양념을 한데 넣어서 고루 끈기가 나도록 섞는다.
4. 반대기를 지어 치대 주고, 1cm 두께 칼등으로 자근자근 두들겨 준다.
5. 프라이팬에 기름을 두르고 먼저 센 불에서 겉면을 익힌 후 중불에서 서서히 익힌다.
6. 한 김 식은 후 작은 크기로 잘라 배식한다.

응 용

- 섭산적을 간장에 조려 장산적으로 만들어 이용하기도 한다.
- 새송이버섯을 얇게 썰어 밀가루를 묻힌 후 고기 반대기를 얇게 부쳐 같이 지져 내어 새송이섭산적으로 배식하기도 한다.

101 마늘종새우볶음

재 료 마늘종 2kg, 꽃새우 500g, 간장 200g, 고추장 50g, 식용유 200g, 설탕 150g, 육수 약간

조리법

1. 꽃새우는 깨끗이 다듬어 놓는다. 마늘종은 단단하고 질긴 부분은 잘라 내고 4cm 길이로 썬 다음 끓는 물에 소금을 넣고 살짝 데친다.
2. 간장, 고추장, 설탕을 섞어 양념장을 만든다.
3. 꽃새우를 식용유에 볶아 놓는다.
4. 끓인 양념장에 데친 마늘종을 넣고 은근한 불에서 졸이다가 간이 들면 볶아 놓은 새우와 육수를 넣고 같이 졸여가며 볶다가 참기름, 깨소금을 넣어 마무리한다.

응용 및 사진

- 새우 대신 쇠고기를 채 썰어 양념하여 나중에 넣어 조린다.
- 봄에는 마늘종이 연해서 살짝 조려도 되지만 가을에는 질기므로 오랫동안 조린다.

102 미역줄기볶음

재 료 미역줄기 2.5kg, 게맛살 1kg, 표고버섯 200g, 마늘 50g, 파 100g, 양파 200g, 당근 200g

조리법
1. 염장된 미역줄기는 물에 담가 소금기를 빼고, 끓는 물에 데쳐 먹기 좋은 크기로 썬다.
2. 게맛살은 알맞게 찢어 놓는다.
3. 양파는 채 썰고 표고버섯은 편으로 썰고 당근은 골패 모양으로 얇게 썰어 따로따로 볶아 놓는다.
4. 미역줄기를 볶다가 채소를 섞어 같이 볶고, 또 게맛살을 섞어 파를 얹고 깨소금, 참기름으로 마무리한다.

103 머위대들깨볶음

재 료 머위대 3kg, 들깨 300g, 간장 200g, 파 50g, 마늘 50g, 육수 200g

조리법
1. 머위대는 연한 것으로 껍질을 벗겨 삶아 둔다.
2. 생들깨는 물을 붓고 믹서에 간다.
3. 삶은 머위대는 5cm 길이로 손가락 굵기의 먹기 좋은 크기로 썰어, 간장, 다진마늘, 다진파를 넣어 양념하여 볶다가 갈은 들깨즙을 얹어 육수를 약간 부어가며 볶아 낸다.

사 진

104 베이컨양배추볶음

재 료 베이컨 3kg, 양배추 1kg, 부추 500g, 통마늘 500g, 맛간장(굴소스) 300g

조리법
1. 베이컨은 팬에 기름을 약간 두르고 베이컨과 마늘편을 구워 내어 기름을 뺀다.
2. 구워 낸 베이컨은 먹기 좋은 크기(3cm)로 자르고, 키친타월로 기름을 걷는다.
3. 양배추는 깨끗이 씻어 네모나게 썰어 살짝 데쳐 놓는다.
4. 부추는 깨끗이 씻어 4cm 길이로 잘라 둔다.
5. 마늘편과 베이컨을 팬에 다시 볶다가 데친 양배추를 넣고 볶고 마지막으로 부추를 넣고 맛간장이나 굴소스로 살짝 양념하여 내어놓는다.

105 고구마순볶음

재 료	삶은 고구마순 4kg, 파 100g, 마늘 50g, 멸치육수 300g, 국간장 100g, 참기름 30g, 깨소금 10g
조리법	1. 고구마순은 껍질을 벗겨 깨끗이 다듬는다. 2. 5~6cm 크기로 먹기 좋게 자른다. 3. 국간장, 다진 파, 마늘로 양념하여 처음부터 센 불로 한꺼번에 볶는다. 4. 육수를 부어 부드럽게 익힌다. 5. 참기름, 깨소금을 넣어 마무리한다.
응 용	• 생고구마순은 반드시 삶아서 써야 한다.

106 아몬드멸치볶음

재 료	잔멸치(지리멸치) 1kg, 아몬드 400g, 간장 100g, 고추장 30g, 물엿 30g, 설탕 100g, 식용유 200g, 향신기름(마늘, 고춧가루를 덖은 식용유에 넣어 거른 기름), 통깨
조리법	1. 잔멸치를 체에 밭쳐 가루를 털어 낸다. 2. 멸치의 짠맛과 비린 맛을 제거하기 위해 향신기름에 잔멸치를 먼저 볶아 낸다. 3. 아몬드를 작은 크기로 잘라 기름에 볶아 건져 낸다. 4. 간장, 고추장, 설탕, 물엿을 섞어 열을 가하여 양념장을 만든다. 5. 볶아 놓은 멸치에 양념장을 두르고 빨리 볶아 내고 마지막에 아몬드도 넣고 볶는다. 6. 참기름, 통깨로 마무리한다.
응 용	• 끓여 놓은 양념장을 넣어 빨리 볶아 내야 눅진거리지 않는다. • 호두, 땅콩 등 견과류를 다양하게 이용할 수 있다. • 잔멸치는 유아들이 먹기 편하며, 이를 이용해 주먹밥을 할 수도 있다. • 중간 크기 멸치는 꽈리고추를 같이 넣어도 좋다. • 꽃새우도 같은 방법으로 볶는데, 꽃새우는 타기 쉬우므로 약한 불에서 빨리 조리한다.

107 옥수수감자버터볶음

재 료 감자 3kg, 캔옥수수 1.5g, 버터 200g, 간장 120g, 파슬리찹 20g, 식용유 100g

조리법

1. 감자는 3mm 정도로 얇게 슬라이스해서 물에 담가 전분을 뺀다.
2. 키친타월이나 행주를 이용하여 감자의 물기를 걷는다.
3. 캔옥수수는 물기를 걷고 팬에 볶아 놓는다.
4. 감자를 팬에 기름을 살짝 두르고 쫙 펴서 익힌다.
5. 큰 팬에 익힌 감자, 옥수수를 같이 섞어 버터를 두르고 볶다가 분량의 간장으로 간을 하고, 파슬리찹을 뿌려 낸다.

응 용

- 같은 방법으로 감자 대신 게살도 볶아 낸다. 게살일 경우 간을 소금으로 한다.

108 채소소시지볶음

재 료 비엔나소시지 3kg, 양송이 800g, 피망 1.5kg, 양파 1kg, 토마토케첩 500g, 스테이크소스 50g, 마늘 10g, 설탕 500g, 통마늘 50g

조리법

1. 소시지는 터지지 않도록 칼집을 낸다.
2. 양송이는 모양을 살려 얇게 썰고, 양파, 청 · 홍피망은 세모썰기 한다.
3. 소스용 양파는 곱게 다져 노릇하게 볶아지면 토마토케첩, 설탕, 스테이크소스, 물 등을 넣어 걸쭉해질 때까지 끓여 소스를 만든다.
4. 통마늘은 편으로 썰어 소시지와 같이 볶아 낸다.
5. 색깔나게 볶은 채소에 소시지를 넣고 같이 볶다가 소스를 얹어 맛을 낸다.

응용 및 사진

- 꼬치에 소시지, 양송이, 피망, 양파를 번갈아 꿴 뒤 소스를 발라 오븐에서 굽거나 팬에 굴려 가며 지져서 꼬치구이를 만들 수 있다.

109 새우토마토케첩볶음

재 료 새우 5kg, 달걀 400g, 녹말 500g, 당근 200g, 양파 300g, 대파 100g, 생강 50g, 토마토케첩 500g, 청주 50g, 설탕 200g, 육수 500g, 완두콩 100g, 튀김기름 2kg, 소금 20g

조리법

1. 새우는 껍질을 벗기고 이쑤시개로 등 쪽의 내장을 제거한다. 청주, 생강즙으로 미리 양념한다.
2. 양파, 당근, 대파는 2cm 크기로 편 썰어 두고, 완두콩은 소금물에 살짝 데친다.
3. 새우에 달걀, 녹말가루를 넣고 반죽하여 160~170°C 기름에 튀긴다.
4. 팬에 기름을 두르고 뜨거워지면 파, 양파를 넣고 향이 나면 채소를 볶다가 토마토케첩과 육수를 붓고 끓인 다음 설탕, 소금으로 맛을 낸다.
5. 튀긴 새우를 (4)에 넣고 물녹말을 조금씩 부어 가며 농도를 조절한 후 완두콩, 참기름으로 마무리한다.

응 용

- 토마토케첩은 충분히 볶아 주어야 신맛 등이 덜하다.

110 새송이고기채소볶음

재 료 새송이 2kg, 소불고기 1kg, 양파 300g, 파프리카 600g, 청피망 100g, 식용유 200g, 청주 20g, 간장 200g, 마늘 30g, 파 50g, 녹말 50g, 소금 20g, 참기름 100g

조리법

1. 소불고기 감으로 2cm×4cm 크기로 썰어 양념(간장, 청주)에 재워 놓는다.
2. 새송이는 어슷썰어 참기름, 소금에 버무려 둔다.
3. 양파, 파프리카, 청피망은 삼각썰기 한다.
4. 채소는 끓는 물에 소금, 식용유를 넣고 살짝 데친다.
5. 마늘은 편으로, 파는 4cm 길이로 썰어 반 가른다.
6. 팬에 식용유를 두르고 대파, 마늘, 생강을 살짝 볶다가 청주와 간장을 넣고, 양념한 고기를 빨리 볶다가 새송이, 데친 채소를 넣고 잠깐 볶다가 물녹말을 넣어 잘 섞고 참기름을 넣어 마무리한다.

응 용

- 양송이, 표고버섯, 브로콜리 등 여러 버섯, 채소 등을 이용한다.

111 치즈돈가스

재 료 돼지고기 5kg, 양파 300g, 생강 100g, 청주 300g, 밀가루 200g, 빵가루 1.5kg, 모짜렐라치즈 2.5kg, 깻잎 200g, 청 · 홍피망 200g, 달걀물(달걀 1kg, 카레 30g, 소금 50g, 후추 20g, 생강 20g, 마늘 30g, 튀김가루 800g), 튀김기름 4kg

조리법

1. 돼지고기는 등심으로 칼집을 내어 얇게 펴둔다. 치즈 속을 넣을 것이므로 보통 돈가스 고기보다 얇게 썬다.
2. 양파즙, 생강즙, 청주를 섞어 즙으로 짜서 바락바락 주물러 준다.
3. 청 · 홍피망은 다져서 볶아 물기를 뺀다.
4. 깻잎을 깨끗이 씻어 행주로 물기를 꼭 뺀다.
5. 고기에 밀가루를 묻히고 깻잎을 놓고 피망, 모짜렐라치즈를 얹고 돌돌 말아 달걀물이나 소스물을 묻혀 둔다.
6. 말아 놓은 고기에 밀가루를 약간 묻히고 달걀물을 씌운 다음 빵가루를 묻혀 160~170°C에서 튀겨주고, 동그랗게 썰어 내어 놓는다.

응 용

- 얇게 편 고기에 밀가루를 묻히고 깻잎을 놓은 후 다시 모짜렐라치즈, 청 · 홍피망을 얹고 다시 깻잎을 얹고 밀가루를 묻혀 얇은 고기로 덮어 넓게 한 고기를 튀김옷을 입혀 튀긴 뒤 접시에 썰어 놓기도 한다.

112 생선커틀릿

재 료 생선살 5kg, 밀가루 500g, 빵가루 1.5kg, 달걀 1kg, 소금 50g, 흰 후추 20g, 튀김기름 4kg, 청주 30g

조리법

1. 생선을 약간 두껍게 약 3~4mm 정도로 포를 뜬 뒤 가시를 발라 내고, 소금, 흰후추, 청주를 뿌려 놓는다.
2. 동태살에 밀가루를 가볍게 묻히고 달걀 물에 담갔다 빵가루를 묻혀 둔다.
   너무 건조된 빵가루는 물이나 우유를 약간 뿌려 손으로 비벼 수분감이 있게 한다.
3. 170°C 중불에서 노릇하게 튀겨 낸다.
4. 식으면 먹기 좋은 크기로 자르고 타르타르소스를 곁들여 낸다.

응 용

- 대구살을 쓰기도 한다. 박력분을 이용하면 튀김이 바삭하다.

113 닭안심튀김

재 료 닭안심 6kg, 양파 300g, 빵가루 1kg, 청주 300g, 밀가루 500g, 달걀 1kg, 식용유 1kg, 소금 50g, 후추 20g, 튀김기름 4kg

조리법

1. 닭안심은 심줄을 제거하고 먹기 좋은 크기로 2~3등분 한다.
2. 양파즙과 청주로 밑간을 들이고 소금, 후추로 간한다.
3. 닭고기의 수분을 제거하고 밀가루를 묻힌 다음 달걀물, 빵가루를 씌워 놓는다.
4. 170°C 정도의 중불에서 노릇하게 튀겨 낸다.
5. 토마토케첩, 머스터드 등 소스와 같이 내어 놓는다.

114 닭안심치즈튀김

재 료 닭안심 6kg, 양파 300g, 청주 300g, 깻잎 300g, 체다치즈 2kg, 달걀 1kg, 빵가루 1kg, 소금 20g, 후추 10g, 식용유 4kg

조리법

1. 닭안심의 옆쪽으로 칼집을 넣어 얇게 편다.
2. 밀대로 밀어 편편하게 하여 양파즙, 청주, 소금, 후추를 골고루 뿌려 재워 놓는다.
3. 닭살은 밀가루를 묻히고 그 위에 깻잎, 치즈, 깻잎순으로 얹어 밀가루를 묻힌 다음 안심 한 장으로 덮는다.
4. (3)을 밀가루, 달걀물, 빵가루 순서로 묻혀 170°C 정도의 기름에서 노릇하게 튀겨 낸다.
5. 먹기 좋은 크기로 잘라 토마토케첩 등 소스와 같이 내어 놓는다.

115 새우튀김

재 료 (1인분 80g) 새우 5kg, 밀가루 600g, 달걀 1kg, 빵가루 1kg, 소금 20g, 후추 10g, 청주 200g, 식용유 2kg

조리법

1. 새우는 머리는 떼고 꼬리 부분만 남긴 채 껍질을 벗겨 낸 다음 꼬치로 내장을 빼낸다.
2. 새우가 크면 등 쪽을 가르고 작으면 새우의 배쪽 부위를 사선으로 2~3회 칼집을 넣은 다음 바로 눕혀 손으로 새우의 모양을 일직선으로 잡아주고, 소금, 흰 후추, 청주로 재워 둔다.
3. 밀가루, 달걀물, 빵가루를 묻혀 160~170°C 기름에 튀겨 타르타르소스 등과 같이 낸다.

응 용

- 달걀흰자를 거품 낸 튀김옷을 입혀 튀기기도 한다.
- 밀가루, 튀김가루, 달걀로 반죽을 만들어 옷을 입혀 튀기는 방법도 있다.

116 오징어링튀김

재 료 오징어 5kg, 밀가루 1kg, 달걀 500g, 빵가루 1kg, 토마토케첩 500g, 청주 300g, 식용유 2kg

조리법

1. 오징어는 몸통을 가르지 않고 다리를 잡아당겨 내장을 빼낸 다음 껍질을 벗기고, 링으로 썰어 둔다.
2. 다리는 잔 칼집을 내 연하게 만든 뒤, 먹기 좋은 크기로 자른다.
3. 오징어에 청주로 밑간해 두고, 오징어의 수분을 행주나 키친타월로 제거한다.
4. 밀가루, 달걀물, 빵가루를 입혀 튀겨 낸다.

응용 및 사진

- 박력분, 튀김가루, 달걀 약간에 토닉워터나 얼음물을 넣어 밀가루집을 만든다. 오징어에 가루를 묻히고 밀가루집에 넣어 튀김기름에 튀겨 내기도 한다.
- 오징어링튀김은 오징어가 작은 크기여야 연하고 맛있으며 5, 6월에 많이 나온다

117 닭봉튀김

재 료 닭봉 6kg, 양파 300g, 당근 200g, 마늘 200g, 토마토케첩 800g, 고추장 100g, 물엿 400g, 설탕 300g, 마요네즈 200g, 고운 고춧가루 100g, 간장 200g, 레몬 300g, 튀김가루 600g, 청주 30g, 백포도주 50g

조리법

1. 닭봉을 레몬즙, 청주, 백포도주, 마늘, 소금, 후추로 밑간한다.
2. 물 대신 레몬즙으로 묽기를 조절하여 튀김가루를 묻혀 바삭하게 튀겨 낸다.
3. 팬에 식용유 두르고 다진 마늘을 넣고 센 불에서 볶다가 다진 양파, 다진 당근을 넣어 볶는다.
4. 여기에 물, 토마토케첩, 고추장을 넣어 끓이다가 물엿, 설탕, 마요네즈, 고운 고춧가루, 간장을 넣고 약한 불에서 끓여 소스를 만들어 둔다.
5. 큰 그릇에 튀긴 닭을 넣고 식혀 둔 소스와 땅콩을 넣어 버무린다.

응 용

- 프라이드치킨은 닭에 소금, 후추, 청주 등 기본 양념을 한 후 튀김옷을 밀가루(또는 튀김가루), 달걀, 토닉워터, 얼음물을 가볍게 섞어 튀겨 내기도 한다.
- 케이준닭튀김은 밀가루(또는 튀김가루)에 케이준가루를 섞어 튀김옷을 만들어 쓰기도 한다.

118 새우완자튀김

재 료	다진 새우 4kg, 돼지 다짐육 1kg, 달걀 500g, 청주 200g, 녹말 500g, 마늘 30g, 생강 20g, 간장 30g, 튀김기름 2kg
조리법	1. 믹서를 이용하여 새우살을 다진다. 2. 돼지 다짐육을 곱게 다져 마늘, 생강즙, 간장을 양념하여 팬에 볶아 넓게 펴 한김 식힌다. 3. 볶은 돼지고기와 새우를 다시 한번 믹서에 다진다. 4. 큰 볼에 돼지고기, 새우를 담고 달걀, 청주, 녹말을 넣은 후 소금, 후추로 간을 하여 끈기가 생기도록 치댄다. 5. 끈기가 생긴 반죽을 한 손에 가득 쥐고 주먹을 오므려, 엄지와 검지 사이로 반죽을 짜서 숟가락으로 떠서 160°C 기름에 튀겨 낸다.
응 용	• 두부와 당근, 양파, 피망을 같이 섞기도 하며, 같은 방법으로 오징어볼도 만든다.

119 마요네즈소스새우

재 료	왕새우 5kg, 녹말 600g, 마요네즈 200g, 설탕 200g, 생크림 80g, 레몬즙 20g, 청주 30g, 양상추 1kg, 브로콜리 900g, 튀김기름 2kg
조리법	1. 새우는 껍질, 내장을 제거하고 깨끗이 씻어 큰 것은 등 쪽을 갈라 둔다. 2. 청주를 뿌려 비린내를 없앤다. 3. 물기를 닦고 녹말을 무친다. 달걀과 녹말을 섞어 튀김옷을 만들어 쓰기도 한다. 4. 170°C의 기름에서 새우를 튀겨 낸다. 5. 팬에 마요네즈에 설탕을 넣어 살짝 끓여 설탕을 녹인 후 생크림을 넣고 레몬즙을 짜서 넣은 다음 잘 섞어 살짝 끓인다. 6. 튀겨 낸 새우에 소스를 버무려 깨끗이 씻어 물기를 제거한 양상추를 위에 얹고 데친 브로콜리로 장식하여 낸다.
응 용	• 시바새우를 쓸 경우 간이 짜므로 물에 씻어 건져 조리해야 한다.

120 참마튀김

재 료 참마 4kg, 튀김가루 2kg, 얼음물 2kg, 튀김기름

조리법

1. 참마는 지름이 2~3cm 정도의 가는 것으로 준비한다.
2. 면장갑을 끼고 필터를 이용하여 껍질을 벗긴다. 미끈거리므로 물을 묻히지 말고 조심히 껍질을 벗겨야 한다.
3. 깨끗이 씻어 2mm 두께로 둥글게 썰기 한다.
4. 튀김가루에 얼음물을 동량으로 넣어 나무젓가락으로 살살 저어 튀김옷을 만든다.
5. 썰어 놓은 참마에 튀김가루를 묻히고 튀김옷을 입혀 180℃ 기름에 튀겨 낸다.

121 닭강정

재 료 닭정육 5kg, 녹말 500g, 간장 300g, 청주 200g, 고추장 100g, 설탕 300g, 물엿 200g, 마늘 100g, 생강 50g, 땅콩 200g, 양파 300g, 청피망 100g, 식용유 2kg

조리법

1. 닭정육(닭의 넙적다리 부분의 뼈를 발라 낸 정육)은 기름을 떼어 내고 깨끗이 씻어 한 입 크기로 썰어 양파즙, 생강즙, 청주에 밑간해 둔다.
2. 밑간한 닭고기는 물기만 없애는 정도로 녹말을 입혀서 170°C 기름에 노릇하게 튀겨 낸다.
3. 팬에 기름을 두르고 마른 고추 썬 것과 마늘 저민 것을 같이 볶아 향을 내다가, 소스용 다진 양파를 볶고 간장, 고추장, 설탕, 물엿을 넣어 잘 섞어 끓여 둔다.
4. 끓여 놓은 양념장에 물을 조금 더 넣어 끓인 후 튀겨 놓은 닭을 넣어 고루 섞어 간이 들게 조린다. 물을 조금씩 넣으며 타지 않게 볶아 주다가 피망 어슷썬 것, 볶은 땅콩을 같이 섞고, 마지막에 소금, 후추로 간하고 참기름을 넣어 마무리한다.

응 용

- 양념장을 먼저 끓인 후에 튀긴 닭고기를 넣고 섞어야 윤기가 난다. 양념과 닭고기를 섞을 때 기름 대신 물을 조금씩 넣으면서 볶아 주면 더 윤기가 난다.
- 생선살도 네모지게 토막 내어 소금, 후추, 청주로 간해 두었다가 녹말가루를 묻혀 튀겨서 조림장에 위와 같이 조려 낸다.
- 호두, 캐슈넛 등 견과류를 써도 좋다.
- 양이 많으면 튀겨 놓았다 3~4번에 나누어 양념에 조린다.

122 우엉강정

재 료 우엉 2.5kg, 통깨 50g, 간장 200g, 청주 100g, 설탕 200g, 물엿 100g, 녹말 300g, 튀김가루 100g, 식용유 1kg

조리법
1. 우엉은 칼등(또는 필러)으로 껍질을 벗겨 식초물에 담가 둔다.
2. 어슷썰기로 썰어 끓는 물에 데쳐 낸다.
3. 녹말가루와 튀김가루를 섞어 데쳐 낸 우엉을 묻혀 튀김기름에 튀겨 낸다.
4. 간장, 설탕, 물엿, 청주를 끓여 조림장이 끓으면 튀겨 낸 우엉을 섞어 조려 낸다.
5. 통깨나 검은깨를 뿌려 낸다.

123 깐풍기

재 료 닭정육 5kg, 대파 200g, 마늘 200g, 청피망 200g, 홍피망 200g, 달걀 500g, 녹말 600g, 청주 200g, 튀김기름 2kg, 육수 300g, 설탕 300g, 간장 300g, 식초 300g

조리법
1. 닭은 깨끗이 씻어 기름을 제거하고 4cm 크기의 먹기 좋은 크기로 자른다.
2. 닭에 청주, 생강즙, 소금, 후추를 넣어 밑간을 해둔다.
3. 달걀, 녹말을 닭에 입혀 150~170°C 기름에 바삭하게 두 번 튀긴다.
4. 청 · 홍피망, 파는 0.5cm 크기로 일정하게 썰고 마늘은 다진다.
5. 팬에 식용유를 두르고 뜨거워지면 파, 마늘, 청피망, 홍피망을 넣고 향이 나면 간장, 설탕, 식초(1:1:1), 육수를 붓고 끓으면 튀긴 닭을 넣어 섞고 불을 끈 뒤 참기름을 넣는다.

응 용
- 유아식이므로 매운 고추 대신 청 · 홍피망을 사용하며, 파, 마늘을 넉넉히 넣는다.
- 닭가슴살, 안심 등 어느 것을 이용해도 좋으며, 돼지고기를 이용한 깐풍육도 가능하다.
- 간장 양을 줄이고 굴소스를 이용하기도 한다.

124 폭 찹

재 료

돼지고기 5kg, 양파 500g, 셀러리 500g, 버터 300g, 밀가루 200g, 사과 300g, 소금 50g, 후추 20g, 적포도주 약간, 통마늘 200g, 토마토케첩 500g, 돈가스 소스 350g, 스테이크소스 350g, 파슬리 20g, 흑설탕 약간

조리법

1. 돼지고기는 스테이크용 목등심으로 2cm 정도 두께로 도톰하게 준비한다.
2. 칼집을 내어 소금, 후추로 간하고, 적포도주를 뿌린다.
3. 양파, 셀러리를 곱게 다지고, 사과는 소스용으로 곱게 갈아 둔다.
4. 돼지고기는 물기를 걷고 밀가루를 골고루 묻힌 후 노르스름하게 앞뒤로 구워낸다. 통마늘을 편으로 썰어 같이 지져 낸다.
5. 소스는 양파, 셀러리, 사과를 다져서 볶다가 토마토케첩을 넣고 신맛이 없어지도록 볶는다. 흑설탕, 스테이크소스, 돈가스소스 등을 넣어 월계수잎을 넣고 끓인다.
6. 지져낸 돼지고기를 먹기 좋은 크기로 잘라 소스에 버무려 파슬리를 뿌려 낸다.

사 진

125 돈가스

재 료

돼지고기 5kg, 양파 300g, 생강 100g, 청주 300g, 달걀 1kg, 빵가루 1.5kg, 밀가루 500g, 소금 50g, 후추 20g, 파슬리가루 20g, 튀김기름 4kg

조리법

1. 돼지고기는 등심으로 칼집을 내어 양파즙, 생강즙, 청주를 즙으로 짜서 바락바락 주물러 소금, 후추로 간해 둔다.
2. 밀가루, 달걀, 파슬리를 섞은 빵가루를 묻힌다.
3. 170~180°C 기름에 노릇하게 튀겨 낸다.
4. 먹기 좋은 크기로 잘라 채소와 같이 소스를 곁들여 내어 놓는다.

응용 및 사진

- 밀가루를 박력분으로 쓰면 돈가스가 파삭파삭하다.

126 탕수육

재 료

돼지고기 5kg, 달걀 600g, 녹말 600g, 양파 200g, 청 · 홍피망 300g, 파인애플 300g, 간장 200g, 소금 20g, 후추 10g, 생강 20g, 청주 30g, 육수 2kg, 튀김기름 3kg, 식초 400g, 설탕 600g

조리법

1. 돼지고기는 안심으로 준비하여 4cm×1cm크기로 썰어 놓는다.
2. 청주, 소금, 생강즙에 재워둔다.
3. 채소, 파인애플은 세모로 썬다.
4. 간장, 식초, 설탕을 1:2:3의 비율로 녹여 물녹말(녹말 200g)을 넣어 끓여 걸쭉한 소스를 만들어 놓는다. 물이나 육수는 간장의 10배로 잡으며, 찬물에서부터 천천히 끓인다.
5. 썰어 놓은 고기는 핏물을 제거하고 달걀과 녹말을 넣고 잘 버무린다.
6. 160~170°C의 튀김기름에 하나씩 넣어 튀긴다.
7. 20~30초 튀기다가 건져 낸 고기는 국자나 주걱으로 툭툭쳐서 다시 한번 5분 정도 튀긴다.
8. 팬에 채소와 파인애플을 볶다가 튀겨 놓은 고기를 넣고 마지막으로 걸쭉한 소스를 얹어 빨리 뒤적여 참기름을 뿌리고 담아 낸다.

응용 및 사진

- 양이 많으면 2~3번에 나누어 바로바로 버무려 내어 놓아야 한다.
- 식초 대신 레몬즙을 쓰면 신맛도 덜하고 향이 좋다.
- 채소는 오이, 당근, 목이버섯 등 여러 가지로 이용한다.
- 닭고기 오렌지탕수 : 닭정육을 위와 같은 방법으로 튀기고 소스에 오렌지를 썰어 넣어 레몬즙을 이용한 과일탕수이다.
- 제육카레볶음 : 탕수육소스에 카레파우더를 섞어 레몬즙을 넣으면 상큼한 카레소스가 된다. 브로콜리 등 다양한 채소를 사용하여 만든다.

- 소스에 토마토케첩을 이용하여 광동식 탕수육을 만든다.

127 카레탕수육

재 료 돼지고기 5kg, 달걀 600g, 청피망 300g, 홍피망 300g, 양파 200g, 파인애플 300g, 브로콜리 1kg, 레몬 3개, 카레분 300g, 전분 500g, 식초 400g, 설탕 600g, 소금 20g, 후추 10g, 생강 20g, 닭육수 1kg

조리법

1. 돼지고기는 안심으로 준비하여 4cm×1cm 크기로 썰어 놓는다.
2. 청주, 소금, 생강즙에 재워 둔다.
3. 채소, 파인애플은 세모로 썬다. 브로콜리는 데쳐서 잘게 송이를 떼어 논다.
4. 파인애플 통조림을 과육과 과즙을 분리한다.
5. 과즙에 식초, 설탕을 넣어 녹인 후 물을 더하여 카레분, 전분 100g을 넣어 멍울을 풀어 준다.
6. (5)에 육수를 더하여 찬물에서부터 천천히 끓여서 걸쭉하고 노란 소스를 만들고, 마지막에 레몬즙을 넣어 상큼한 맛을 살린다.
7. 썰어 놓은 고기는 핏물을 제거하고 달걀과 나머지 녹말 400g을 넣고 잘 버무린다.
8. 160~170°C의 튀김기름에 하나씩 넣어 튀긴다.
9. 20~30초 튀기다가 건져 낸 고기는 국자로 툭툭 쳐서 기름을 빼고 다시 한번 튀긴다.
10. 팬에 채소와 파인애플을 볶다가 튀겨 놓은 고기를 넣고 볶아 마지막으로 걸쭉한 소스를 얹어 빨리 뒤적여 초록색 브로콜리를 얹은 다음 참기름을 뿌려서 담아 배식한다.

응 용

- 상큼한 카레소스가 느끼한 맛을 없애 준다.

128 치킨커틀렛

재 료 닭정육 5kg, 밀가루 500g, 빵가루 1.5kg, 달걀 1kg, 소금 50g, 후추 20g, 청주 30g, 튀김기름 4kg, 양파즙 50g, 생강 20g

조리법

1. 닭정육은 기름을 떼고 넓게 편 다음 소금, 후추, 청주, 양파즙, 생강즙으로 밑간을 한다.
2. 껍질째 사용하는 닭이라면 칼집을 내어 오그라드는 것을 막는다.
3. 5~7mm 두께가 되도록 잔 칼집을 넣거나 칼 끝으로 찔러 주어 수축을 막아 준다.
4. 닭살에 밀가루를 묻히고 달걀물을 입힌 후 빵가루를 묻힌다. 손으로 눌러가며 묻힌다.
5. 170°C 중불에서 노릇하게 튀겨 낸다.
6. 체에 밭치고 키친타월로 기름을 제거한 후 먹기 좋은 크기로 잘라 배식한다.
7. 머스터드소스나 토마토케첩 등을 함께 낸다.

129 닭고기오렌지탕수육

재 료 닭고기 5kg, 달걀 600g, 감자녹말 600g, 파인애플 300g, 오렌지 600g, 키위 600g, 청주 30g, 생강 20g, 소금 30g, 후추 10g, 양파 300g, 육수 1,000cc, 오렌지주스 500cc, 튀김기름 4kg

조리법

1. 닭정육은 기름을 제거하고 먹기 좋은 크기로 잘라 청주, 생강즙, 양파즙, 소금에 재워 둔다.
2. 파인애플을 캔에서 꺼내 8등분해 두고, 오렌지는 살만 발라 둔다.
3. 키위는 껍질 벗기고 팔모썰기한다.
4. 썰어 놓은 고기는 핏물을 제거하고 달걀과 녹말을 넣어 잘 버무린다. 녹말은 물과 1:1로 섞어 냉장고에 차게 보관한 다음 사용한다.
5. 160°C 온도의 튀김기름에 튀긴다.
6. 육수에 오렌지주스를 섞고, 녹말 100~150g을 풀어 서서히 끓여 걸쭉한 소스를 만들고 소금으로 간한다. 신맛은 레몬즙으로 조절한다.
7. 팬에 튀겨 놓은 고기를 넣고 걸쭉한 소스를 부어 위에 과일을 얹어 낸다.

튀김을 바삭하게 튀기는 방법

튀김을 좀더 바삭하게 튀기려면 튀김옷은 물과 녹말을 1:1로 섞어서 냉장고에 넣어 차게 보관한 다음 사용하면 튀김이 바삭하게 된다. 튀길 때는 두 번 튀기는 것이 좋은데, 한 번 튀기고 난 다음에 체에 밭쳐서 국자로 툭툭 쳐주면 튀김 속에 수분이 빠져 더욱 바삭하게 튀겨진다. 튀긴 다음 소스와 바로 버무려야 눅눅해지지 않는다.

다양한 소스 맛내기

브라운소스

- 재료 : 물 4kg, 하이스가루 500g, 버터 500g, 우스터소스 250g, 토마토페이스트 250g, 토마토케첩 500g, 후추 25g, 채소육수 250g, 데미글라스소스 250g
- 방법 : 당근 500g, 셀러리 500g, 양파 1kg을 물 4kg에 넣고 30분 끓여 채소육수를 만든 다음 하이스가루를 개어 넣고, 토마토페이스트, 토마토케첩을 버터에 많이 볶아 우스터소스를 섞어 브라운소스를 만든다.

타르타르소스

- 재료 : 삶은 달걀 1/2개, 양파 20g, 피클 10g, 피망 10g, 마요네즈 3T, 파슬리, 레몬즙, 식초, 소금, 흰 후추 약간씩
- 방법 :
  1. 양파, 피망, 피클 0.2cm 크기로 곱게 다져 면포로 수분을 제거한다.
  2. 달걀 흰자는 다지고 노른자는 체에 내린다.
  3. 볼에 채소 다진 것, 달걀 흰자, 노른자(1/2만 넣는다)를 섞어 마요네즈 3T를 넣고 골고루 버무린 후 소금, 후추로 간하고 레몬즙이나 식초로 농도를 맞춘다. 손으로 툭툭 쳤을 때 넓게 퍼지는 정도가 적합하다.
  4. 파슬리를 뿌린다. 생선튀김, 새우튀김 등에 쓰는 냉소스이다.

그래비소스

- 재료 : 베이컨 20줄, 양파 750g, 당근 750g, 양송이 500g, 셀러리 500g, 밀가루 200g, 토마토페이스트 680g, 육수 6kg, 적포도주 300g, 월계수잎 약간
- 방법 :
  1. 베이컨과 모든 채소를 다진다.
  2. 팬에 버터를 두르고 베이컨을 볶아 기름을 뺀 다음 잘게 다진 양파를 나른하게 볶다가 당근, 셀러리, 양송이를 넣고 볶는다.
  3. 채소가 물러지면 밀가루를 넣고 진한 갈색이 될 때까지 볶다가 토마토페이스트를 넣고 볶는다.
  4. (3)에 육수를 조금씩 부어가면서 멍울을 풀고 월계수잎을 넣고 끓인 다음 체에 거르고 적포도주를 넣어 소스를 만든다. 마지막에 소금, 후추로 간한다.

구이류

석쇠에 재료를 놓고 직접 구워낸 요리로, 조리법에 따라 간장구이, 소금구이, 포구이 등으로 분류된다

130 뱅어포구이

재 료 뱅어포 500g, 간장 100g, 고추장 30g, 설탕 100g, 물엿 20g, 마늘 50g, 파 50g, 참기름 30g, 식용유 200g, 깨소금 30g

조리법

1. 뱅어포는 잡티를 고르고 다듬어 놓는다.
2. 간장, 고추장, 설탕, 다진 마늘, 파, 참기름, 물엿 약간 등을 넣어 양념장을 만든다.
3. 손가락이나 솔을 이용하여 뱅어포에 한 장씩 펴서 바른다.
4. 프라이팬을 닦아가며 한 장씩 골고루 지지듯이 굽는다.
5. 구워 낸 뱅어포는 3cm×3cm로 잘라 배식한다.

응 용

- 뱅어포를 잘라 살짝 튀겨 양념장에 버무리기도 한다.
- 뱅어포 사이에 녹말가루를 뿌리고 고기 양념을 넣어 팬에 지져 내기도 한다.

131 가자미버터구이

재 료 가자미살 4kg, 밀가루 500g, 버터 400g, 레몬 200g, 소금 100g, 흰 후추 20g, 식용유 200g

조리법

1. 가자미는 5장 포뜨기하여 준비해 놓고, 소금, 후추, 백포도주를 뿌려 둔다.
2. 생선살은 물기를 닦아 내고 밀가루를 골고루 입힌 다음 여분의 밀가루는 털어 낸다.
3. 팬에 버터와 식용유를 두르고 뜨겁게 한 후 약불에서 밀가루 묻힌 가자미를 껍질 쪽이 바닥에 가도록 앞뒤로 노릇하게 지져 낸다.
4. 팬에 버터 200g을 넣고 연한 갈색이 되도록 온도를 조절한 후 레몬즙을 넣고 살짝 조린 후 거품이나 이물질을 제거하여 버터소스를 만든다.
5. 생선살 위에 버터소스를 발라 내고, 먹기 좋은 크기로 썰어 낸다.

사 진

132 스패니시오믈렛

재 료 (1인분 80g)
달걀 4kg, 우유 500g, 생크림 1kg, 소다짐육 1kg, 양파 500g, 양송이 1kg, 피망 500g, 토마토케첩 50g, 토마토페이스트 100g, 식용유 150g, 소금 20g, 후추 10g, 버터 100g, 체다치즈 500g

조리법
1. 달걀은 우유, 생크림, 소금, 녹인 버터 약간을 넣고 잘 풀어 체에 걸러 낸다.
2. 청 · 홍피망은 잘게 썰어 높은 온도에서 빨라 볶아 식혀 둔다.
3. 팬에 버터를 녹여 다진 양파를 볶다가 다진 쇠고기, 양송이버섯을 볶아 어느 정도 익으면 토마토페이스트, 토마토케첩을 넣어 볶아 신맛을 없애고 후추로 간하여 소스를 만든다.
4. 체다치즈는 1cm×5cm 크기의 네모로 썰어 둔다.
5. 팬에 기름과 버터를 두르고 달구어지면 달걀물을 부어 젓가락으로 휘저어 몽글몽글하게 익으면 채소소스를 얹고 위에 청 · 홍 피망과 체다치즈를 얹어 뚜껑을 덮어 뭉근하고 부드럽게 익혀낸다.
6. 먹기 좋은 크기로 잘라내어 놓는다.

응용 및 사진
- 쇠고기 대신 베이컨을 이용하기도 하며, 갸름하게 접어 지져 썰어내기도 한다.

133 삼치구이

재 료
삼치 8kg, 굵은 소금 200g, 레몬 3개, 청주 50g

조리법
1. 삼치는 싱싱한 것으로 배를 갈라 내장을 뺀 다음 핏물을 깨끗이 씻고 두 쪽으로 갈라 씻어 물기를 닦고 껍질 쪽에 칼집을 넣고 굵은 소금과 청주, 후추를 뿌려 둔다.
2. 간이 들면 삼치의 물기를 걷고 배 쪽부터 충분히 구운 다음 뒤집어 등 쪽을 마저 익힌다.
3. 팬에 구울 경우 밀가루를 살짝 묻혀 기름 두른 팬에 (2)와 같은 방법으로 굽는다.
4. 가시를 발라 연한 살에 레몬을 뿌리고 배식한다.

응 용
- 고등어도 같은 방법으로 조리한다.
- 삼치 등을 세 장 뜨기하여 가시를 빼내고 살만 조리하기도 한다.
- 삼치는 살만 조리할 경우 간장 양념에 재워 구워 내도 맛이 좋다.

134 닭다리오븐구이

재 료	통다리 8kg, 마늘 100g, 당근 800g, 양파 1kg, 감자 3kg, 버터 500g
조리법	1. 통다리를 칼집을 내어 잘 익을 수 있도록 펼쳐 깨끗이 씻어 놓는다. 2. 닭살에 소금, 후추, 로즈마리, 백포도주를 뿌려 간을 해둔다. 3. 감자, 양파, 당근은 두껍게 1cm 두께로 통썰기하고 마늘은 반씩 잘라 놓는다. 4. 오븐 바트에 은박지를 깔고 채소를 놓고 통다리를 버터를 발라가며 170~180℃ 오븐에서 굽는다. 앞쪽이 다 익으면 뒤집어 뒤쪽도 굽는다. 5. 구워진 닭고기는 살을 발라 채소와 함께 내어 놓는다.
응 용	• 오븐이 없는 경우 닭살만 발라 뜨거운 물에 데쳐 낸 후 프라이팬에 버터를 두르고 닭과 채소를 지져 낸다.

135 소불고기

재 료	쇠고기 5kg, 간장 350g, 파 300g, 마늘 150g, 설탕 150g, 청주 100g, 배즙 200g, 꿀 50g, 깨소금 100g, 참기름 100g, 후추 10g
조리법	1. 쇠고기는 불고기 감으로 먼저 핏물을 키친타월로 제거하고 배즙, 청주로 밑간해 둔다. 2. 다진 파, 다진 마늘, 설탕, 깨소금, 간장(설탕의 2배) 등 양념장을 만들어 재워 놓는다. 3. 쇠고기는 오래 구우면 질겨지므로 달구어진 팬에 빨리 구워 낸다. 4. 알맞게 썰어 배식한다.
응 용	• 돼지불고기는 생강즙과 청주를 꼭 쓰며 고추장을 약간 섞으면 냄새 제거에도 좋다. • 양이 적을 경우 쇠고기 600g, 간장 3T, 설탕 1.5T, 배즙 3T, 다진파 3T, 청주 1T, 다진 마늘 1.5T, 깨소금 1.5T, 참기름 1.5T, 후추 · 꿀 약간 등 이와 같은 비율로 고기를 재운다.

136 돼지불고기

재 료 돼지고기 5kg 간장 300g, 고추장 50g, 마늘 200g, 파 300g, 생강 200g, 양파 300g, 청주 100g, 깨소금 100g, 참기름 100g, 후추 15g, 꿀 50g

조리법

1. 돼지고기는 양파즙, 생강즙, 청주에 밑간해 둔다. 양파즙, 생강즙, 청주는 모두 갈아서 주머니에 넣어 즙을 내어 입자 없이 넣어야 양념이 잘 배고 구울 때 타지 않는다.
2. 간장, 고추장 등 모든 양념을 섞어 골고루 양념한다.
3. 달구어진 팬에 돼지고기는 골고루 익히며 쇠고기보다 오래 익힌다.

응용 및 사진

- 양이 적을 경우 돼지고기 600g, 청주 1T, 양파 1개, 생강즙 10g, 간장 2T, 고추장 2T, 설탕 2T, 파 3T, 마늘 2T, 참기름 1.5T, 깨소금 1.5T, 후추 · 꿀 약간의 비율로 고기를 재운다.

137 오징어불고기

재 료 오징어 5kg, 간장 900g, 고추장 100g, 설탕 100g, 파 300g, 마늘 50g, 깨소금 50g, 참기름 50g, 생강즙 · 양파즙 · 조미술 약간

조리법

1. 오징어는 몸통을 갈라 펴서 손질하여 안쪽에 칼집을 내고, 다리도 잔 칼집을 낸다.
2. 양파즙, 생강즙을 내어 간장 등 양념장을 만들어 통째로 재워 둔다.
3. 달구어진 팬에 통째로 구워 낸다. 기름은 조금만 사용하며, 칼집 넣은 부분을 팬에 먼저 지진 뒤 뒤집어 다시 굽는다.
4. 구워 낸 오징어를 먹기 좋은 크기로 얇게 썰어 내어 놓는다.

응 용

- 이때 유아들이 부드럽게 먹을 수 있도록 포를 뜨듯이 비스듬히 썰어 준다.
- 매운 것을 원하면 간장과 고추장을 같은 양으로 하여 오징어고추장불고기를 만든다.

138 오징어순대

재 료 오징어 5kg, 두부 500g, 숙주 1kg, 청 · 홍피망 500g, 파 100g, 마늘 50g, 진간장 400g, 조미술 200g, 달걀 1kg, 양파 200g, 녹말가루 50g

조리법

1. 오징어는 몸통을 가르지 않고 다리를 당겨 내장을 빼낸 다음 소금으로 문질러 껍질을 벗긴다.
2. 다리는 끓는 물에 살짝 데친 다음 잘게 썬다.
3. 두부는 눌러 물기를 짜서 칼 편으로 으깨고 숙주는 끓는 소금물에 데쳐 헹구어 꼭 짠다. 청 · 홍피망과 양파는 곱게 다진다.
4. 모두 합쳐 파, 마늘, 달걀을 넣어 치대어 둔다.
5. 버무린 속을 오징어 몸통에 녹말가루를 묻히고 2/3가량 채워 대꼬챙이로 아물린다.
6. 찜통에 김이 오르면 면포를 깔고 20분 정도 쪄낸다. 이때 오징어에 침을 놓아 주어야 잘 익는다.
7. 식으면 양념을 뿌려 잘게 썰어 낸다.

139 햄버그스테이크

재 료 소다짐육 2kg, 돼지다짐육 2kg, 양파 1kg, 셀러리 500g, 달걀 1kg, 빵가루 500g, 식용유 500g, 버터 50g, 후추 10g, 소금 40g

조리법

1. 쇠고기, 돼지고기를 곱게 다진다.
2. 양파는 곱게 다진다.
3. 셀러리는 단단한 섬유질은 제거한 후 곱게 다진다.
4. 양파와 셀러리는 버터를 약간 두르고 수분이 없을 때까지 볶아서 식혀 둔다.
5. 고기, 채소, 빵가루, 달걀을 넣어 고루 섞은 후 끈기가 생기도록 치댄다.
   두께 6~7mm, 지름 7~8cm로 둥글게 성형하고, 중앙을 납작하게 눌러 만든다.
6. 프라이팬에 식용유를 두르고 약불에서 고기가 타지 않도록 은근히 익혀 낸다.
7. 오븐에 구울 때는 팬에 기름을 바르고 채 썬 양파, 셀러리, 당근을 깔고 그 위에 얹은 다음 185°C 오븐에서 10분간 구워 낸다. 다시 뒤집어 5분 정도 굽는다.
8. 그래비소스를 만들어 채소와 함께 낸다.

응용 및 사진

- 빵가루는 식빵 가장자리를 자르고 믹서에 갈아 사용한다.

140 가지치즈구이

재 료 가지 2kg, 새송이 1kg, 새우 2kg, 크림치즈 200g, 된장 200g, 맛술 200g, 설탕 200g, 달걀 100g, 가쓰오다시국물 500g, 식용유 50g

조리법
1. 가지는 1cm 두께로 새송이보다 조금 넓적하게 썬다. 칼금을 대각선으로 낸다.
2. 새송이는 팔모썰기 한다.
3. 가지는 팬에 노릇하게 구워 낸다.
4. 새송이도 볶아 놓는다.
5. 새우는 청주 넣은 물에 삶아 껍질을 벗겨 송송 썰어 놓는다.
6. 가쓰오부시 국물에 크림치즈를 녹여 살짝 끓이다가 일본 된장을 녹이고 맛술, 설탕을 넣어 거품기로 젓는다.
7. 달걀 노른자 2개를 넣어 잘 저어 노르스름한 된장 소스를 만든다.
8. 가지, 새송이, 새우를 된장소스에 버무려 낸다.

응 용
- 가정에서는 가지를 썰지 말고 모양대로 구워 놓고, 그 위에 깍둑썰기한 새우, 새송이를 얹고 소스를 뿌려 낸다.

나물 · 무침류

생채는 채소를 채 썰어 소금에 절인 다음 양념에 무친 것이다. 양념으로는 고춧가루, 마늘, 식초, 설탕이 들어간다. 숙채는 흔히 익힌 나물로, 채소나 산나물, 들나물, 뿌리 등을 데쳐 갖은 양념에 무친다.

141 애호박나물

재 료 애호박 4kg, 파 300g, 새우젓 150g, 참기름 200g, 깨소금 100g, 홍피망 10g, 마늘 20g, 소금 50g

조리법
1. 애호박은 가늘고 연한 것으로 깨끗이 씻어 꼭지를 잘라 내고 반달썰기 또는 부채꼴로 썰어 소금에 절여 놓는다.
2. 호박은 짤순이를 이용하여 물기를 짠다.
3. 뜨거운 팬에 기름을 두르고 살짝 볶아 파, 마늘, 깨소금을 넣고 새우젓으로 간을 한다.
4. 빨간 피망을 곱게 다져 위에 얹는다.

응 용
- 양이 적을 경우 비틀어 짜지 말고 키친타월이나 마른 행주에 꼭꼭 눌러 물기를 뺀다.

142 숙주나물

재 료	숙주 2.5kg, 깨소금 50g, 참기름 50g, 파 40g, 마늘 20g, 소금 30g
조리법	1. 숙주는 깨끗이 씻어 끓는 물에 꽃소금을 약간 넣고 아삭하게 데친 뒤 찬물에 헹궈 체에 밭쳐 물기를 지그시 짠다. 2. 다진 파, 마늘, 깨소금, 참기름을 넣어 무친다.

143 시금치나물

재 료	시금치 4kg, 깨소금 50g, 참기름 100g, 마늘 20g, 파 40g, 소금 20g, 간장 20g
조리법	1. 시금치 뿌리는 자르고 깨끗이 다듬어 끓는 물에 소금을 넣고 파랗게 데쳐 찬물에 헹군다. 2. 물기를 꼭 짠 시금치에 간장, 파, 마늘, 깨소금, 참기름을 넣어 무친다.
응 용	• 소금으로만 간을 하기도 하고 고추장을 간장과 합하여 간을 하기도 한다.

144 도라지나물

재 료	도라지 2kg, 소금 50g, 국간장 30g, 깨소금 50g, 참기름 50g, 파 30g, 마늘 20g
조리법	1. 도라지는 씻어서 먹기 쉽게 가늘게 칼로 가른다. 2. 소금을 넣어 바락바락 주물러 쓴맛을 빼고 부드럽게 하여 물에 헹구어 물기를 짠다. 3. 팬에 기름을 두르고 도라지를 양념하여 볶다가 물을 1컵 넣어 뚜껑을 덮고 약한 불로 익힌다. 4. 국물이 조금 남을 정도가 되면 잠시 더 익혀서 참기름, 깨소금을 넣어 고루 섞어 배식한다.

145 깻잎나물

재 료	깻순 4kg, 참기름 100g, 깨소금 100g, 파 40g, 마늘 20g, 간장 40g
조리법	1. 깻순은 연한 잎과 줄기로 깨끗이 씻어 끓는 물에 소금을 넣고 데쳐서 찬물에 헹궈 물기를 꼭짜 먹기 좋게 썬다. 2. 데친 깻순을 간장, 소금, 마늘, 파, 참기름으로 무쳐서 팬에 기름을 두르고 볶는다.
응 용	• 취나물도 위와 같은 방법으로 볶는다. • 연한 취나물은 데쳐서 된장과 육수를 섞어 무침으로 한다.

146 가지나물

재 료	가지 3kg, 참기름 100g, 깨소금 50g, 홍피망 20g, 소금 30g
조리법	1. 가지는 깨끗이 씻어 꼭지를 떼 후 5cm(약 1/2) 길이로 잘라 다시 반을 길이로 갈라 찜통에 찐다. 소금을 뿌려 절였다가 물기를 짜서 찌기도 한다. 2. 가지 찐 것을 한김 식혀서 가늘게 찢는다. 3. 물기를 짠 후 소금, 참기름, 깨소금, 마늘, 파로 양념하여 무친다. 4. 홍피망은 채를 썰어 고명으로 얹어 낸다.
응 용	• 가지는 조직이 뭉크러지기 쉬우므로 손으로 꼭꼭 눌러 짠다.

147 고사리나물

재 료	삶은 고사리 2kg, 다시마육수 200g, 국간장 50g, 파 30g, 마늘 20g, 깨소금 50g, 참기름 50g
조리법	1. 삶은 고사리는 세고 단단한 줄기 부분은 잘라 내고 5cm 길이로 잘라 놓는다. 2. 다듬은 고사리에 다진 파, 마늘, 국간장을 넣고 무쳐 간이 배게 잠시 둔다. 3. 팬에 기름을 두르고 고사리를 넣어 볶는다. 도중에 다시마물을 넣어 가며 뚜껑 덮고 약한 불로 익힌다. 4. 국물이 조금 남을 정도가 되면 깨소금, 참기름을 넣어 고루 섞어 낸다.

148 감자나물

재 료	감자 4kg, 양파 500g, 청피망 400g, 굵은 소금 200g, 식용유 200g, 깨소금 50g, 참기름 50g
조리법	1. 감자는 껍질을 벗겨 씨눈을 도려 내어 채 썬다. 2. 굵은 소금을 넣은 소금물에 30~40분 정도 담가 전분을 빼고 간을 들인다. 3. 양파도 채 썰고 청피망도 채 썰어 둔다. 4. 팬에 식용유를 두르고 마늘, 감자, 양파순으로 차례로 볶는다. 이때 육수나 물을 3~4번에 나누어 부어 가며 뚜껑을 덮지 말고 볶는다. 5. 감자가 말갛게 익으면 채 썬 피망을 넣어 파랗게 볶아 낸다. 깨소금, 참기름을 넣는다.
응 용	• 뚜껑을 덮고 익히면 감자가 쉽게 부서진다.

149 깻잎찜

재 료	깻잎 500g, 소다짐육 500g, 간장 200g, 파 100g, 마늘 50g, 양파 200g, 육수 50g, 깨소금 50g, 참기름 50g, 홍피망 20g, 청피망 20g
조리법	1. 깻잎을 손바닥만한 것들로 골라 깨끗이 씻은 후 물기를 없앤다. 2. 소다짐육은 다진 파, 다진마늘, 간장, 참기름으로 양념한다. 3. 파, 마늘, 간장, 참기름, 깨소금으로 양념장을 만든다. 4. 냄비 바닥에 굵은 양파 채를 깔고 그 위에 깻잎을 3~4장씩 포개 위에 양념장을 얹고 양념한 고기를 얹어 냄비에 둥글게 담아 가운데 구멍을 내어 조리한다. 5. 홍피망, 청피망은 다져 위에 고명으로 얹는다. 6. 식가위로 잘라서 배식한다.
응 용	• 깻잎을 간장에 먼저 절여 물기를 걷고 조리하기도 한다.

150 잡 채

재 료	쇠고기 1kg, 당면 2kg, 당근 200g, 양파 500g, 표고버섯 300g, 느타리 500g, 시금치 800g, 간장 500g, 설탕 300g, 참기름 50g, 깨소금 50g, 식용유 300g, 소금 100g, 파 100g, 마늘 50g
조리법	1. 당면은 끓는 물에 기름, 소금을 넣고 삶아 소쿠리에 건져 물기를 빼고 그대로 둔다. 2. 삶은 당면은 7cm 정도로 잘라 기름에 볶다가 설탕, 간장으로 간하여 볶는다. 3. 표고버섯, 느타리버섯은 뜨거운 물에 데쳐 꼭 짜서 결대로 찢어 양념해 둔다. 4. 쇠고기는 채 썰어 불고기 양념하여 재워둔다. 5. 양파, 당근 등은 채 썰어 둔다. 6. 시금치는 살짝 데쳐 자른 후 무쳐 놓는다. 7. 채소부터 따로따로 볶아 소금 간하여 큰 그릇에 펼쳐 놓는다. 8. 마지막으로 쇠고기도 국물 없이 볶아 놓는다. 9. 재료가 다 준비되면 넓은 그릇에 고기, 당면, 채소를 넣어 고루 섞어 간장, 깨소금, 참기름으로 마지막 양념하여 내어 놓는다.
응용 및 사진	• 여름철에는 오이를 돌려 깎기한 다음 채 썰어 볶아 이용하며 도라지 등을 데쳐 볶아 넣어 맛을 더한다. 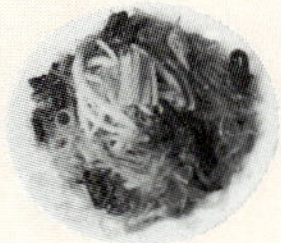

151 해물잡채

재 료	당면 2kg, 새우 1kg, 오징어 1kg, 양파 500g, 실파 200g, 시금치 800g, 붉은 피망 200g, 느타리버섯 500g, 설탕 200g, 참기름 50g, 간장 약간
조리법	1. 오징어는 껍질을 벗기고 안쪽에 칼집을 넣어 먹기 좋은 크기로 자른다. 2. 새우는 배 쪽에 꽂이를 넣어 일직선이 되도록 고정시킨다. 3. 해물은 끓는 물에 삶아 식힌 후 새우는 껍질을 벗기고, 오징어도 얇게 포를 떠 놓는다. 4. 쪽파, 양파, 시금치는 깨끗이 씻어 4~5cm 길이로 채 썰어 볶아 낸다. 느타리도 데쳐서 물기를 짜서 볶아 놓는다. 5. 당면은 삶아 볶아 놓는다. 6. 볶은 채소와 해물을 고루 섞고 당면을 섞어 간장, 설탕, 깨소금, 참기름으로 간한다.
응 용	• 새우, 오징어 등의 해물을 데칠 때는 청주를 넣으면 비린내가 덜 난다.

152 떡잡채

재 료	떡 4kg, 쇠고기 1kg, 양파 300g, 당근 300g, 오이 700g, 표고버섯 300g, 간장 400g, 참기름 100g, 깨소금 50g, 마늘 50g, 파 100g, 설탕 200g, 소금 50g, 식용유 100g
조리법	1. 굵은 가래떡은 꾸덕꾸덕하게 굳힌 후 4~5cm 길이로 잘라 굵기를 4등분 한다. 2. 끓는 물에 데쳐 건져 참기름에 버무려 채반에 담아 놓는다. 3. 쇠고기는 곱게 채 썰어 불고기 양념으로 무쳐 둔다. 4. 당근, 오이는 골패 모양 1cm×4cm 크기의 네모로 썬다. 5. 양파는 굵은채, 표고버섯은 편으로 썰고, 채소를 따로따로 소금 간하여 볶아 둔다. 6. 양파를 볶다가 쇠고기를 볶고 떡을 넣어 볶는다. 7. 나머지 채소를 넣어 같이 섞어 간장, 참기름, 깨소금으로 마무리한다.
응용 및 사진	• 조랭이떡을 당면과 같이 잡채에 넣어 조랭이떡잡채를 만든다. • 김치의 흰 부분만 썰어 양념하여 나른하게 볶아 같이 섞어 김치 떡잡채도 만든다. 

153 어묵잡채

재 료 사각어묵 3kg, 청피망 300g, 홍피망 300g, 느타리버섯 800g, 양파 500g, 대파 100g, 청경채 500g, 식용유 200g, 소금 30g, 간장 50g

조리법
1. 어묵은 끓는 물에 살짝 데쳐 기름을 뺀다.
2. 느타리버섯은 깨끗이 씻어 손질한 후 데쳐서 찢어 놓는다. 양념하여 볶는다.
3. 양파는 채 썰어 볶는다.
4. 청 · 홍피망은 굵게 채 썰어 색을 살려 볶아 낸다. 청경채는 살짝 볶아 놓는다.
5. 어묵은 굵게 채 썰어 볶다가 양파, 느타리를 넣고 같이 볶아 간장으로 양념하고 청경채, 청 · 홍피망을 얹어 참기름, 깨소금으로 간하여 낸다.

154 햄버섯잡채

재 료 햄 2kg, 시금치 800g, 느타리버섯 800g, 소금 50g, 식용유 200g

조리법
1. 햄은 얇게 썰어 놓는다.
2. 느타리버섯은 깨끗이 씻어 손질해 데친 다음 찢어 놓는다.
3. 시금치는 다듬어 씻은 다음 끓는 물에 살짝 데쳐 낸다.
4. 프라이팬에 식용유를 두르고 햄, 느타리버섯, 시금치를 넣고 볶아 소금으로 간한다.
5. 양파도 채 썰어 볶은 다음 모든 재료를 섞어 참기름, 깨소금을 뿌려 예쁘게 담아 낸다.

155 콩나물잡채

재 료 쇠고기 1kg, 당면 1kg, 콩나물 2kg, 표고버섯 300g, 양파 500g, 미나리 200g, 간장 500g, 설탕 200g, 참기름 50g, 깨소금 50g, 식용유 100g, 소금 50g, 파 50g, 마늘 30g

조리법
1. 콩나물은 데쳐 내고 당면은 삶아 볶아 낸다.
2. 양파는 채 썰고 표고버섯은 편으로 썰어 양념하여 볶는다.
3. 고기는 채 썰어 불고기 양념하여 볶아 낸다.
4. 미나리는 끓는 물에 소금을 넣고 파랗게 데쳐 5cm 길이로 자른다.
5. 채소와 콩나물 고기를 한데 섞어 고루 양념을 무쳐 미나리를 얹어낸다.

사 진

156 돼지고기피망잡채

재 료 돼지고기 4kg, 죽순 200g, 청피망 400g, 양파 200g, 표고버섯 200g, 달걀 400g, 간장 100g, 청주 50g, 굴소스 100g, 후추 20g, 생강 30g, 마늘 50g, 튀김기름 2kg

조리법

1. 고기는 안심으로 2mm 굵기로 채 썰어 청주, 생강즙에 재운다.
2. 청피망은 씨를 제거한 후 2mm 굵기로 채 썬다. 표고버섯도 채 썬다.
3. 죽순은 하얀 석회질을 빼내고 끓는 물에 데쳐 채 썬다.
4. 마늘 편을 썰어 놓는다.
5. 고기는 녹말과 달걀로 버무린 다음 튀김온도를 낮게 하여 140~150℃ 기름에 고기를 넣어 젓가락으로 휘휘 저어 기름에 데쳐 낸다.
6. 마늘 편을 넣고 청주를 넣어 향을 내다가 채소를 볶고 데쳐 놓은 고기를 넣어 간장으로 간들이고 마지막 간은 굴소스와 참기름으로 마무리한다.

응 용

- 고추기름으로 볶으면 매콤한 맛을 낼 수 있다.

157 무갑장과

재 료 무 3kg, 쇠고기 600g, 표고버섯 200g, 미나리 100g, 간장 400g, 파 50g, 마늘 30g, 생강 20g, 설탕 200g, 참기름 50g, 깨소금 50g

조리법

1. 무는 폭 4cm로 토막 내어 7mm 굵기의 막대 모양으로 썰어서 간장을 부어 가끔 아래, 위를 뒤섞으면서 두 시간 이상 절인다.
2. 쇠고기는 연한 살코기(혹은 약간 두꺼운 불고기감)로 채를 썰고, 표고버섯은 꼭지를 떼고 채 썬다.
3. 파, 마늘을 곱게 다져 간장, 설탕, 후추, 참기름, 깨소금으로 고기와 버섯을 양념한다.
4. 미나리는 깨끗이 다듬어 3cm 길이로 자른다.
5. 무가 검게 절여졌으면 건져 내어 꼭 짜 놓고 그 간장은 남긴다.
6. 팬에 기름을 두르고 먼저 양념한 쇠고기와 표고버섯을 넣어 볶다가 무를 넣어 한 데 볶아 전체에 기름이 고루 돌면 미나리를 넣고 남겼던 간장 물을 넣어 조린다.
7. 장물이 거의 없어지면 참기름, 깨소금을 넣어 잠시 더 볶다가 마무리한다.

응 용

- 무는 맛있는 겨울철 음식이다. 무를 굵게 채 썰어서 소금, 파, 마늘, 생강즙으로 무치고 물을 약간 넣어서 은근한 불에 물씬하게 익혀 깨소금을 뿌려 간단한 무나물을 만들기도 한다.

158 콩나물무침

재 료	콩나물 2kg, 깨소금 50g, 참기름 50g, 파 20g, 마늘 20g, 소금 30g
조리법	1. 콩나물은 깨끗이 씻어 냄비에 담고 꽃소금을 뿌리고 물을 약간 부어 뚜껑을 덮고 익혀서 건져 낸다. 2. 다진 파, 마늘, 깨소금, 참기름을 넣어 무친다.
응 용	• 여름에는 무친 후 살짝 볶으면 잘 쉬지 않는다. • 반드시 뚜껑을 덮고 익힌다.

159 진미채오이무침

재 료	진미채 1kg, 오이 1kg, 마늘 50g, 파 50g, 참기름 100g, 깨소금 30g, 간장 50g
조리법	1. 진미채는 연한 것으로 골라 4cm 길이로 잘라 물에 씻어 둔다. 2. 오이는 소금으로 껍질을 비벼 씻은 다음 얇게 통썰기 하여 소금을 약간 넣어 절인다. 3. 물에 씻은 진미채는 찜통에 올려 잠깐 찐다. 4. 오이는 물기를 짜서 둔다. 5. 분량의 양념을 섞어 양념장을 만든다. 6. 진미채, 오이를 양념장을 넣어 조물조물 무쳐 놓는다.
응 용	• 고추기름이나 고추장을 약간 섞기도 한다. • 오이만을 소금에 절였다 꼭짜서 양념해 무치기도 한다.

160 오이김무침

재 료	김 250g, 소다짐육 500g, 오이 600g, 파 40g, 마늘 20g, 깨소금 50g, 소금 20g, 육수 200g, 간장 50g
조리법	1. 김은 손질하여 잡티를 골라 바싹 구워 큰 그릇에 부수어 놓는다. 2. 오이는 동글게 얇게 통째 썰어 소금 간을 한 다음 꼭 짜서 파랗게 볶아 놓는다. 3. 소다짐육도 갖은 양념을 하여 물기없이 볶아 놓는다. 4. 다시물을 부어가며 김을 양념하여 무친다. 5. 양념한 김에 오이, 소다짐육을 섞어 같이 골고루 섞어 참기름, 깨소금을 뿌려 낸다.

161 오이미역초무침

재 료 오이 2kg, 불린 미역 500g, 식초 200g, 마늘 50g, 파 300g, 깨소금 50g, 소금 100g, 설탕 150g

조리법

1. 오이는 소금으로 껍질을 비벼 씻은 다음 얇게 통썰기 하여 소금을 약간 넣어 절인다.
2. 미역은 불려서 물기를 꼭 짜고 잘게 썰어 둔다.
3. 오이도 물기를 꼭 짠다.
4. 파, 마늘, 설탕, 식초를 넣고 섞은 뒤 오이와 미역을 골고루 버무려 낸다.

응 용

- 햄을 채 썰어 섞거나 게맛살을 섞기도 한다.
- 오이만으로 생채를 하여 국물을 자작하게 담기도 한다.
- 생미역일 경우 깨끗하게 빨아 팔팔 끓는 물에 잠깐 넣었다 건져서 빨리 냉수에 헹구어 쓴다.
- 여름철 늙은 오이(노각)도 껍질과 씨를 바르고 오이 속살로 굵게 채 썰어 소금으로 절여 꼭 짜서 생채를 무치기도 한다.

162 오징어초무침

재 료 오징어 3kg, 오이 1kg, 미나리 200g, 설탕 300g, 식초 500g, 소금 100g, 레몬즙 약간, 홍피망 50g

조리법

1. 오징어는 손질하여 끓는 물에 통째로 데쳐 4~5cm 길이로 얇게 포를 뜨거나 채를 썬다. 썰어 둔 오징어에 청주를 재워 놓는다.
2. 오이는 소금으로 껍질을 비벼 씻은 후 얇게 통썰기 하여 소금에 절였다 물기를 꼭 짜둔다.
3. 미나리는 다듬어 깨끗이 씻어 끓는 물에 데쳐서 4~5cm 길이로 자른다.
4. 설탕, 식초, 소금으로 배합초를 만들어 오징어, 오이, 미나리를 같이 무친다. 레몬즙을 넣으면 더욱 상큼하다.
5. 홍피망을 채 썰어 같이 장식한다.

응용 및 사진

- 셀러리, 피망, 당근 등 다른 채소를 이용할 수 있다.
- 오징어에 칼집을 넣어 솔방울 모양으로 만들어 쓰기도 한다.

163 도토리묵무침

재 료 도토리묵 3kg, 참기름 100g, 파 50g, 깨소금 100g, 간장 20g, 마늘 30g, 소금 20g

조리법

1. 묵은 끓는 물에 데쳐 부드럽게 만든다.
2. 1cm 크기로 팔모썰기 하여 참기름을 넣고 가볍게 섞어 소금으로 간을 한다.
3. 다진 파, 깨소금, 간장, 참기름으로 간하여 내어 놓는다.

응 용

- 물에 헹군 김치를 송송 썰어 참기름에 무쳐 묵과 같이 섞어 낸다.
- 오이, 쑥갓 등 채소와 같이 묵무침을 하기도 한다.

164 탕평채

재 료 청포묵(동부묵) 3kg, 쇠고기 500g, 김 30g, 오이 200g, 당근 200g, 숙주 1kg, 파 50g, 마늘 30g, 식초 약간, 참기름 100g, 소금 20g, 간장 20g

조리법

1. 너무 단단한 묵은 뜨거운 물에 데쳐 부드럽게 해놓는다.
2. 청포묵은 젓가락 굵기로 채 썰어 서로 달라붙지 않도록 참기름을 넣고 가볍게 섞은 뒤 소금으로 간을 한다.
3. 다진 쇠고기는 간장, 설탕, 다진 마늘, 파, 참기름, 후추를 넣어 양념하여 볶아 놓는다.
4. 오이는 돌려 깎기하여 곱게 채 썰고, 소금, 설탕, 식초로 양념한다.
5. 당근은 곱게 채 썰어 끓는 물에 데쳐 놓는다.
6. 숙주는 깨끗이 씻어 끓는 소금물에 살짝 데쳐 찬물에 헹구어 소금 등 양념을 넣어 고루 버무린다.
7. 김은 구워서 가늘게 가위로 잘라 둔다.
8. 큰 볼에 묵과 모든 재료를 섞어 묵이 깨지지 않도록 가볍게 섞어 위에 채 썬 김을 올려 낸다.

응 용

- 데쳐 낸 묵을 1cm 크기로 팔모썰기하여 참기름 넣고 가볍게 섞어 소금으로 간을 한다. 다진 파, 깨소금, 참기름으로 간하여 간단한 묵무침도 만든다.
- 팔모썰기 한 묵에 봄에 많이 나는 돗나물 등을 섞어 볶은 쇠고기와 같이 무쳐내면 돗나물청포묵무침이 된다.

165 무생채

재 료	무 2kg, 설탕 150g, 식초 100g, 마늘 100g, 파 200g, 소금 100g, 액젓 약간
조리법	1. 무는 껍질을 벗긴 후 5cm 길이로 가늘게 채 썬다. 2. 무에 소금을 뿌려 둔다. 3. 물기를 살짝 짠 후 식초, 설탕, 액젓으로 양념장을 만들어 섞은 것에 다진 파, 마늘을 넣어 무친다.
응 용	• 미나리나 오이를 넣으면 더욱 신선하다. • 생파래를 섞을 때는 거품이 없을 때까지 깨끗하게 헹궈 무에 섞는다.

166 채소샐러드

재 료	양상추 1.5kg, 청오이 500g, 비타민 500g, 무순 100g, 적상추 500g, 방울토마토 500g, 소스(키위 300g, 양파 200g, 파인링 100g, 사과식초 200g, 설탕 200g, 올리브유 300g, 소금 · 레몬즙 약간씩)
조리법	1. 양상추는 깨끗이 씻어 한 입 크기로 찢어 물에 담가 둔다. 2. 오이는 껍질을 소금으로 비벼 씻은 다음 얇게 통썰기하여 물에 담가 둔다. 나머지 채소들도 깨끗이 씻어 물에 담가 둔다. 3. 방울토마토도 깨끗이 씻어 꼭지를 따 놓는다. 4. 샐러드 소스를 만든다. 키위, 양파, 파인애플을 식초, 설탕, 소금을 넣어 믹서에 갈고 올리브유를 넣어 섞어 드레싱을 만든다. 5. 채소를 채소 탈수기에 넣어 물기를 빼고 드레싱에 버무려 낸다.
응용 및 사진	• 푸른 채소는 어느 것이나 쓸 수 있으나 유아들은 양상추, 로메인상추, 싹채소 등과 같이 부드럽고 단맛이 나는 채소들을 좋아한다. • 베이컨을 바싹 구워 키친타월로 기름을 제거한 후 곱게 다져 샐러드에 얹어 맛을 더하기도 한다. • 식초, 소금, 기름의 프렌치드레싱 기본을 변형해 여러 가지 드레싱을 이용할 수 있다. 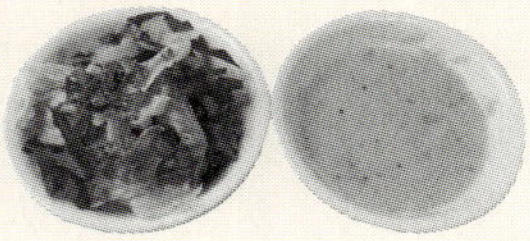

167 감자샐러드

재 료 감자 3kg, 양파 300g, 햄 500g, 오이 500g, 양상추 300g, 마요네즈 500g, 소금 100g, 후추 10g

조리법

1. 양상추는 깨끗이 씻어 한 입 크기로 찢어 물에 담가 둔다.
2. 감자는 1cm 크기로 팔모썰기 하여 물에 담갔다 소량의 소금을 넣어 끓는 물에 삶아 체에 밭쳐 물기를 제거한다.
3. 오이도 감자 크기로 썰어 소금물에 담가 간을 하여 물기를 꼭 짜 놓는다.
4. 양파는 곱게 다져 거즈에 밭쳐 물 속에서 조물조물 매운맛을 뺀 뒤 물기를 제거한다.
5. 햄도 얇게 네모로 썬다.
6. 마요네즈에 양파 다진 것, 소금, 후추를 넣어 소스를 만들어 위의 재료를 버무리고, 파슬리가루 뿌려 장식한다.

응 용

- 참치 캔을 기름을 빼고 섞어 쓰기도 한다.

168 과일샐러드

재 료 사과 1.5kg, 단감 1.5kg, 귤 1kg, 키위 500g, 딸기 1kg, 마요네즈 500g, 호상요구르트 300g

조리법

1. 사과, 단감은 1cm 크기로 팔모썰기 하여 마요네즈로 버무려 놓는다.
2. 귤은 하나씩 조각을 떼어 낸다.
3. 키위는 껍질을 벗기고 길이로 사등분 하여 얇게 썬다.
4. 딸기는 길이로 이등분 하여 둔다.
5. 마요네즈에 요구르트를 섞어 소스를 만든다.
6. 과일을 소스에 버무리고 딸기를 위에 얹어 낸다.

응 용

- 참외, 멜론 등 계절 과일을 이용해 샐러드를 만들 수 있다.
- 과일샐러드의 관건은 과일의 물기를 제거하는 것이다.
- 1cm 크기로 팔모썰기 한 사과, 셀러리, 호두를 마요네즈소스에 버무려 월도프샐러드를 만들 수 있다.

169 치킨샐러드

재 료 닭가슴살 3kg, 양파 500g, 청오이 500g, 슬라이스햄 1kg, 달걀 500g, 양상추 300g, 소금, 후추, 백포도주, 마요네즈 500g

조리법

1. 닭가슴살은 반으로 하트 모양으로 펴서 소금, 후추, 포도주를 뿌리고 찜통에서 찐다.
2. 닭고기는 식혀서 가늘게 찢는다.
3. 오이는 깨끗이 씻어 씨를 빼고 젓가락 크기로 썰어 소금에 절였다가 물기를 짠다.
4. 양파는 채 썰어 소금물에 담갔다 매운 맛을 뺀 다음 물기를 짠다.
5. 슬라이스햄은 굵게 채 썬다.
6. 달걀은 삶아서 흰자는 채 썬다.
7. 양상추는 깨끗이 씻어 한 입 크기로 뜯어 물기를 걷어 둔다.
8. 닭고기, 햄, 양파, 오이, 달걀흰자를 고루 섞어 마요네즈에 버무려 소금, 후추로 간하고 상추를 깔고 버무린 재료를 담은 후 위에 달걀 노른자를 체에 내려 뿌려 낸다.

응 용

- 마요네즈에 프렌치머스터드, 꿀, 식초를 넣어 허니머스터드소스를 쓰기도 한다.
- 케이준치킨샐러드는 닭가슴살을 알맞게 썰어 양념한 후 튀김옷을 밀가루와 케이준 가루를 3:1의 비율로 달걀과 섞어 밀가루집을 만들고 밀가루 묻힌 닭고기를 케이준 밀가루집에 넣어 30분 차게 두었다가 180°C 기름에 바삭하게 튀긴다.

170 콘샐러드

재 료 캔옥수수 1kg, 파프리카(각색) 800g, 오이 500g, 식초 200g, 설탕 150g, 레몬즙 50g, 소금 20g

조리법

1. 캔옥수수는 물기를 뺀다.
2. 오이는 씨를 빼고 옥수수 크기로 잘게 썰어 둔다.
3. 파프리카도 각색으로 잘게 썬다.
4. 식초, 설탕, 소금을 고루 섞어 마지막에 레몬즙을 넣어 소스를 만든다.
5. 옥수수, 파프리카, 오이를 모두 소스에 섞어 내어 놓는다.

샐러드 드레싱 만들기

사우전 아일랜드 드레싱

- 재료 : 마요네스 30g, 토마토케첩 10g, 다진 삶은 달걀 1/2개, 다진 피클 10g, 다진 양파 30g, 다진 피망 10g, 다진 셀러리 10g
- 방법 : 1. 달걀을 삶아 노른자는 체에 내리고 흰자는 굵게 다진다.
  2. 양파는 다져 찬물에 담가 매운맛을 뺀다. 파를 다진다. 피망도 곱게 다진다. 각각 물기를 짜고 마요네즈, 토마토케첩을 섞는다.

프렌치 드레싱(비네그렛 소스)

- 재료 : 식초 1/2C, 설탕 5~6T, 소금 2T, 다진 양파 1/2개, 흰 후추, 레몬즙 2T, 올리브유 1C
- 방법 : 1. 식초, 설탕, 소금이 잘 녹게 먼저 젓는다.
  2. 양파는 다져 찬물에 담가 매운맛을 빼고 꼭 짜서 (1)에 섞는다.
  3. 레몬즙, 흰 후추를 섞고 마지막에 올리브유를 넣어 잘 섞어 이용한다.

키위 파인애플 드레싱

- 재료 : 키위 1개, 양파(中) 1/2개, 파인애플링 1개, 연겨자 1/2T, 사과식초 1/2C, 설탕 1/2C, 레몬즙 2T, 꽃소금 111/2t, 올리브유 1C
- 방법 : 1. 모든 재료를 믹서에 갈고 마지막 올리브유를 넣어 한 번 돌려 준다.
  2. 신선한 채소에 많이 이용한다.

옥수수 드레싱

- 재료 : 옥수수 캔 300g, 양파 300g(중 1개), 설탕 1/2C, 레몬즙 1개, 식초 2/3C, 올리브유 1/2C, 포도씨유 1/2C
- 방법 : 1. 캔에 든 옥수수와 양파, 설탕, 식초를 넣고 믹서에 간다.
  2. 마지막에 올리브유와 포도씨유를 넣고 돌려 마무리한다.
    - 옥수수 맛이 나는 감칠맛 나는 드레싱이다. 유아용은 양파를 다져 물에 담가 매운맛을 빼고 하면 좋다.

머스터드 드레싱

방법 1
- 재료 : 마요네스 4T, 머스터드 2T, 플레인요구르트 2T, 꿀 0.5T, 소금, 후추 약간씩
- 특징 : 마스터드는 톡 쏘는 매운맛이 비린 맛을 제어하므로 차가운 닭고기나 소시지에 이용한다.

방법 2
- 재료 : 마스터드 2T, 마요네즈 1T, 핫소스 0.5T, 설탕 0.3T, 다진 마늘 0.5T
- 특징 : 참치샐러드에 이용할 때 핫소스와 마늘을 넣어 통조림 참치의 느끼하고 비린 맛을 제거한다.

마요네즈 크림 드레싱

- 재료 : 마요네즈 4T, 생크림 2T, 레몬즙 1T, 설탕 0.3T, 후추 · 소금 약간씩
- 특징 : 마요네즈의 고소함과 생크림의 부드러움이 합해진 소스이다.

마요네즈 요구르트 드레싱

- 재료 : 마요네즈 1/2C, 식초 4T, 레몬 1T, 설탕 1T, 플레인요구르트 1/2개, 핫소스 2T, 소금 · 후추 약간씩
- 특징 : 콘슬로우에 많이 이용한다.

참깨된장소스

- 재료 : 볶은 참깨 4T(마른 상태에서 갈아 둔 것), 된장 1T, 땅콩버터 1/2T, 맛술 1T, 설탕 1T, 마요네즈 1T, 토마토케첩 1T, 겨자 1/2T, 생강즙 약간, 육수 4T
- 특징 : 닭고기 요리에 쓰인다.

살사 드레싱

- 재료 : 토마토케첩 5T, 다진 피망 3T, 다진 양파 2T, 다진 토마토 2T, 핫소스 1T
- 방법 : 1. 토마토는 칼집을 내서 뜨거운 물에 데쳐 껍질을 벗겨서 과육만 잘게 다진다.
  2. 피망, 양파를 다진다.
  3. 토마토케첩, 핫소스를 섞어 살사 소스를 만든다.
- 특징 : 구운 또띠아에 발라 먹고 옥수수 칩도 찍어 먹는다.

시저 드레싱

- 재료 : 달걀 노른자 1T, 엔초비 1T, 우스터소스 0.5T, 다진마늘 0.5T, 레몬즙 1T, 올리브유 1/3C, 소금 · 후추 약간씩
- 방법 : 1. 엔초비를 잘게 다진다.
  2. 달걀 노른자는 넓은 그릇에 담고, 올리브유를 조금씩 넣어가며 거품기로 젓는다.
  3. 엔초비, 다진 마늘, 우스터소스 레몬즙을 넣어 섞고, 소금, 후추를 뿌린다.
- 특징 : 어떤 채소와도 잘 어울린다. 크루통, 파마산치즈가루와 같이 낸다.

타르타르소스

- 재료 : 삶은 달걀 1/2개, 양파 20g, 피클 10g, 피망 10g, 레몬즙, 마요네즈 3T, 소금, 후추 약간씩
- 방법 : 1. 양파, 피망, 피클 0.2cm×0.2cm로 다지고, 수분을 제거한다.
  2. 달걀 흰자는 다지고 노른자는 체에 내린다.
  3. 마요네즈에 다진 재료를 버무리고 소금, 후추로 간하고 레몬즙으로 농도를 맞춘다.
- 특징 : 튀긴 생선, 튀긴 새우 등과 같이 낸다.

171 된장소스샐러드

재 료 닭 가슴살 4kg, 양상추 1kg, 오이 600g, 양파 500g, 깻잎 200g, 무순 200g, 파프리카 500g, 된장, 참깨, 마요네즈, 땅콩버터, 레몬즙, 토마토케첩 약간

조리법

1. 닭고기에 청주, 생강, 흰 후추, 소금으로 밑간하고 20분간 삶는다.
2. 닭고기는 손으로 잘게 찢는다.
3. 오이는 반갈라 어슷썰기하고 소금에 절인다.
4. 파프리카는 채 썰고 양상추는 적당한 크기로 찢는다.
5. 양파는 채 썰어 소금에 살짝 절여 물기 없이 짠다.
6. 샐러드용 채소는 얼음물에 담근다.
7. 참깨는 갈아 놓는다.
8. 된장 1T, 참깨 4T, 육수 4T, 레몬즙 1T, 땅콩버터 1/2T, 설탕 1T, 마요네즈 1T, 토마토케첩 1T, 겨자 1/2T, 생강즙 1/2T을 넣고 위의 비율로 믹서에 간다.
9. 채소는 물기를 빼고 위에 닭고기 얹어 위의 소스를 뿌려 낸다.

172 콘슬로

재 료 양배추 2kg, 당근 300g, 셀러리 500g, 양파 300g, 사과 500g, 마요네즈 400g, 플레인요구르트 200g, 설탕 100g, 타바스코소스, 흰 후추, 캐슈넛 200g, 식초 100g, 레몬즙 20g

조리법

1. 양배추는 결 방향으로 곱게 채 썰어 물에 담가 둔다.
2. 당근도 곱게 채 썰어 물에 담가 둔다.
3. 셀러리도 곱게 채 썰어 물에 담가 둔다.
4. 양파는 곱게 채 썰어 물에 담가 매운맛을 뺀다.
5. 사과는 채 썰어 설탕물에 담가 둔다.
6. 사과를 뺀 채소를 물에서 건져 식초, 설탕, 소금물(단촛물)에 재워 놓는다.
7. 재워 둔 채소를 탈수기로 탈수한다.
8. 마요네즈, 플레인요구르트, 설탕, 흰 후추, 타바스코소스, 캐슈넛 일부 간 것을 넣어 소스를 만든다.
9. 탈수한 채소를 소스에 버무리고 마지막에 채 썬 사과를 섞고 위에 부수어 놓은 캐슈넛을 올려 마무리한다.

173 우엉샐러드

재 료 우엉 1.5kg, 셀러리 500g, 당근 300g, 단촛물(식초 150g, 설탕 200g, 소금 50g), 소스(마요네즈 400g, 마늘 50g, 맛술 50g, 생크림 100g)

조리법

1. 우엉은 가늘게 채 썰어 식초물에 담가 둔다.
2. 당근, 셀러리도 채 썰어 둔다.
3. 우엉, 당근은 끓는 물에 데쳐 낸다.
4. 셀러리도 잠깐 끓는 물에 넣었다 꺼낸다.
5. 위의 채소를 단촛물에 담근다.
6. 탈수기로 물기를 빼어 건져 둔다.
7. 소스에 버무려 낸다.

김치류

김치는 한국 고유의 채소 염장 발효식품으로 무기질, 비타민 등 우리 몸에 좋은 영양 성분을 많이 함유하고 있는 음식이다. 젓갈이나 굴, 낙지, 새우 등을 넣어 단백질과 함께 발효미가 알맞게 섞여, 맛도 좋고 고추의 매운 성분인 캡사이신의 작용으로 입맛을 돋우어 주기도 한다. 배추, 무, 오이와 양배추 채를 소금에 절여 물기를 뺀 다음 젓갈, 고춧가루, 파, 마늘, 생각, 갓, 미나리, 청각 등으로 양념을 한 저장식품이다. 계절에 따른 대표적인 김치는 다음과 같다.

- 봄 : 나박김치, 짠지, 햇배추김치, 달래김치, 돌나물김치, 햇깍두기
- 여름 : 오이소박이, 열무김치, 오이김치, 오이깍두기, 오이지, 가지김치
- 가을 : 통김치, 총각김치
- 겨울 : 통김치, 총각김치, 동치미, 장김치, 파김치, 깍두기, 갓김치

174 나박김치

재 료 무 1kg(1개), 배추속대 1kg, 생강 다진 것 1T, 마늘 다진 것 2T, 고춧가루 2T, 배 1/4개, 미나리 50g, 쪽파 50g, 소금물 15컵(3L), 소금 4T, 실고추 약간

조리법

1. 무는 깨끗이 씻어서 폭 3cm로 토막 내어 너비 2.5cm, 두께 4mm 정도의 납작한 모양으로 썬다.
2. 배추는 속대로 준비해 무와 같은 모양으로 썰어 무 썬 것과 합하여 소금을 넣어 30분 정도 절인다.
3. 절여진 무, 배추를 소쿠리에 건져 물기를 뺀다.
4. 고춧가루는 생수에 담가 불려 면헝겊에 싸서 흔들어 붉은빛의 국물(물 3L+소금 4T)을 만든다.
5. 배는 강판에 갈아 배즙을 내어 받쳐 두고 쪽파는 흰 부분만 3cm 길이로 썰어 둔다.
6. 생강, 마늘 다진 것을 면주머니에 싸서 둔다.
7. 절여 건진 무, 배추, 쪽파에 배즙을 넣고 다시 빨간 김칫국물을 부어 간을 본다. 면주머니에 싼 마늘, 생강을 넣어 두고 실고추를 얹고 마지막으로 미나리를 넣는다. 미나리는 익은 후에 넣어야 색과 향이 좋다.
8. 김치통에 담아 여름에는 6시간, 겨울에는 하룻밤 익힌다.

175 배추통김치

재 료 배추 10포기(20kg), 무 5개(5kg), 갓, 부추, 쪽파, 미나리 각 1단씩(250g), 마늘 10통, 생강 3통, 새우젓 1C, 까나리액젓 1C, 굵은 소금 6c, 꽃소금 2C, 찹쌀가루 1C, 고춧가루 4C, 생새우 500g, 설탕 약간

조리법

배추 절이기

1. 배추를 다듬어 길이로 반을 쪼갠다. 쪼갤 때는 끝까지 칼집을 넣으면 배추가 부서지기 쉬우니 줄기까지만 칼집을 넣고 손으로 벌려 쪼갠다. 다시 뿌리 쪽에 5cm 정도 칼집을 넣는다.
2. 큰 그릇에 굵은 소금 3컵을 물 7컵에 풀어, 여기에 배추를 눕혀 큰그릇에 적셔 담고 뿌리 쪽에 굵은 소금을 조금씩 뿌리면서 포개어 절인다. 쪼갠 배추를 엎어 절이면 사이로 맛있는 성분이 빠져 나가므로 반드시 눕혀 절인다. 보통 6시간 절이며 (여름철엔 4시간, 김장 때는 10시간 정도) 중간에 한 번 위아래를 바꿔 준다.
3. 배춧잎을 쉽게 벌릴 수 있도록 절여졌을 때 깨끗하게 씻어 3~4번 정도 헹궈 채반에 엎어 놓아 물기를 뺀다.

양념 만들기

4. 물에 찹쌀가루를 넣고 풀어서 냄비에 붓고 저으면서 투명해질 때까지 끓여 미지근하게 식힌다. 찹쌀밥을 지룩하게 하여 이용해도 좋다.
5. 찹쌀풀에 고춧가루와 액젓을 넣어 섞어 놓는다.

부재료 다듬기

6. 무는 4cm 길이로 토막 내어 결대로 채 썰고 갓, 부추, 쪽파는 다듬어 씻어 4cm 길이로 썬다. 미나리는 잎을 떼고 다듬어 씻어 4cm 길이로 썬다. 생강, 마늘은 다져 놓는다.
7. 새우젓도 다져 놓고 생새우는 다지거나 믹서에 갈아 놓는다.

속 만들어 버무리기

8. 고춧가루를 불린 것에 마늘, 다진 생강, 새우젓, 생새우, 설탕을 약간 넣어 양념을 버무려 놓는다. 여기에 채 썰어 소금 약간 뿌려 놓은 무를 물기를 빼서 고춧가루 양념에 버무린다. 마지막으로 초록색의 쪽파, 부추, 갓, 미나리 등을 넣어 잘 섞어 잠시 숙성시켜 준다. 배추 속이 촉촉하게 되도록 한다. 겨울에는 생굴, 생낙지 등을 깨끗이 씻어 소금을 약간 뿌려 두었다가 마지막에 같이 섞는다.
9. 배추는 물기를 쪽 빼서 줄기 켜켜에 속을 고르게 넣고 잎을 줄기 쪽으로 접어 겉잎으로 돌려 싼 다음 김치통에 한 포기 한 포기 눕혀 놓으면서 담는다. 윗면에 우거지로 꼭꼭 눌러 놓는다. 김치냉장고에 보관한다.

응 용 • 배식시 잘게 썰어 주고 영아반은 물에 씻어 주기도 한다. 유아반은 그대로 배식한다.

176 총각김치

재 료

알타리무 1단(2kg), 굵은 소금 1/3C, 찹쌀풀(찹쌀가루 2T+물1/3C), 멸치액젓 1/3C, 고춧가루 2/3C, 마늘 다짐 4T, 생강 다짐 1T, 꽃소금, 설탕 2T, 쪽파 50g, 갓 50g

조리법

1. 알타리무는 무의 크기가 너무 크지 않고 단단하며 무청이 달려 있는 싱싱한 것을 고른다. 무꼬리를 자르고 칼등으로 껍질을 긁은 다음 줄기 부분의 검은 것을 긁어 낸다.
2. 두세 번 씻어 흙을 깨끗이 닦아 내고, 굵은 소금을 뿌려 겨울에는 1시간, 봄가을에는 30~40분 정도 절인다. 알타리는 많이 절이면 질겨진다.
3. 절여진 무는 깨끗이 헹구어 소쿠리에 건진다.
4. 찹쌀풀에 고춧가루를 넣고 잘 섞은 다음 액젓, 다진 마늘, 다진 생강, 설탕을 넣고 섞어 양념을 만든다.
5. 쪽파, 갓은 다듬어 깨끗이 씻어 5cm 길이로 잘라 양념에 섞는다.
6. 큰 그릇에 알타리무 물기 뺀 것을 담고 양념을 조금씩 버무려 마지막으로 꽃소금으로 간을 맞춰 김치통에 담는다. 무가 크면 길이로 2등분하여 버무린다.
7. 알타리김치는 익힌 후 냉장고에 보관한 후 급식 시 잘게 썰어 배식한다.

177 깍두기

재 료

무 5개(5kg), 소금 4T, 미나리 50g, 쪽파 100g, 고춧가루 1C, 마늘 2통, 생강 1톨, 새우젓 1/3C, 설탕 1T

조리법

1. 무는 깨끗이 씻어 사방 1~1.5cm 크기로 썰어 소금, 약간의 설탕에 절인다.
2. 무가 절여지면 소쿠리에 쏟아 물기를 뺀다.
3. 쪽파, 미나리는 다듬어서 2cm 길이로 썬다. 겨울에는 갓, 무청 등을 넣고 봄에는 미나리, 부추를 넣는다.
4. 깍두기 썬 것에 먼저 고춧가루를 잘 버무려 빨갛게 물들인 다음 파, 마늘, 생강 다진 것, 새우젓을 넣고 소금으로 간을 맞추어 고르게 버무려 김치통에 담는다.

응 용

- 겨울 깍두기는 굴을 넣고 담그면 향이 좋다.
- 배추 썰어 절인 것을 섞어 담아도 좋다.

178 열무김치

재 료 열무 2단(1.2kg), 얼갈이배추 1단, 굵은 소금 1C, 쪽파 100g, 마늘 2톨, 생강 조금, 홍고추 10개, 밀가루 3T

조리법

1. 열무와 얼갈이배추는 다듬어 6cm 길이로 잘라 굵은 소금을 뿌려 절인다. 맑은 물에서 살살 깨끗하게 씻어야 풋내가 안난다.
2. 열무가 부드러워지면 물에 두 번 헹구어 소쿠리에 밭친다.
3. 쪽파는 3~4cm 길이로 썬다.
4. 홍고추는 길이로 반 갈라 씨를 털어 내고 적당한 크기로 썬다.
5. 믹서에 생강, 마늘, 홍고추를 넣고 간다.
6. 물에 밀가루(혹은 찹쌀가루)를 풀어 멀건 밀가루즙을 끓인다. 생수를 섞어 소금으로 간하고 새우젓국물을 조금 넣어 김치국물을 만든다.
7. 열무에 다홍고추 간 것을 넣고 썰어 놓은 쪽파와 같이 버무려 (6)의 만들어 놓은 국물을 붓고 소금으로 마지막 간한다.
8. 하룻밤 익혀서 냉장고에 넣는다.

응 용

- 열무와 얼갈이배추를 건져 쫑쫑 썰어 참기름, 깨소금에 무쳐서 비빔밥에 넣어 주기도 한다.
- 한여름 열무김치에도 밀가루즙을 조금 섞어 담아 풋내를 막고 맛을 부드럽고 구수하게 한다.

179 섞박지

재 료 배추 1통(1kg), 무 1개, 쪽파 50g, 마늘 1통, 생강 조금, 미나리 50g, 고춧가루 1/4C, 실고추 조금, 굵은소금 1/2C, 꽃소금 1/3C, 새우젓 1/3C

조리법

1. 배추는 겉대를 떼고, 4cm×4cm 크기로 썰어 소금에 2시간 절였다 헹구어 건진다.
2. 무는 3~4cm 네모에 두께 5mm로 썰어 1시간 절였다 건진다.
3. 미나리, 파는 4cm 길이로 썰고, 마늘, 생강은 다진다.
4. 배추, 무에 고춧가루를 버무려 생강, 마늘, 새우젓, 파, 미나리를 넣고 버무린 다음 실고추를 넣고 그릇에 소금물을 부어 촉촉한 섞박지를 담근다.

180 동치미

재 료 1	무 4개(4kg) 꽃소금 2/3C, 쪽파 100g, 배 1개, 생강 1톨, 마늘 10쪽, 액젓 1T, 건고추 2개, 설탕 1T, 국물(물 10~15C, 소금 3~4T)
조리법 1	1. 무는 깨끗이 씻어 길이 3~4cm, 폭 1.5cm×1.5cm로 썰어 소금에 절인다. 2. 쪽파는 뿌리를 잘라 깨끗이 씻어 놓는다. 3. 배는 껍질째 깨끗이 씻어 큼직하게 토막 낸다. 4. 마늘, 생강은 껍질을 벗기고 씻어 팬으로 저민다. 5. 무 절인 것을 큰그릇에 담고 배, 파뿌리, 마늘, 생강, 빨간 고추 등을 넣고 설탕과 액젓, 꽃소금을 넣고 버무려 김치통에 담는다. 6. 12시간 후 생수나 끓여 식힌 물에 소금을 녹여 부어 익힌다.
재 료 2	무 800g짜리 20개(작고 단단한 무), 꽃소금 3C, 배 3개, 청각 100g, 생강 150g, 마늘 200g, 파뿌리 30g, 국물(물 40컵, 꽃소금 2컵 반, 설탕 2T)
조리법 2	1. 무는 다듬어 씻어 통째로 꽃소금에 2일간 절여 둔다. 2. 배는 껍질째 깨끗이 씻어 길이로 사등분 한다. 3. 청각은 씻어서 물기를 뺀다. 4. 마늘, 생강 저민 것, 파, 청각은 가제 주머니에 넣어 둔다. 5. 절여진 통무에 분량의 국물을 붓고 만들어 놓은 가제주머니를 얹어 무가 국물에 떠오르지 않도록 무거운 돌로 눌러 둔다. 6. 익으면 하나씩 꺼내어 썰어 국물과 같이 낸다.

181 오이깍두기

재 료	조선오이 10개, 다진 양파 4T, 다진 마늘 2T, 다진 파 3T, 다진 생강 2T, 고춧가루 3T, 소금 2T, 설탕 2T, 물 1C
조리법	1. 조선오이는 굵은 소금으로 싹싹 비벼 10분 정도 절인다. 2. 오이가 어느 정도 절여지면 아삭한 맛이 살도록 끓는 물에 넣었다 건져 재빨리 찬물에 씻는다. 물기를 빼고 4~5cm 길이로 자르고 세로로 4등분 한다. 3. 파는 곱게 다지고 마늘과 생강도 곱게 다진다. 4. 오이에 고춧가루, 소금, 설탕, 다진 양파, 파, 마늘, 생강을 넣고 까부르면서 버무린다. 5. 오이와 양념이 고루 어우러지면 버무린 그릇에 물을 부어 양념을 헹구어 오이 위에 붓는다.
응 용	• 버무린 뒤 바로 싱싱하게 먹어도 좋다.

182 오이소박이

재 료	오이 3kg, 부추 1kg, 양파 300g, 마늘 50g, 생강 25g, 새우젓 100g, 고춧가루 300g, 소금 200g
조리법	1. 오이는 소금으로 깨끗이 비벼 씻어 물기를 뺀 후 4cm 길이로 잘라 4등분 칼집을 넣어 둔다. 2. 오이에 굵은 소금을 뿌리고 물을 약간 부어 2시간 정도 절인다. 3. 마늘, 생강은 곱게 다지고 부추는 1cm 길이로 짧게 썰고, 양파는 곱게 다진다. 4. 새우젓은 건더기만 곱게 다진 후 젓국과 함께 섞는다. 고춧가루에 젓국을 넣어 불려 놓는다. 5. 불린 고춧가루에 부추, 마늘, 생강, 다진 양파, 새우젓 등을 넣어 오이소를 만든다. 6. 절인 오이를 건져 물기를 꼭 짜고, 오이소를 넣어 소박이를 만든다. 7. 김치통에 오이소박이를 차곡차곡 담고 양념 그릇에 물을 부어 소금을 약간 넣어 국물을 만들어 오이소박이 위에 잠기게 붓는다.
응 용	• 소 넣기가 힘들 땐 오이를 막대 모양으로 썰어 부추 등으로 버무려 오이김치를 만든다.

183 오이지

재 료	오이 8kg(약 100개), 물 8L(40~50c), 굵은 소금 1.4kg(8~9c)
조리법	1. 초여름 연하고 갸름한 오이를 골라 깨끗이 씻어 물기를 걷는다. 2. 항아리 같은 그릇에 차곡차곡 담는다. 3. 소금물을 만든다. 소금물의 비율은 15~18%이며, 한여름에는 염도를 더 높여야 한다. 4. 소금물을 팔팔 끓인다. 5. 담아 놓은 오이 위에 소독한 돌 등을 얹어 둔다. 그 위에 펄펄 끓는 소금물을 부어 뚜껑을 덮어 둔다. 6. 오이가 소금물에 꼭 잠겨야 하며 소금물 위로 올라오면 무르고 곰팡이가 생긴다. 끓는 소금물을 그대로 부어야 오이가 아삭아삭하다.
응 용	• 오이지를 통썰기 하여 물에 담가 소금기를 뺀 후 탈수기에 넣어 꼭 짜서 파, 마늘, 깨소금, 물엿, 고운 고춧가루 등으로 양념하여 오이지무침을 한다.

03 간식류

영유아기에 간식은 아이들이 하루 종일 활발한 활동을 유지할 수 있도록 도와준다. 간식은 탄수화물, 단백질, 지방의 주영양소를 골고루 포함해야 하며, 적어도 2가지 음식군의 조합으로 이루어지는 것이 바람직하다. 간식은 하루에 필요한 열량과 영양소의 25%를 공급하는 것이 적절하며, 지나치게 높은 단당류, 지방, 염분의 함량이 많은 스낵은 피하는 것이 좋다. 현충일에서는 오전, 오후로 나누어 하루 2회 간식을 제공하며 오전 간식은 과일, 떡, 플레이크류, 유제품 등을 주로 제공하고, 오후 간식은 옥수수, 감자, 고구마, 달걀, 약식, 호박죽 등의 자연 식품을 주로 이용하거나 핫케이크, 각종 샌드위치, 도넛, 당근케이크, 초코머핀, 피자, 감자크로켓, 해물채소전, 자장볶음국수 등 직접 조리한 음식들을 제공한다.

184 바나나토스트

재 료 식빵 6kg, 껍질 벗긴 바나나 1kg, 땅콩버터 600g, 계피 20g, 황설탕 1kg, 버터 400g

조리법

1. 식빵 한쪽 면에 각각 땅콩버터를 고루 바른다.
2. 바나나는 껍질을 벗기고 얇게 어슷썬다.
3. 황설탕에 계핏가루를 섞어 계피설탕을 만든다.
4. 땅콩버터 바른 식빵에 계피, 설탕을 뿌리고 어슷썬 바나나를 위에 얹어 다른 식빵하나를 덮어 둔다.
5. 팬에 버터를 두르고 바나나를 사이에 끼운 식빵을 앞뒤로 노르스름하게 굽는다. 이때 뚜껑을 덮어 오븐효과를 낸다.
6. 가장자리를 자르고 사선으로 잘라 낸다.

185 프렌치토스트

재 료 식빵 6kg(큰 것 8줄 정도), 달걀 4kg, 우유 500g, 생크림 1kg, 설탕 400g, 소금 20g, 버터 300g, 바닐라 에센스 약간

조리법

1. 달걀을 풀어 소금, 설탕을 넣고 우유와 생크림을 더하여 달걀물을 만들어 체에 거른 뒤 바닐라 에센스를 약간 넣는다.
2. 식빵에 달걀물을 고루 묻혀 버터 바른 팬에 노릇노릇하게 구워 낸다.
3. 사선으로 잘라 접시에 담아 낸다.

186 햄에그샌드위치

재 료 식빵 7kg, 햄 4kg, 달걀 2kg, 청오이 2kg, 마요네즈 500g, 버터 400g, 꿀 50g, 머스터드 50g

조리법

1. 햄은 곱게 다진다.
2. 달걀은 삶아 흰자, 노른자를 갈라 흰자는 곱게 다지고 노른자는 체에 내려 둔다.
3. 오이는 굵은 소금으로 겉을 비벼 씻어 길이로 4등분하여 씨를 빼고 얇게 썬다. 소금물에 담갔다가 물기를 꼭 짜서 마요네즈에 버무린다.
4. 햄, 달걀도 각각 따로따로 마요네즈에 버무린다.
5. 상온에 두었던 버터에 꿀과 프렌치 머스터드를 고루 섞는다.
6. 식빵에 만들어 놓은 머스터드, 버터를 바르고 햄과 오이, 달걀을 알맞게 넣어 샌드위치를 만든다.
7. 식빵 가장자리를 자르고 대각선으로 썰어 접시에 담아 낸다.

사 진

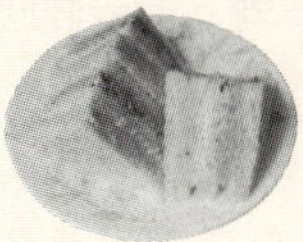

187 햄치즈샌드위치

재 료 식빵 7kg(10줄), 슬라이스햄 2.4kg(100개), 체다슬라이스치즈 2kg(100개), 적양파 50g, 청오이 1kg(6개), 피클 1kg, 달걀 2kg(40개), 마요네즈 500g, 토마토케첩 300g

조리법

1. 적양파는 곱게 다져 약한 소금물에 담가 면주머니에 넣어 주물러 매운맛을 빼고 꼭짠다. 청오이는 길이로 4등분하여 씨를 빼고 잘게 썰어 소금물에 담갔다가 꼭 짠다.
2. 피클도 곱게 다져서 물기를 꼭 짠다.
3. 달걀은 삶아 흰자, 노른자를 함께 체에 내린다.
4. 적양파, 오이, 피클, 달걀에 마요네즈, 토마토케첩을 넣어 소스를 만든다.
5. 식빵 한면에 소스를 바르고 햄과 치즈를 얹은 다음 다시 소스를 바른 식빵을 덮어 샌드위치를 만든 후 가장자리를 잘라 내고 사선으로 잘라 낸다.

188 치킨샌드위치

재 료 식빵 7kg, 닭가슴살 4kg, 베이컨 2kg, 양상추 1kg, 청오이 600g, 파프리카 300g, 양파 300g, 마요네즈 500g, 토마토케첩 100g

조리법

1. 빵은 토스트 해둔다.
2. 닭가슴살은 반으로 갈라서 청주, 소금, 후추에 재운다.
3. 찜통에 쪄서 식혀 잘게 찢어 둔다.
4. 베이컨은 바삭하게 구워 잘게 다져 놓는다.
5. 양상추는 깨끗이 씻어 물기를 없앤 후 먹기 좋은 크기로 뜯어 둔다.
6. 오이, 파프리카, 양파는 다져서 물기를 뺀 다음 마요네즈와 토마토케첩에 섞어(5:1 비율) 소스를 만든다.
7. 닭가슴살과 베이컨도 프렌치 머스터드와 마요네즈로 섞는다.
8. 빵에 소스를 바르고 양상추, 닭가슴살, 베이컨을 얹고 다시 소스 바른 빵을 덮는다.
9. 빵 가장자리를 자르고 대각선으로 썰어 낸다.

189 잼샌드위치

재 료	식빵 7kg, 딸기잼 2kg
조리법	1. 식빵에 잼을 발라 마주 붙여 놓는다. 2. 식빵 가장자리를 자르고 대각선으로 썰어 낸다.
응 용	• 딸기잼, 사과잼, 포도잼 등 여러 가지가 쓰인다. • 땅콩버터를 바르는 경우, 한 면에 잼을 바르면 퍽퍽하지 않아 좋다. • 롤 잼샌드위치는 식빵 가장자리를 자르고 밑에 쿠킹포일을 깔고 그 위에 식빵을 놓고 딸기잼을 고르게 바른 뒤 쿠킹포일을 김밥 말듯이 돌돌 말아 싼다. 모양이 잡히면 호일은 벗겨 내고 먹기 좋은 크기로 썬다.

190 고구마샌드위치

재 료	식빵 7kg, 감자 2kg, 호박고구마 5kg, 햄 3kg, 당근 800g, 청오이 2kg, 사과 1kg, 생크림 1kg, 버터 500g, 꿀 50g, 머스터드 50g
조리법	1. 감자, 고구마, 당근은 껍질을 벗겨 찜통에 쪄내서 으깨어 체에 내린다. 2. 햄은 곱게 다진다. 3. 청오이는 길이로 4등분하여 씨를 발라 내고 얇게 썰어 소금물에 담갔다 꼭 짠다. 4. 사과는 8등분 하여 얇게 썬다. 5. 생크림으로 휘핑크림을 만든다. 6. 감자, 고구마, 당근, 햄, 청오이를 한 데 섞어 마요네즈에 버무린다. 7. (6)에 사과를 넣어 섞어 주고 마지막으로 휘핑한 생크림을 섞는다. 8. 식빵에 버터, 꿀, 머스터드를 섞은 버터를 바르고 속을 채워 샌드위치를 만든다. 9. 식빵 가장자리를 자르고 사선으로 잘라 접시에 담아 낸다.

191 참치샌드위치

재 료 식빵 7kg, 참치 3,6kg, 햄 1,800g, 피클 670g, 당근 150g, 양파 700g, 마요네즈 500g, 머스터드 50g

조리법

1. 식빵은 프라이팬에 버터를 두르고 구워 낸다.
2. 참치는 기름을 빼고 곱게 부수어 둔다.
3. 양파는 곱게 다져 소금물에 담가 매운맛을 빼고 물기를 꼭 짠다.
4. 햄과 피클도 곱게 다진다. 피클은 물기를 꼭 짠다.
5. 당근은 곱게 채 썬다.
6. 참치와 모든 재료를 섞어 마요네즈와 머스터드를 섞은 소스에 버무려 구워 낸 식빵 사이에 넣어 샌드위치를 만든다.
7. 식빵 가장자리를 자르고 사선으로 잘라 접시에 담아 낸다.

192 불고기양파샌드위치

재 료 핫도그롤(60g×120개) 7.2kg, 소불고기 4kg, 양파 1kg, 로메인상추 1kg, 피망 400g, 피클 670g, 체다치즈 640g, 머스터드 100g, 버터 400g

조리법

1. 쇠고기는 핏물을 뺀 후 양념을 합하여 재운다.
2. 양파는 곱게 채 썬다.
3. 달군 팬에 양념한 쇠고기를 볶아 내고 그 팬에 양파를 물기 없이 볶는다.
4. 빵은 길이로 반을 갈라 기름칠 안한 팬에 굽는다.
5. 구운 빵에 머스터드, 버터를 바른다.
6. 피망은 둥글게 썬다. 로메인상추도 씻어 물기를 빼둔다.
7. 피클은 길이로 길게 얇게 썰어 놓는다.
8. 슬라이스치즈는 반으로 잘라 둔다.
9. 버터 바른 빵을 펼쳐서 놓고 로메인상추를 넓게 깐다. 그 위에 불고기, 피클, 피망, 치즈를 얹어 한쪽 상추로 덮어 낸다.

193 핫도그

재 료

핫도그롤(60g×120개) 7,2kg, 양배추(2통) 1,6kg, 적양배추(1통) 400g, 청오이(10개) 1kg, 적양파(양파) 1kg, 프랑크소시지 4kg, 사과 1kg, 마요네즈 500g, 머스터드 버터 300g, 머스터드 50g, 토마토케첩 300g

조리법

1. 양배추는 곱게 채 썰어 소금물에 절여 둔다.
2. 적양배추, 적양파도 채 썰어 소금물에 절여 둔다.
3. 청오이는 돌려 깎기 하여 채 썰어 소금에 약간 절인다.
4. 사과도 채쳐 둔다.
5. 프랑크소시지는 뜨거운 물에 데쳐 옆으로 반 갈라 놓는다.
6. 사과를 뺀 모든 채소를 꼭 짜서 물기를 걷고 마요네즈, 설탕으로 무친다. 마지막에 사과를 넣는다(모든 것의 물기를 걷는 것이 제일 중요하다).
7. 핫도그롤에 머스터드 버터를 바르고 채소를 채우고 프랑크소시지를 얹어 토마토케첩 등을 뿌려 꼭 눌러, 먹을 때 어슷하게 반 갈라 접시에 낸다.

사 진

194 치즈머핀

재 료

박력분 1.8kg, 강력분 200g, 분유 160g, 달걀 2kg, 버터 1.2kg, 설탕 2kg, 아몬드가루 240g, 크림치즈 800g, 베이킹파우더 40g, 럼주 100g, 크림치즈 2kg, 슈거파우더 500g, 노른자(20개) 200g

조리법

1. 버터, 크림치즈는 상온에 두었다 설탕을 넣고 휘핑하여, 마요네즈 상태로 만든다.
2. 하얀 빛이 되면 럼주를 넣고 달걀을 2~3번에 나누어 섞는다.
3. 연한 노란색이 되면 체에 친 아몬드가루를 넣고 고루 섞는다.
4. 밀가루, 베이킹파우더, 분유는 체를 친다.
5. (3)에 가루재료를 넣는다. 덩어리진 것이 없도록 고루 섞는다.
6. 나머지 크림치즈와 슈거파우더를 섞어 하얀 크림 상태가 되면 달걀 노른자를 넣고 힘있게 젓는다. (5)에 (6)을 더하여 한 데 섞어 머핀 틀에 2/3가량 부어 180~190°C 오븐에서 15~20분간 굽는다.

195 초코바나나머핀

재 료 박력분(6c) 2.66kg, 소다(8t) 20g, 소금(4t) 24g, 버터 480g, 설탕(4c) 440g, 달걀(12) 600g, 초콜릿(1c) 440g, 코코아 60g, 바나나(껍질 벗긴) 700g, 생크림 750g, 호두 500g

조리법

1. 초콜릿은 중탕으로 녹여 놓는다.
2. 생크림은 휘핑해 둔다.
3. 박력분, 소다, 코코아는 3번 체를 친다.
4. 달걀은 풀어서 소금을 넣는다.
5. 상온에 둔 버터는 핸드믹서로 믹싱해서 설탕을 넣고 하얗게 될 때까지 믹싱한다.
6. (5)에 달걀을 조금씩 넣으면서 마요네즈 상태가 되도록 믹싱한다.
7. 바나나는 껍질을 벗겨 포크로 눌러 으깨어 둔다.
8. 마요네즈 상태가 된 (5)에 체친 가루재료를 넣고 주걱으로 고루 젓는다.
9. 바나나 으깬 것을 넣어 고루 섞는다.
10. 휘핑크림을 골고루 섞어 머핀 틀에 반죽을 2/3가량 부어 180~190°C로 예열된 오븐에서 30~40분 동안 굽는다. 머핀 위에 호두를 하나씩 올려 준다.
11. 구워 낸 케이크는 망에 식혀 접시에 담아 낸다.

사 진

196 고구마크로켓

재 료 고구마 10kg, 완두콩 1kg, 옥수수통조림 1kg, 양파 500g, 당근 500g, 우유 300g, 빵가루 2kg, 달걀 1.7kg, 튀김기름 4kg

조리법

1. 고구마와 당근은 깨끗이 씻어 푹 삶아 뜨거울 때 체에 내린다.
2. 옥수수, 완두콩은 물기 빼서 볶고 양파는 다져 볶는다.
3. 고구마분에 옥수수, 완두콩, 양파, 당근, 소금, 후추, 우유를 넣어 치댄다.
4. 동글납작하게 지름 3cm되게 빚어 밀가루, 달걀물, 빵가루를 묻혀 튀겨 낸다.

197 감자소시지크로케

재 료

감자 20kg, 프랑크소시지 8kg, 달걀 1,7kg, 빵가루 2kg, 설탕 200g, 소금 50g, 버터 200g, 튀김기름 4kg

조리법

1. 감자를 쪄서 체에 내린다.
2. 팬에 버터를 두르고 감자에 소금, 설탕을 넣고 볶아 물기를 날려 준다.
3. 프랑크소시지는 뜨거운 물에 데쳐 3등분 한다.
4. 감자로 소시지를 동그랗게 타원형으로 싼다.
5. 밀가루 묻혀서 달걀, 빵가루를 씌워 180~190°C 기름에서 튀겨 낸다.

198 바게트피자

재 료

바게트 15개, 식빵 2줄, 옥수수 통조림 1.68kg, 청 · 홍피망 300g, 살코기햄 3kg, 쇠고기다짐육 1kg, 셀러리 300g, 양파 500g, 당근 200g, 양송이 1kg, 피자치즈 5kg, 토마토페이스트 1kg, 버터 300g, 우스터소스 50g

조리법

1. 청 · 홍피망은 다져서 볶는다.
2. 셀러리, 양파, 당근도 곱게 다져 볶는다.
3. 옥수수는 물을 빼서 볶아 둔다.
4. 쇠고기를 볶아 우스터소스로 간하고 양송이는 볶는다.
5. 토마토페이스트를 볶아 위의 재료를 넣어 소스를 만든다.
6. 햄은 어슷썰어 둔다.
7. 바게트는 길이 2등분 하고 옆으로 반으로 가른다.
8. 바게트 위에 소스를 바르고 햄을 위에 얹고 피자치즈를 뿌리고 그 위에 파슬리찹을 뿌려 180~190°C 오븐에서 구워 낸다. 먹기 좋은 크기로 썰어 배식한다.
9. 식빵은 영아들을 위해 가장자리를 자르고 베이킹 팬 위에 얹어 소스를 얹고 햄, 피자치즈, 파슬리찹을 뿌리고 타지 않게 주의하여 구워 낸다.
10. 먹기 좋은 크기로 잘라 배식한다.

사 진

199 치즈찜케이크

재 료 중력분 550g, 전분 50g, 황치즈가루 200g, 베이킹파우더 25g, 식용유 75g, 휘핑크림 750g, 달걀 750g, 유화제 25g, 소금 10g

조리법

1. 가루재료를 모두 합하여(밀가루, 전분, 베이킹파우더, 황치즈가루) 3번 체로 친다.
2. 휘핑크림은 거품 내어 냉장시킨다.
3. 달걀을 풀어 주고 소금을 넣고 유화제를 넣어 흰색의 마요네즈 상태가 될 때까지 핸드믹서로 휘핑한다.
4. (3)에 체로 친 가루재료를 주걱으로 골고루 섞는다.
5. 휘핑한 생크림을 고루 섞어 주고 마지막으로 식용유를 골고루 섞어 매끄러운 반죽을 만든다.
6. 머핀 틀이나 은박도시락에 유산지를 깔고 2/3가량 부어 탁탁쳐서 공기를 빼고 뜨겁게 김오른 찜통에 20~30분간 찐다.
7. 은박 팬에 넣은 것은 먹기 좋은 크기로 잘라 낸다.

200 당근파인애플케이크

재 료 박력분(6c) 655g, 베이킹소다(6t) 25g, 소금($3\frac{3}{4}$t) 10g, 계피(6t) 15g, 달걀(12개) 600g, 설탕(4.8c) 775g, 버터(3c) 560g, 간 당근(6c) 690g, 파인애플(6c) 650g, 호두(3c) 225g, 생크림 750g

조리법

1. 밀가루, 소다, 소금, 계핏가루를 섞어 3번 체를 친다.
2. 달걀을 풀어 둔다.
3. 상온에 둔 버터를 휘핑기로 저어 설탕을 넣고 크림화하여 마요네즈 상태를 만든다.
4. 위의 재료에 가루재료를 넣어 골고루 섞고 간 당근, 파인애플, 호두를 넣어 섞는다.
5. 생크림을 휘핑하여 같이 섞어 베이킹 팬이나 머핀 틀에 버터를 바르고 위의 재료를 2/3가량 부어 180~190°C로 예열된 오븐에서 30~40분 동안 굽는다.
6. 구워 낸 케이크를 망에 식혀 접시에 담아 낸다.

응 용

- 파인애플은 잘게 다져 물기를 빼야 한다.

201 팬케이크

재 료 박력분 4kg, 베이킹파우더 100g, 달걀 2.5kg, 설탕 1.5kg, 생크림 1kg, 우유 2.5kg, 버터 540g, 무가당연유 500g

조리법

1. 볼에 달걀과 설탕을 넣고 핸드믹서로 뽀얀 크림색이 될 때까지 충분히 거품을 낸다. 핸드믹서 날을 들어봐 걸쭉한 상태로 흐르면 다 된 것이다.
2. (1)에 우유와 생크림, 무가당연유를 차례로 조금씩 넣어가며 거품기로 고루 섞는다.
3. 준비한 가루재료를 다시 한번 체 치면서 (2)에 넣고 거품기로 고루 섞어 반죽한다. 이 때 거품기로 반죽을 위아래로 걷어 올리듯이 섞는다.
4. 날가루가 보이지 않을 정도로 반죽이 잘 섞였으면 향을 더하기 위해 코냑을 넣고 다시 섞는다.
5. 우묵한 프라이팬을 기름 먹인 키친타월로 닦는다.
6. 180°C로 달구어진 팬에 반죽을 떠서 동그란 모양으로 주르르 부어야 한다. 반죽 윗면이 공기구멍이 송송 생겼을 때 한 번만 뒤집는다.
7. 크게 구울 경우 뚜껑을 닫고 하면 쉽게 잘 익는다.
8. 뒤집어서 먹음직한 연한 갈색이 되면 꺼내어 알맞게 썰어 낸다. 식기 전에 잼, 시럽을 곁들여 낸다.

응 용

- 오렌지, 파인애플, 건포도 블루베리, 사과 등 여러 가지 과일을 전처리(설탕, 계피 넣어 졸인다)해서 넣으면 맛도 있고 보기도 예쁘다.
- 두부를 으깨어 섞고 우유 대신 두유를 사용하면 더 고소한 팬케이크를 만들 수 있다.

202 찹쌀도넛

재 료 찹쌀가루 5kg, 밀가루 1kg, 설탕 1kg, 베이킹파우더 100g, 소다 50g, 소금 100g, 물엿 500g, 뜨거운물 1kg

조리법

1. 찹쌀가루, 강력분, 베이킹파우더, 소다를 체로 친다.
2. 설탕, 물엿, 소금을 섞어 녹인다.
3. (1)과 (2)를 혼합하여 뜨거운 물로 익반죽한다.
4. 30g씩 둥글리기 한다.
5. 170~180°C 온도의 기름에서 굴리면서 튀긴다.

응 용

- 찹쌀도넛은 기름에 넣으면 일단 가라앉았다가 떠오른다. 이때 밑면이 타기 쉬우므로 떠오를 때까지 불을 꺼 두었다가 떠오르면 다시 불을 켜 기름온도를 조절해 튀기면 좋다.

203 두부참깨과자

재 료 (2배 반죽)

중력분 1.5kg, 두부 600g, 달걀(약 5개) 250g, 설탕 360g, 소금 50g, 생강즙 90g, 통깨(검은깨) 400g

조리법

1. 두부를 으깬 후 달걀을 넣고 골고루 섞어 준다.
2. 설탕, 소금, 생강즙, 깨를 혼합한다.
3. 밀가루를 체에 친 후 2.에 넣고 한 덩어리가 되도록 섞어 주고 20~30분간 유지시킨다.
4. 0.1cm 두께로 밀어 편 후 2~3cm 마름모형으로 자른다.
5. 200~210°C 온도의 기름에서 1~2분간 튀긴다.
6. 기름을 빼서 접시에 담아낸다.

응 용

- 검은깨와 같이 쓰기도 한다.

204 초코케이크도넛

재 료 (100 개)

중력분 1.9kg, 코코아 300g, 베이킹파우더 30g, 베이킹소다 30g, 넛메그 10g, 버터 300g, 설탕 1kg, 달걀 1kg, 우유 40g, 소금 15g

조리법

1. 달걀, 소금, 설탕, 우유를 섞어 거품기로 믹싱한다.
2. 버터를 중탕으로 녹여 (1)과 혼합하여, 부드러운 크림 상태가 되도록 믹싱한다.
3. 중력분, 코코아, 베이킹파우더, 베이킹소다, 넛메그를 체로 친 후 가볍게 혼합한다. 글루텐이 형성되지 않게 가볍게 섞는다.
4. 실온에서 10~20분간 휴지시킨다.
5. 한 번에 밀어펴기 좋은 양으로 분할해 0.5~0.7cm 두께로 밀어 편다.
6. 도넛 틀로 찍은 후 덧가루를 털어 내고 10~15분간 중간 휴지시킨다.
7. 180~190°C 온도의 기름에서 3분간 튀긴다.
8. 슈거파우더나 설탕, 코코아가루 등을 묻힌다.

응용 및 사진

- 초코케이크 도넛은 케이크 도넛의 일종으로 베이킹파우더로 부풀리기 때문에 반죽을 하여 형을 뜬 후 즉시 튀겨야 한다.
- 다음의 재료를 이용하여 동일한 방법으로 케이크도넛을 만든다.
- 재료 : 중력분 2.2kg, 베이킹파우더 60g, 넛메그 10g, 버터 300g, 설탕 1kg, 달걀 1kg, 우유 40g, 소금 15g

205 꽈배기도넛

재 료 강력분 4kg, 박력분 1kg, 설탕 550g, 탈지분유 165g, 생이스트 275g, 이스트후드 5.5g, 버터 660g, 소금 80g, 달걀 825g, 물 1.5kg, 넛메그 15g, 바닐라에센스 약간, 생크림 1kg

조리법

1. 밀가루에 탈지분유, 이스트후드, 넛메그를 섞어 가루재료를 체에 친다.
2. 가루재료를 가운데 구멍을 파고 생이스트와 소금, 설탕은 가장자리에 서로 다른 방향으로 닿지 않게 놓는다.
3. 중앙에 달걀물, 생크림, 바닐라에센스를 섞어서 붓고 고루 섞어 준다.
4. 어느 정도 섞이면 버터를 넣어 반죽을 한다.
5. 반죽이 한 덩어리가 되면 탄력 있고 매끈해질 때까지 작업대에 내리치는 것과 치대는 것을 반복한다.
6. 반죽을 둥그렇게 뭉쳐 큰 그릇에 넣어 비닐을 씌워 1차 발효시킨다. 큰 그릇에 뜨거운 물을 넣어 그 위에 그릇에 담은 반죽을 넣어 뚜껑을 덮어 40~50분간 1차 발효시킨다.
7. 40g씩 분할해 둥글리기 한 후 20분간 중간 발효시킨다.
8. 길게 민 반죽의 끝 부분을 양손으로 잡고 비틀어 준 다음 이를 서로 엇갈리게 꼬아 준다. 이음매가 떨어지지 않도록 잘 붙여 준다.
9. 상온에서 30~40분간 2차 발효시킨다.
10. 180°C 온도의 기름에 넣고 한 면을 1분 정도씩 튀긴다. 한 번 튀긴 곳은 다시 튀기지 않는다. 튀긴 도넛을 식힌 후 계피와 설탕을 1:9 비율로 묻힌다.

응 용

- 꽈배기도넛은 빵 도넛의 일종으로 이스트를 이용하여 부풀리기 때문에 반죽하여 형을 뜬 후 발효시켜 부푼 다음에 튀긴다.

206 찹쌀꽈배기

재 료 찹쌀가루 3kg, 강력분 3.6kg, 설탕 720g, 버터 720g, 소금 66g, 생이스트 222g, 우유 1kg, 물 1kg

조리법

1. 찹쌀가루와 강력분은 체에 내린다.
2. 설탕, 소금은 한쪽에, 생이스트는 반대쪽에 넣어 서로 닿지 않게 하여 가루재료를 둥글게 화산 모양으로 만든다.
3. 가운데 파진 곳에 우유, 물은 붓고 반죽을 한다.
4. 반죽이 어우러지면 상온의 버터를 넣어 20~30분 정도 치댄다. 반죽을 위에서 아래로 내려쳐서 매끄럽게 만든다.
5. 반죽을 둥글리기 하여 더운 물이 있는 이중 그릇에서 발효시킨다. 발효기가 있으면 더욱 좋다.
6. 약 1시간 정도 지나 2배 이상 부풀면, 50g씩 분할하여 둥글려서 상온에 놓아 두고 약 40분 동안 비닐을 꼭 덮어 준다(중간 발효).
7. 반죽을 25cm 길이로 밀어 끝 부분을 양손으로 잡고 비틀어 준 다음 이를 서로 엇갈리게 꼬아 준다. 이음매가 떨어지지 않도록 잘 붙인다.
8. 상온에서 40분간 2차 발효시킨다.
9. 2배로 부풀면 180°C 온도에서 1분 정도 튀기고 뒤집어서 1분 정도 튀긴다.
10. 기름을 빼고 기호에 따라 계피, 설탕 등을 뿌려 낸다.

사 진

207 크레이프

재 료 달걀(약 50개) 2.5kg+노른자(50개), 설탕 300g, 우유 5kg, 박력분 1kg, 녹말 250g, 버터 250g, 커스터드크림(달걀 노른자(20개) 200g, 설탕 500g, 녹말 180g, 우유 2kg, 버터 120g, 럼주 10g), 초콜릿크림(생크림 1,5kg, 초콜릿 1,2kg, 브랜디 약간, 식용유 약간)

조리법

커스터드크림 만들기

1. 달걀 노른자와 설탕을 볼에 담고 뽀얀 크림색이 될 때까지 핸드믹서로 저어 거품 낸 뒤 옥수수 녹말을 체 쳐 넣고 고무주걱으로 저어 멍울 없이 고운 상태로 만든다. 우유를 끓기 직전까지(80°C 정도) 데워 한 번에 붓고 잘 섞은 뒤 다시 한번 체에 거른다.
2. (1)을 냄비에 담고 고무주걱으로 빠르게 저으며 끓여서 멍울이 없게 윤기 나는 고운 크림이 되면 불에서 내린 뒤 버터를 넣고 젓는다. 버터가 녹으면 큰 그릇에 담고 식은 후 럼주를 넣는다. 표면에 버터를 살짝 바르고, 반드시 비닐랩을 덮어 둔다.

크레이프 반죽

1. 달걀을 볼에 넣고 거품기로 푼다. 설탕을 조금씩 넣으며 거품기로 저어 잘 섞은 후 우유를 조금씩 부어 가며 고루 저어 섞는다.
2. 준비해 둔 가루를 다시 한번 체 쳐서 (1)에 넣고 거품기로 잘 섞는다.
3. 반죽에 랩을 씌워 실온에 30분 두었다가 녹인 버터를 넣고 거품기로 충분히 섞는다.
4. 프라이팬을 센 불로 올린 뒤 식용유 먹인 키친타월로 한 번 닦아 뜨겁게 달구어지면 (3)의 반죽을 한 국자 떠 얹어 얇게 퍼지도록 한 다음 불을 줄인다.
5. (4)의 반죽 가장자리가 노르스름해질 정도로 익으면 산적꼬치를 가장자리에 살짝 넣어서 한 번 빙 둘러 주어 팬에서 잘 떨어지게 한다. 그런 다음 손으로 잡고 뒤집어 반대쪽도 살짝 지진 뒤 바로 꺼낸다.
6. 초콜릿크림은 냄비에 생크림을 부어 끓이다가 다진 초콜릿을 넣고 초콜릿이 다 녹을 때까지 고무주걱으로 고루 저은 뒤 브랜디를 넣고 섞어 향을 더해 만든다. 그런 다음 식용유를 넣고 고루 섞는다. 시판용 초콜릿크림으로 대신해도 된다.
7. 만들어 놓은 커스터드크림을 떠서 (5)의 크레이프 가운데에 도톰하게 얹고 크레이프의 양쪽을 접어 올린다. 크레이프 위에 초콜릿크림을 살짝 뿌려 낸다.

응 용 • 과일, 치즈, 소시지 등 원하는 재료를 넣어 싸서 먹는다.

208 단호박대추술빵

재 료 강력분 2kg, 중력분 2kg, 설탕 700g, 소금 50g, 달걀 800g, 생이스트 200~250g, 버터 600g, 생크림 1kg, 단호박가루 150g, 분유 100g, 물 1.5kg, 막걸리 500g, 대추 500g, 밤 2kg, 건포도 1kg, 럼주 50g

조리법

1. 대추는 깨끗이 씻어 냄비에 넣고 3~4배의 물을 붓고 끓이다 물이 적어지면 동량의 설탕을 넣어 약한 불에서 끓여 럼주를 부어 뚜껑을 덮어 둔다. 식으면 대추를 꺼내 씨를 빼고 큼직하게 썰어 고명으로 쓴다.
2. 건포도는 물에 씻어 건져 럼주를 뿌렸다 물기를 걷는다.
3. 밤은 껍질을 까서 통째로 삶다가 동량의 설탕을 넣어 조린 후 썰어 둔다.
4. 강력분, 박력분, 단호박가루, 분유를 체로 친다.
5. 따뜻한 물에 막걸리, 달걀을 풀고 소금, 설탕, 생크림을 섞는다.
6. 가루재료에 생이스트, 액체재료를 섞어 반죽한다. 상온의 버터를 넣고 치대 준다.
7. 꽈배기 반죽과 동일하게 40~50분간 비닐을 덮어 1차 발효시킨다.
8. 두 배로 부풀어 오른 반죽은 둥글리기 하여 상온에 30분 동안 비닐을 씌워 놓아 둔다.
9. 이 반죽에 밤과 건포도를 섞어 면포 깐 찜통 위에 앉혀 2차 발효시킨다.
10. 발효된 빵반죽에 대추, 밤으로 장식하여 물이 끓어오른 찜통에서 20~30분간 쪄내어 한김 식힌 후 썰어 접시에 낸다.

응용 및 사진

- 양이 적을 경우 은박 틀(머핀 틀)에 넣으면 모양도 예쁘다. 찐빵으로 둥글려 쪄도 좋다.
- 단호박가루 외에 녹차가루 등을 이용해도 좋다.

209 떡꼬치

재 료 떡볶이떡 10kg, 토마토케첩 1kg, 고추장 75g, 간장 100g, 사과 간 것 1kg, 설탕 100g, 물엿 100g, 양파 400g

조리법

1. 떡볶이떡을 4개씩 꼬치에 끼워 둔다.
2. 양파는 다져 볶다가 사과를 갈아 넣어 토마토케첩을 같이 볶아 신맛을 줄인다.
3. 간장, 설탕, 물엿, 고추장을 섞어 소스를 만든다.
4. 꼬치에 끼운 떡을 팬에 지져 내어 소스를 묻혀 낸다.

210 떡볶이

재 료	떡볶이떡 10kg, 소불고기 1kg, 사각어묵 2kg, 당근 200g, 양파 600g, 표고버섯 300g, 간장 500g, 설탕 500g, 대파 50g, 마늘 30g, 육수 400g, 참기름 100g, 물엿 100g, 굴소스 50g
조리법	1. 떡은 하나하나 뜯어 놓는다. 굳은 떡은 끓는 물에 데쳐 참기름에 버무려 놓는다. 2. 쇠고기는 굵은 채로 썰어 불고기 양념을 해둔다. 3. 사각어묵은 데쳐서 세모썰기 해둔다. 4. 당근은 골패 썰기, 양파는 굵은 채, 당근은 편 썰기한다. 5. 양념한 쇠고기를 냄비에 넣어 볶다가 육수를 붓고 간장, 설탕으로 간하여 볶아 놓은 채소를 넣고 떡을 넣어 볶는다. 6. 마지막 데쳐 낸 어묵과 어슷썬 대파, 물엿, 굴소스, 참기름으로 간하여 볶아 낸다.
응용 및 사진	• 매운맛을 원하면 토마토케첩과 고추장, 간장으로 간하여 맛을 낸다. 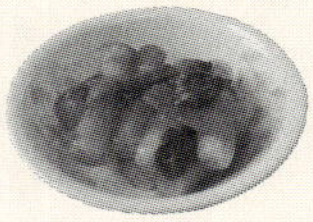

211 자장볶음국수

재 료	생면 10kg, 돼지고기(등심) 5kg, 오이 600g, 양파 2kg, 자장 2kg, 마늘 100g, 생강 20g, 대파 200g, 죽순 100g, 청주 100g, 녹말 500g
조리법	1. 돼지고기는 곱게 채 썰어 생강과 술로 밑간하여 달걀, 녹말을 넣고 잘 버무려 놓는다. 2. 죽순은 통조림에서 꺼내 살짝 뜨거운 물에 데쳐 5cm 길이로 채 썬다. 3. 대파 2/3는 채 썰어 찬물에 담가 매운맛을 뺀 다음 접시에 담아 둔다. 나머지는 송송 썰고, 마늘과 양파는 다진다. 4. 고기는 식용유 130°C에서 젓가락으로 휘휘 저으며 데친다. 5. 팬에 식용유를 두르고 다진 양파, 송송 썬 대파, 마늘, 춘장을 볶는다. 6. (5)에 청주, 간장, 죽순을 넣어 볶다가 물을 붓고 설탕, 후춧가루로 간한다. 7. 여기에 익혀 놓은 고기를 넣고 물녹말을 넣고 잘 섞어 놓는다. 8. 삶아 놓은 생면을 볶아 놓은 춘장 소스에 다시 볶아 채 썬 오이, 대파와 함께 낸다.

212 송 편

재 료 멥쌀가루 10kg, 단호박 1kg, 쑥 1kg, 풋콩 2kg, 밤 1kg, 팥 1kg, 솔잎 400g

조리법

1. 쌀을 깨끗이 씻어 일어 5시간 이상 불린 후 가루로 빻는다.
2. 멥쌀가루를 끓는 물에 익반죽한다(노란색 : 단호박 삶은 것을 체에 내려 섞는다. 쑥색 : 쌀을 빻을 때 쑥 데친 것을 넣어 섞는다).
3. 풋콩은 씻어 소금을 뿌려 둔다.
4. 밤은 껍질을 까서 잘라 놓는다.
5. 팥은 앙금을 내려 설탕, 소금을 넣고 볶아 동그랗게 빚어 놓는다.
6. 떡 반죽을 밤톨 크기로 둥글게 파서 그 속에 준비한 속을 넣고 꼭꼭 주물러 공기를 빼고 조개 모양으로 예쁘게 빚는다.
7. 찜통에 젖은 면포를 펴고 솔잎을 밑바닥에 넉넉히 깐 다음 송편이 서로 닿지 않게 한 켜 놓는다. 그 위에 솔잎, 송편, 솔잎순으로 담고 불에 올려 30~40분 찐다.
8. 다 익은 송편은 찬물로 얼른 씻어서 솔잎을 떼고 소쿠리에 건져 물기를 뺀 다음 참기름을 고루 발라 그릇에 담아 낸다.

응 용

- 유아들은 밤이나 콩으로 만드는 것이 가장 쉽다.
- 참깨는 볶아서 곱게 빻아 꿀과 소금을 넣고 버무려서 숟가락으로 떠서 속을 넣는다.
- 녹두고물은 깐 녹두는 2시간 이상 물에 불려 거피한 후 찜통에 마른 면포를 깔고 푹 무르게 찐 다음 큰 그릇에 쏟아 소금 간하여 절구공이로 대강 빻아 어래미로 내려 고물을 만든 다음 계핏가루, 꿀을 넣어 반죽하여 소를 만든다.
- 추석 때 유아반은 선생님과 같이 재미있게 만든다.

213 해물채소전

재 료 유기농 부침가루 5kg, 유기농 백밀가루 1kg, 부추 2kg, 애호박 1.5kg, 깻잎 500g, 당근 100g, 양파 500g, 깐 바지락살 1kg, 생새우 1kg, 오징어 1kg, 식용유 500g, 소금 30g

조리법

1. 부추는 다듬어 깨끗이 씻어 5cm 길이로 썬다.
2. 당근, 양파, 깻잎도 깨끗이 씻어 모두 채로 썬다.
3. 애호박은 굵은 채를 썰어 소금 간하여 물기를 짠다.
4. 바지락 살은 깨끗이 씻어 다져 놓고, 생새우도 껍질을 벗겨 살만 다져 둔다.
5. 오징어는 깨끗이 씻어 길이로 반 갈라 곱게 채 썬다.
6. 부침가루와 백밀가루를 물에 개어 해물과 채소를 넣어 잠시 숙성시킨다.
7. 기름 두른 프라이팬에 반죽을 떠 넣어 지름 30cm 크기로 노릇하게 지져낸다.

214 약식

재 료

찹쌀 10kg, 밤 3kg, 건포도 1kg, 대추고 1kg, 간장 1kg, 황설탕 1kg, 참기름 500g
캐러멜소스(설탕 1c, 물 1/2c, 끓는 물 1/2c, 물엿 3T)

조리법

1. 찹쌀은 씻어 일어 3시간 정도 불려서 건져 물기를 뺀다.
2. 찜통에 면포를 깔고 40분 정도 쌀이 푹 무르게 찐다.
3. 냄비에 설탕과 물을 넣어 중간 불에서 젓지 않고 끓인다. 가장자리부터 타기 시작해 전체적으로 갈색이 되면 불을 끄고 끓는 물과 물엿을 넣고 섞어 캐러멜소스를 만든다.
4. 밤은 속껍질을 벗겨 자작하게 물을 붓고 끓인다. 밤이 노르스름하게 익으면 물 양의 1/2의 설탕을 넣고 녹도록 저어 끓여 자작자작 졸인 다음 한김 식힌다. 밤이 익으면 5~6등분하여 썰고 국물은 따로 둔다.
5. 찐 찹쌀이 뜨거울 때 큰 그릇에 쏟아 황설탕을 넣어 밥알이 하나씩 떨어지도록 주걱으로 자르듯이 고루 섞는다. 여기에 진간장, 대추고, 캐러멜소스, 참기름, 밤, 불린 건포도를 넣어 고루 섞은 후 2시간 이상 상온에 두어 맛이 배도록 한다.
6. 양념이 된 찰밥을 찜통에 젖은 면포를 깔고 40분 정도 찐다. 그릇에 쏟아 꿀을 섞는다. 기호에 따라 계핏가루를 섞기도 한다.

응 용

- 캐러멜소스가 번거로우면 흑설탕으로 대신한다.
- 유아식이므로 밤도 잘게 자르고 건포도를 썼다. 성인용은 대추를 씨를 발라 3~4조각으로 하여 마지막에 넣는다.
- 대추고는 미리 만들어 놓는다. 대추나 대추씨에 충분한 물을 붓고 뭉근한 불에서 푹 고아 중간 체에 내린 다음 냄비에 올려 걸쭉한 잼 농도가 될 때까지 졸인 후 보존하기 위하여 꿀을(대추 양의 1/10) 넣어 다시 한번 졸여 주어 병조림하여 냉장 보관한다.

유래 및 사진

약식은 정월 대보름에 먹는 절식인데, 그 유래는 다음과 같다. 신라 소지왕 10년 정월 보름날, 왕이 경주 남산의 천천정에 친히 거동했을 때의 일이다. 갑자기 까마귀 떼가 날아들고 그 중 한 마리가 봉투 한 장을 떨어뜨리고 날아갔다. 신하들이 주워서 봤더니 '이걸 뜯어보면 두 사람이 죽고, 뜯지 않으면 한 사람이 죽는다'고 적혀 있었다. 숙고 끝에 봉투를 뜯어보니 '당장 환궁하여 내전 별실에 있는 금갑을 쏘라'는 글귀가 담겨 있었다. 이에 왕과 신하들은 급히 환궁하여 금갑에 활을 쏘았는데, 그 안에서 왕비와 신하 한 사람이 나왔다. 이들을 심문하고 보니 둘은 함께 역모를 꾀하고 있던 중이었다. 이후 왕은 까마귀 덕에 화를 면했다고 하여 정월 대보름을 '까마귀 제삿날'로 정하고, 까마귀를 닮은 검은색을 띤 약밥을 지어 제사도 지내고 까마귀에게 먹이로 주었다고 한다.

215 알감자버터구이

재 료 알감자 20kg, 버터 500g, 설탕 500g

조리법

1. 알감자는 껍질째 깨끗이 씻어 찜통에 찐다.
2. 쪄 낸 감자를 뜨거울 때 하나씩 껍질을 벗긴다.
3. 팬에 버터를 두르고 지져 낸다.
4. 설탕을 약간 뿌려 접시에 담아 낸다.

사 진

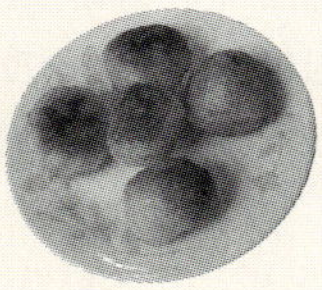

216 마카로니그라탕

재 료 마카로니 2kg, 쇠고기 다짐육 2kg, 양파 500g, 양송이 1kg, 셀러리 500g, 토마토케첩, 우스터소스, 육수, 소금

조리법

1. 마카로니는 끓는 물에 소금과 올리브유 1큰술을 넣은 후 20분 정도 삶아 건져 올리브유를 발라 둔다.
2. 마늘은 곱게 다지고 양송이는 모양을 살려 썰고 양파, 셀러리는 굵게 다진다.
3. 팬에 올리브유를 두르고 마늘을 볶다가 쇠고기 다진 것을 넣고, 소금, 후추로 간한다. 양파, 셀러리를 볶으면서 양송이를 넣고 다시 한번 볶는다.
4. 토마토페이스트, 토마토케첩을 넣고 충분히 볶은 다음 육수를 붓고 잘 풀어 주면서 우스터소스 오레가노, 월계수잎을 넣고 약한 불에서 끓여 소스를 만든다.
5. 오븐 팬에 마카로니를 담고 소스를 얹은 다음 피자치즈를 뿌려 180°C 오븐에서 20분 정도 구워 파슬리가루를 뿌려 낸다.
6. 적당한 크기로 덜어 배식한다.

217 찐 옥수수

재 료 생 옥수수 13kg, 소금 200g, 물 15kg

조리법

1. 옥수수를 연한 것으로 껍질을 벗기고 수염을 떼 낸 후 물에 깨끗이 씻는다.
2. 큰 솥에 차곡차곡 담고 소금을 탄 물을 충분히 잠길 정도로 부어 푹 삶아 낸다.
3. 푹 쪄진 옥수수를 건져 물기를 빼고 큰 것은 이등분하여 낸다.

218 어묵꼬치

재 료	어묵 20kg, 무 2.5kg, 다시마 50g, 멸치 500g, 대파 100g, 청주 100g, 소금 약간
조리법	1. 찬물에 다시마, 멸치, 대파 뿌리를 넣어 육수를 낸다. 2. 무, 대파, 청주, 소금을 넣어 다시물을 만든다. 3. 어묵을 끓는 물에 데쳐 기름기를 뺀 뒤 꼬치에 하나씩 끼운다. 4. 다시국물에 꼬치를 끓여 국물과 같이 낸다.

219 만 두

재 료	물만두 15kg, 육수
조리법	시판 물만두를 삶아 육수에 넣어 간식으로 낸다.
응 용	• 군만두는 팬에 지져 수분을 주어 뚜껑을 덮고 알맞게 익혀 접시에 담아 낸다.

220 옥수수빠스

재 료	옥수수통조림 2kg, 땅콩 300g, 건포도 300g, 중력분 800g, 베이킹파우더 10g
조리법	1. 물기 뺀 옥수수통조림을 도마에 쏟아 다진다. 땅콩, 건포도를 섞는다. 2. 옥수수에 중력분과 베이킹파우더를 넣고 달걀로 농도를 맞추어 지름 3cm의 완자를 만든다. 3. 170°C의 기름에 튀긴다. 4. 팬에 설탕 2컵, 식용유 2컵을 넣어 낮은 불에서 잘 저어 가며 녹여 시럽이 되면 옥수수 완자를 넣어 재빨리 섞는다. 5. 접시에 기름을 발라 두어야 붙지 않는다.

221 고구마튀김

재 료	고구마 20kg, 튀김가루 2kg
조리법	1. 고구마는 깨끗이 씻어 5mm 두께로 넓다랗게 썬다. 2. 튀김가루를 찬물에 갠다. 3. 덧가루를 묻히고 튀김옷을 입혀 170~180°C 기름에 튀겨 낸다. 4. 기름을 빼고 접시에 낸다.
응 용	• 고구마를 나무젓가락 굵기로 채 썰어 기름에 튀겨 간식으로 내기도 한다.

222 오미자화채

재 료	오미자 100g, 물 2kg, 배 1kg
조리법	1. 오미자 100g에 물 2L 정도를 부어 5~10시간 이상 담가 놓으면 고운 분홍색이 우러난다. 2. 이것을 가만히 따라 밭쳐서 색을 맞추어 뜬다. 3. 배를 얇게 저며 꿀이나 설탕에 재운다. 4. 물과 설탕을 동량으로 젓지 말고 끓여 식혀서 시럽을 만든다. 5. 오미자물에 시럽을 넣고 재운 배를 띄운다.
응 용	• 복숭아를 얇게 썰어 설탕에 재워 오미자물에 띄운다. • 진달래 화채는 진달래 꽃을 녹말가루에 묻혀 뜨거운 물에 넣었다 재빨리 건져 찬물에 헹구어 오미자물에 띄워 만든다. • 여름철 수박을 네모로 썰어 오미자즙에 수박과 배를 띄워 내도 시원하다.

223 식 혜

재 료	엿기름가루 3kg, 멥쌀 2kg, 설탕 500g
조리법	1. 엿기름에 물을 붓고 불도록 잠시 두었다가 바락바락 주물러 체에 밭친다. 체에 남아 있는 찌꺼기에 다시 물을 붓고 바락바락 주물러 단물이 우러나게 한 뒤 다시 거른다. 3번은 걸러야 한다. 고운체로 받친다. 앙금을 가라앉힌다. 2. 쌀을 씻어 동량의 물을 붓고 고슬고슬하게 밥을 짓는다. 3. 뜨거운 밥을 전기밥솥에 넣고 엿기름물만 밥에 가만히 부은 뒤 보온으로 맞춰 둔다. 4. 4~5시간 후 뚜껑을 열어 10개 정도의 밥풀이 동동 뜨고 손으로 밥풀을 으깻을 때 풀기가 없으면 다 삭은 것이다. 띄울 식혜 밥만 건져 찬물에 헹구어 담아 냉장고에 둔다. 5. 나머지 식혜 물과 밥을 푹 끓여 체에 밭쳐 둔다. 달콤한 맛을 원하면 설탕을 더하여 끓여 거품을 걷어 낸다. 기호에 따라 계피나 생강, 유자청을 넣기도 한다. 6. 식혜 물을 밭쳐 냉장고에 담아 둔다. 식혜 물을 그릇에 담고 식혜 밥을 띄우고 잣을 띄워 낸다.
응 용	• 여름철 미숫가루를 만들어 생수에 꿀을 넣고 미숫가루를 풀어 간식용 음료로 낸다.

224 김초밥

재 료 쌀 5kg, 다시마 50g, 김밥용 김 100장, 단무지(김밥용) 100개, 우엉 1.5kg, 시금치 1kg(3단), 달걀 2kg(40개), 단촛물(식초 600g, 설탕 500g, 소금 50g)

조리법

1. 쌀을 깨끗이 씻어 다시마물과 1:1 비율로 밥을 짓는다.
2. 식초, 설탕, 소금을 냄비에 넣고 젓지 않고 설탕과 소금이 녹을 정도만 열을 가해서 단촛물을 만든다.
3. 밥이 뜨거울 때 단촛물을 뿌리며 칼로 자르듯이 주걱으로 섞어 초밥을 만들어 젖은 면포로 덮어 둔다.
4. 우엉도 껍질을 벗겨 김밥용으로 길게 썰어 끓는 물에 삶아 건져 다시물, 간장, 설탕에 조려 놓는다.
5. 시금치는 다듬어서 깨끗이 씻어 끓는 물에 소금을 넣고 파랗게 데쳐 찬물에 씻어 건져 소금, 참기름에 무쳐 놓는다.
6. 달걀은 풀어 소금을 넣고 체에 걸러 다시물 1컵을 섞어 두꺼운 지단을 부친다.
7. 김발에 김밥용 김을 깔고 밥을 1/2만 편다. 밥 중앙에 단무지, 햄, 시금치, 우엉, 달걀을 얹어 지름이 3cm 정도 되도록 꼭꼭 눌러가며 만다.
8. 두께 1cm 정도로 썰어 낸다.

응 용

- 우엉 대신 박오가리를 이용한다. 마른 박오가리를 물에 불렸다가 끓는 물에 데쳐낸다. 데친 박오가리를 김밥 길이로 잘라 간장, 다시물, 설탕에 조린다.
- 여름에는 시금치 대신 청오이를 씨를 빼고 6등분하여 소금에 절였다 물기를 꼭 짜서 쓰기도 한다.
- 생선 소보로를 넣기도 한다. 동태, 대구 등의 생선살을 찬물에 넣어 끓이다 살이 익으면 살만 꺼내어 면주머니에 넣고 찬물에 헹구어 가며 으깬다. 생선살이 섬유화되도록 꼭 짜서 생선 섬유질을 마른 팬에 넣고, 소금, 설탕, 청주를 넣고 식용색소 홍색을 넣어 분홍색으로 물들여 넓은 프라이팬에서 수분을 증발시키며 볶는다.
- 참치살을 마요네즈에 버무려 넣기도 하고, 체다치즈를 넣기도 한다.
- 김발에 랩을 씌우고 김을 놓고 밥을 얹어 이것을 뒤집어 김 위에 아보카도, 오이, 날치알 등을 얹어 말아 롤을 만들고 썰어 놓은 롤 위에 와사비와 마요네즈를 1:5로 섞은 소스를 얹어 내기도 한다.

참고문헌

곽동경(1997). 유아를 위한 영양과 식단. 양서원.

김계자(2001). 영유아건강 및 영양교육의 이론과 요리활동의 실제. 동문사.

대한소아과학회(2007). 소아 · 청소년 표준 성장 도표. 대한소아과학회 질병관리본부.

덕성여자대학교 부속유치원 편(2001). 유아 영양과 요리 활동. 창지사.

양일선(1997). (유아를 위한) 영양교육. 다음세대.

이순형, 이성옥, 민하영, 이영미, 한유진, 장영은, 최나야, 김지현, 김진경, 정현심(2008). 영유아 건강교육. 학지사.

전경원, 전경분(2001). 田교수의 創을 요리로 확 열자 I : 창의적인 요리활동의 이론. 창지사.

정연강, 조정순(2004). 유아 영양과 건강. 양서원.

정은실(1999). 요리활동이 유아의 과학개념 및 영양지식개념에 미치는 영향. 이화여자대학교 대학원 석사학위논문.

조경자, 이현숙(2004). 유아건강교육. 학지사.

한국보건산업진흥원(2004). 영유아를 위한 식생활 실천 지침. 보건복지부.

한국영양학회(2005). 한국인 영양섭취기준. 사단법인 한국영양학회.

대한영양사협회 http://www.dietitian.or.kr/data/NurEdu/index.asp

Rowen, B., Byrne, J., & Winter, L. (1980). *The learning match : a developmental guide to teaching young children*. Englewood Cliffs, N.J. : Prentice-Hall.

Branen, L., & Fletcher, J. (1999). Comparison of College Students' Current Eating Habits and Recollections of Their Childhood Food Practices. *Journal of nutrition education*, 31(6), 304-310.

Decker, C. A., & Decker, J. R. (2004). *Planning and Administering Early Childhood Programs*(7th ed.). N.J. : Prentice Hall.

Spodek, B., Saracho, O, N., & Davis, M. D. (1991). *Foundations of early childhood education*. Englewood Cliffs, N.J. : Prentice Hall.

찾아보기

지은이

이순형

서울대학교 대학원 아동학 박사
한국아동학회 회장
인간발달학회 회장
현재 서울대학교 생활과학대학 어린이집 원장
서울대학교 아동가족학과 교수

손경희

서울대학교 사범대학 가정교육과 졸업
한성여자고등학교 가정과 교사
선화예술고등학교 가정과 교사
현재 서울대학교 생활과학대학 어린이집 영양관리실장

임여정

서울대학교 대학원 아동학 박사과정
서울대학교 아동가족학과 조교
하이닉스 어린이집 원감

영유아보육기관의 급·간식 운영
서울대어린이집
무엇을 먹나

2008년 11월 20일 초판 인쇄
2008년 11월 25일 초판 발행

지은이 서울대학교 생활과학대학 어린이집
펴낸이 류 제 동
펴낸곳 (주)교 문 사

책임편집 김선형
본문디자인 우일미디어
표지디자인 반미현
영업 김재광 · 정용섭 · 송기윤
출력 우일미디어
인쇄 동화인쇄
제본 대영제책사

우편번호 413-756
주소 경기도 파주시 교하읍 문발리
출판문화정보산업단지 536-2
전화 031-955-6111(代)
팩스 031-955-0955
등록 1960. 10. 28. 제406-2006-000035호
홈페이지 www.kyomunsa.co.kr
이메일 webmaster@kyomunsa.co.kr
ISBN 978-89-363-0958-9 (93370)

*잘못된 책은 바꿔 드립니다.

값 16,000원